牛散大学堂指定读物

吴国平
操盘手记
主力出货策略

第4版

吴国平 ◎ 著

浙江工商大学出版社
ZHEJIANG GONGSHANG UNIVERSITY PRESS

杭州

图书在版编目（CIP）数据

吴国平操盘手记：主力出货策略/吴国平著. — 4
版 . — 杭州：浙江工商大学出版社，2021.9
ISBN 978-7-5178-4526-3

Ⅰ . ①吴… Ⅱ . ①吴… Ⅲ . ①股票交易—基本知识
Ⅳ . ① F830.91

中国版本图书馆 CIP 数据核字（2021）第 106958 号

吴国平操盘手记：主力出货策略（第 4 版）
WU GUOPING CAOPAN SHOUJI:ZHULI CHUHUO CELUE（DI-SI BAN）

吴国平　著

责任编辑　谭娟娟
封面设计　新艺书文化
责任印刷　包建辉
出版发行　浙江工商大学出版社
　　　　　（杭州市教工路 198 号　邮政编码 310012）
　　　　　（E-mail: zjgsupress@163.com）
　　　　　（网址：http://www.zjgsupress.com）
　　　　　电话：0571-88904980　88831806（传真）
排　　版　程海林
印　　刷　北京晨旭印刷厂
开　　本　787mm×1092mm　1/16
印　　张　17.5
字　　数　185 千
版 印 次　2021 年 9 月第 1 版　2021 年 9 月第 1 次印刷
书　　号　ISBN 978-7-5178-4526-3
定　　价　58.00 元

一位粉丝读《吴国平操盘手记》有感

在中国乃至世界，尽管有关资本市场技术策略的各类专业书籍并不少见，但读罢吴国平老师的书，我感慨万千。吴老师在阐述有关股票交易投资的理论和知识时，既没有过多使用生涩难懂的技术化术语，更没有摆各种令人望而生畏的数理模型，而是结合自己操盘中的成功做法，将选股之道和专业技术知识生动地展现出来。在阅读的过程中，我不时发现一些闪烁着深刻哲理的精辟论断，这些都发人深省。这是一套不可多得的好书，在这套书里，吴老师带着投资家的金融哲学思辨、丰富的实践感悟，用生动细致的释义和鞭辟入里的分析，破译了资本市场操盘手的策略密码，掀开了股市操盘的"盖头"，让普通股民学到很多在其他书中学不到的宝贵经验。如果说别人讲的是炒股技巧，这套书讲的则是博弈资本市场的大智慧。

资本市场是一个需要经验的行业，吴老师在股市博弈了二十余年，其前瞻性，经验、技术、睿智，以及理性思考，一定会给粉丝启迪和帮助。

一位默默支持吴国平的粉丝

希望我们成为你在证券市场最好的引路人

这套书的价值就在于我们将操盘的流程——选股、建仓、拉升、出货拆分成不同的部分，分享给大家，同时又强调综合运用和全局运作。每个流程都采用讲重点与说案例相结合的形式，将我们操盘的经验总结展现出来。

再次修订出版，我们期待将这套书打造成经典中的经典。对于新读者而言，其价值非常突出；对于老读者而言，更多的是一种温故知新。如果你愿意静下心来细细品味，那么，有所收获是必然的。

为了让更多读者能够更好地理解书中的内容，我们结合了各种市场工具的变化，做了新的尝试和突破。名师指导可以帮助大家更好地吸收书中的内容，完成蜕变。我知道，很多读者都希望作者能够亲身授课，以便更好地体会。互联网新时代为我们提供了这种可能，线上视频教学就是我们未来给大家提供的增值服务。

现在自媒体令内容传播更快速、更广泛，我们也开辟了新天地。

未来，我们将把原来在线下各知名学校，比如中欧国际工商学院、中国人民大学、浙江大学、广东金融学院等开设的高价课程内容搬到线上，价值几万元的课程内容将转变为几千元或几百元，甚至免费。我们将开辟网络视频教学，围绕我们的书籍和市场最新动态阐述知识点，为读者做好增值服务。

这套书本质上是教材，虽然书中不全是最新的案例，但我们在修订时已经增加了不少。以前的经典案例对于理解、吸收知识点不构成任何障碍，再结合网络视频教学上的最新案例，以及讲解和点拨，你必然会获得思想上的突破。所以，不论是老读者还是新读者，在学习的过程中加入到我们的视频学习中来，你将更好地提升自己。书是静态的，我们的视频教学是结合市场动态的，其中的价值，你可以想象得到。

不论你是新读者还是老读者，只要认购了这套书，我们都将免费送你一集线上视频教学课程。如何获得免费线上视频教学课程？添加好"吴国平财经"微信公众号，按照微信公众号栏目提示即可获取。

"吴国平财经"隶属我们的牛散大学堂。牛散大学堂的目标是：打造最牛的金融文化分享平台！这套书是敲门砖，一块敲开证券市场本质的砖，希望我们成为你在证券市场上最好的引路人……

吴国平

股威宇宙创始人

牛散大学堂校长

拥有一个盈利系统，你就能撬动整个世界

很多投资者问，什么是盈利系统，怎样才能构建适合自己的盈利系统。在我看来，一个有价值的盈利系统可以指导我们研判市场、挖掘战机、控制风险和把握实战，而一个充满生命力和创造力的盈利系统可以进行有限浓缩和无限扩展。我的投资理念很朴素，也很简单，概括起来就九个字：提前、深度、坚持、大格局。我希望，融合了我的金融文化的盈利系统能像一棵永远从资本市场汲取养分的常青树，它的根可以扎得很深，它的枝叶可以长得很繁盛。从"吴国平操盘论道五部曲系列丛书"、《150万到1亿》、"炒股'短线金手'丛书"、"吴国平实战操盘大讲堂系列"，再到现在这套"吴国平操盘手记"，我可以骄傲地说，我的盈利系统不仅是有价值的，而且是有生生不息的活力的。

我喜欢天马行空地想象，因为敢于想象，我的思维变得更加活跃。我思考问题，往往不喜欢仅仅停留在表面，而喜欢往深层次去挖掘，让自己融入其中，进行思考。这一点如果放到资本市场上来说，那就是：很多时候，我们不能仅仅着眼于表面的波动，还要融入其本质层面去感知。对于大盘，需要用各种深入的思考来综合验证判断；对于个股，则要深入其内在去感知分析。不过相同的是，一定要清楚主力运作资金的想法。

我们有操作大资金的经验，操盘时，我们的条件反射之一就是——市场主力资金到底在想什么。我们会试着融入其中去思考，接下来最可能出现的市场走势到底是什么。

这套书就是基于主力操盘的角度写成的，从微观的选股、建仓、拉升、出货，再到宏观的全局运作，均有论及。值得注意的是，其中的内容不仅是之前系列丛书思想体系的延续和扩展，而且是不同知识体系围绕主力操盘这个核心进行全方位碰撞后的结晶。我的想法是，如果能参透主力资金运作时投资标的的选择、建仓吸筹蕴藏的战机、强力拉升的节奏和悄然出货的风险，最后还能从全局运作的角度统筹整个操盘周期，那么一切就会变得很有意思，成功的概率也必将随之大大提高。事实上，在大资金项目运作的操作中，我们就是融入了这些体系，很多东西都来源于大量的实战总结。在大规模资金作战的道路上，我们已经积攒了相当多的经验，我们需要做的就是坚定信心，不断前行，做到极致，创造奇迹。我们致力于将资产管理和金融文化完美结合，并推动其向前发展，书籍就是我们金融文化很好的表现形式之一。

路漫漫，我们将坚定地走下去。我们想将这套书献给所有对资本市场感兴趣的投资者。我们希望，在推动中国资本市场成为第二个华尔街，甚至超越华尔街的大趋势中有我们的身影；同时，更有很多深受我们启发和影响的群体的身影。这套书，就是我们思想的重要体现，愿实现有缘人心中所想。

在此，非常感谢为打造经典中的经典付出劳动的学生。我想，如果没有他们的辛勤协助，这本书的再版速度不会那么快。还有，感谢我的粉丝们，因为你们坚定的支持，我才有了更大的动力。同时也感谢为这套书的出版付出辛勤劳动的编辑。经典中的经典，离不开每一个为此付出的人！

最后，欢迎有想法的读者来信与我们交流，邮箱为：wgp168@vip.163.com；也可以直接在我们的微信公众号"吴国平财经"的后台留言，说出你的感悟。我们的不断前行需要大家的建议、鼓励和支持！世界很美好，未来很精彩，期待每个人都拥有精彩的人生。拥有一个盈利系统，你就能撬动整个世界！我坚信！

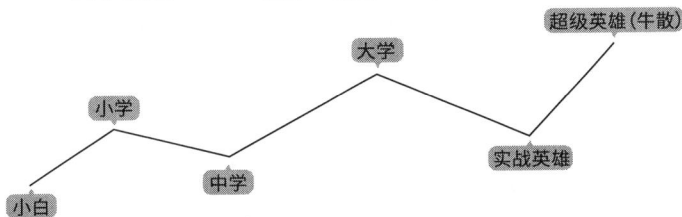

牛散大学堂全系统

重新定义你的操盘体系

很多人一直苦于找不到合适的提升自我的系统课程。他们在付出相当多的精力后却发现，大部分提升自我的系统课程都只包含一招半式，充其量只能算系统的一部分，没有整体性。正因为不能全面武装自己，所以，"韭菜"在股民中依旧是大多数。

不过，不要紧，我们来了，我们来帮你构建交易系统。牛散大学堂全系统（股威宇宙）就是为了实现这样的目标而搭建的，从小白到牛散的全套体系帮助你逐步成长。

我们的底气在于，我们自己就是从小白一路成长起来的，并且一直从业于资产管理一线，所以我们深知市场中的一线人群最需要什么样的素质和技能。鉴于未来的中国资本市场将趋于专业化和成熟化，投资者确实应该趁现在提升自我。只有提升自我，投资者才能更好地适应资本市场。我们的股威宇宙——牛散大学堂全系统，或许就是你最好的选择。

牛散大学堂全系统（股威宇宙）

创始人：吴国平

核心理念：成长为王、引爆为辅、博弈融合

九字真经：提前、深度、坚持、大格局

股威宇宙的构建

①我们的内容由强大的分析师团队打造。我们的团队成员虽风格各异，但无不经验丰富，自成一派。我们不做纯理论派，而是用实战经验主导，取经典解读辅助，以众家之长补充，力图打造理论与实践高度融合的精品教程。

②股威宇宙从小白到牛散共分为六个不同的阶段，学员或者读者可以根据自身情况选择学习阶段，以及相应的书籍和线上训练课程。

③除了书籍体系和线上课程体系，上市公司实地调研游记也是牛

散大学堂实战的衍生品，属于"实战英雄"或"超级英雄"课程，其中的世界很精彩，充满乐趣和惊喜。通过与上市公司管理高层对话，我们可以了解企业的真实情况，感受什么叫"功夫在诗外"，别有一番风味。

④我们的内容来源于实战经验，但通过后期的认真总结，它们又高于实战经验。一切内容都是为了帮助读者完善自身交易系统。

股威宇宙小白到牛散的进阶模式

①"小白"，指对金融市场有兴趣，但没有实际接触过金融市场的人群。这个群体既没有实战经验，也没有理论基础，甚至对K线、盘口信息等基础知识也只是一知半解，属于资本市场的潜在参与力量。

②"小学生"，指对基本的概念有一些了解，刚入市，还没经历过市场洗礼的人群。这个群体能看到盘面的基础信息，也知道基本的交易规则，但一些具体的信息，例如成长股的概念、个股涨停背后的逻辑、技术波浪理论等都还属于他们的未知领域。

③"中学生"，指对概念较为了解，开始清楚K线形态，并掌握一些技术分析方法，自我感觉还不错的人群。这个群体入市时间不长，初出茅庐，踌躇满志，开始接受市场的残酷洗礼，初步感受到了资本市场的机会和风险。

④"大学生"，指有一些自己的分析方法的人群。但总体来说，他们的分析方法零零散散，还没有形成一套完善的研判体系，并且还不太懂得如何融合运用诸多分析方法。他们需要更贴近市场以把握市场的本质，从而进入到一个新的自我提升阶段。

⑤"实战英雄"，指开始知道如何融合运用基本面和技术分析的投资方法，对交易的心理博弈也开始有所体会的人群。这个群体需要通过反复实践，感知市场的博大精深，真正理解"成长为王、引爆为辅、

博弈融合"的含义，认清市场的本质，渐渐进入赢家的行列。

⑥"超级英雄"（牛散），几乎代表了个人投资者的最高水准。他们的投资理念、操作风格、投资偏好各有不同，但都无一例外是市场中极少数的大赢家，他们创造了一个又一个的财富增长神话。各路牛散各有千秋，但他们也有相同点：他们善于抓住市场机遇；在经历过大风大浪之后，他们的投资心态依然十分稳定；在起起落落中，他们能不断汲取养分，使得自己的交易体系不断跟随市场进化。

股威宇宙的特点

系统性教学，明确的进阶模式，适合所有人群。

学习阶段、目标和成果的量化。每一阶段，我们都会让你清楚地知道你能收获什么！

检验出真知。每一阶段的学习都搭配练习，检验结果是最好的标准。

一线从业人员和牛散提供技术支持，你将有机会与他们进行线上或线下的互动。

投资体系阶梯式建立，由点成面，从无招到有招再到无招。

用心学习，小白终会成为一代牛散。

最后，博弈未来新牛市，路漫漫，坚定行。当下，我们牛散大学堂将携手更多朋友，努力创造下一个奇迹和辉煌。我们的牛散大学堂，我们的股威宇宙，从1亿元估值起步，开启未来无限可能。欢迎看好我们的朋友们加入我们！未来证券市场，因有我们而变得更精彩！

吴国平

股威宇宙创始人

牛散大学堂校长

01 主力获利出货的操盘思维

02 与主力一起胜利大逃亡

03 获利心经

04 主力获利出货操盘实例
——如何看透主力出货真相

01

主力获利出货的操盘思维

本身价值还是交易价值

本身价值还是交易价值？这是所有股市入门者首先碰到的两个重要概念，如同我们学习任何东西之前，总是绕不开了解最基本的概念一样。对股市投资者来说，研究的道路虽然条条通罗马，但出门之前总得先知道罗马是啥东西，做点先头准备。

理解本身价值和交易价值，也是股市研究中绕不过去的先头准备。

抓住本身价值区域

何谓本身价值？

本身价值更多的是依据市盈率的多少来衡量的，这是一种内在价值。内在价值是大部分人致力去研究分析的，但其中也存在一些片面的思路，一般人思考的主要弊端是过度拘泥于研究静态方面的内在价值，往往忽视了动态的内在价值。如何判断一家上市公司的动态内在价值，是研究一家企业本身价值的关键所在。静态的内在价值看报表即可获知，动态的内在价值则需要更多智慧才能洞察。记住，本身价值具备相当的持续性，只要该企业的价值进入较为合理的本身价值范围内，那就是非常好的投资时机了。

找死还是挖金？看清交易价值

交易价值更多的是依据市场流动的资金多少来衡量的，这是一种外在价值。很多人忽略或者根本不知道外在价值的概念。为何一只个股在不同时期的起落差距会那么大呢？除了上面谈到的本身价值波动较大之外，很重要也是很关键的一点就是交易价值也在发生着巨大的变化。

不妨回顾一下过去的市场，流动性越高，很多个股是不是越容易出现波动？在流动性高的背景下，有时候权重品种都能够疯狂涨停，这更多的是交易价值在发生着积极作用。道理不复杂：资金太多，需要宣泄，一些品种能够容纳大资金进出，就成了被选择的标的，阶段性资金疯狂涌入也就促成封死涨停的状态了（当然，疯狂过后往往也就快见顶了）。

记住，交易价值不具备持续性，往往都是昙花一现，呈现一种脉冲式的波动。在交易价值进入高峰阶段时进行投资是找死。在交易价值进入低谷阶段时进行投资有两种情况：一是依然找死（因没有交易价值）；二是去挖金（因交易价值有望出现回暖）。

心态也是决胜的关键

学习前的心态很重要，有些东西并不是懂得越多就越好，相反，你只要抓住几点不断深入去研究、研究，再研究，最终吃透它们，慢慢就能够触类旁通了。

"全才"不见得会比"专才"更厉害，"专才"到了一定阶段必然会顿悟为"全才"，但若一开始就想做"全才"，最后往往什么"才"都不是。

资本市场条条道路通罗马，关键看你初期选择什么道路去罗马，学习的过程也是一样的道理。譬如现在谈价值，抓住本身价值和交易价值不断深入研究，最终吃透它们，那么，你就毕业了，至少在资本市场价值领域你具有一定的造诣了。这就是深入学习前的最好心态。

价值回归之旅：牛熊交替的原因

价格围绕价值波动，这是价值规律的精髓，股票作为一种特殊的商品同样遵循这一规律。这是价格长期运行必然遵循的规律，但就短期而言，由于受到一些特殊事件的影响，价格与价值的波动也会存在背道而驰或相差很远的现象。比如前面所讲的交易价值，就是价格超出本身价值后的一种现象。存在即是合理的，短期而言，产生这种现象不但合理而且很常见，在市场中我们经常看到的股价出现溢价的情况都属于此种现象；但长期而言，最终的价格将回归本身价值附近。这也是市场总是出现牛熊交替的原因。牛市一旦来临，由于各方面的原因，如资金充沛、情绪亢奋等，往往会放大市场的做多情绪，一涨就容易涨过头，从而出现交易价值远远超过本身价值的情形，但泡沫过大总有一天会被捅破，届时价格走向本身价值的回归之旅就开始了。但在这回归之旅中，亦即出现大幅下跌走势时，市场做空情绪也往往会被放大，很有可能导致熊市的产生，恐慌情绪一旦蔓延和放大，那么跌了还可以再跌，跌破本身价值也就不是什么稀奇的事情了。

由此可见，在市场中，我们要做的便是把握好价格从低于本身价值到产生交易价值，然后到泡沫破灭之前的这轮上涨机会，同时规避交易价值破灭、价格回归本身价值甚至跌破本身价值出现超跌的下跌风险。

要做到这一点，我们需要判断当前的价格与实际价值的关系，以及整个市场未来的环境，如果价格低于本身价值，而且未来大势向好，就可以积极地买入。可见，这里的问题是如何评估本身价值。

合理的投资价值：唯一的投资理由

在本书中，我们对本身价值的评估不是告诉大家如何用烦琐的数学模型去计算公司的实际价值，面对复杂的计算，相信大家也提不起劲，对于大众而言，真正能够有效运用到实际中的概率也不大。因此，我们在这里便不做重点分析，而是采取通俗易懂的方法，即大家在市场中常用的方法来进行解说。

要分析公司的本身价值，先要对本身价值这个概念有基础性的认识，如本身价值的重要组成元素是什么，更多是依据什么来衡量的，不同环境下交易价值是否一样等，都是我们需要清楚认识的问题。

动态的特征、回收成本的周期、投资回报的合理性，都是本身价值的重要组成元素。本身价值是一种动态的价值，并非一成不变，这在深入研究的过程中务必要弄清楚的一个要点。本身价值更多是依据市盈率的多少来衡量，这是一种内在价值。为何要用市盈率作为判断本身价值的主要标准呢？这是因为市盈率可以清晰地告诉你，你的投资按照当前每年的收益，大概需要多少年才可以收回成本。投资的本质讲的就是回报，回报是否具有吸引力，关键要看成本回收期的长短，越短时间内回报越高，说明投资越成功。本身价值本质上体现的就是合理的投资价值，而合理的投资价值的表现形式当然就是合理的投资回报了。

在交易过程中，价格高低可以用来衡量价值大小。不论是本身价值还是交易价值，最终都需要金钱来体现。世界上虽然有金钱所不能够衡量的东西，但在资本市场上，在交易过程中，基本上没有这类东西。可以说，价值的大小最终是要靠金钱的多少，也就是价格的高低来体现的。

大环境：评估本身价值的前提

本身价值放在不同环境下具有不同的评估方式，也就具有不同的评级。就如一个球星处于不同状态下，其身价是不同的道理一样。因此，我们首先需要弄清楚当下的环境，才能做出更为精确的价值评估。

对本身价值有了基本的认识后，我们可以从以下几个方面来把握其内涵。

市盈率与大环境

本身价值的获得必须建立在好投资的基础上，因此对市盈率的把握很关键。每个人进行投资，最终的目的都是赚取利润。不过，在赚到利润前首先要收回成本，若成本都收不回来，就别谈赚取利润了。市盈率之所以重要，在于它可以告诉你收回成本的具体时间。时间就是金钱，如果投资一家公司需要相当长的时间才能收回成本，一般情况下，这家公司就不值得投资，除非你进行的是具有特殊意义的投资，否则从纯商业角度考虑，对这家公司的投资绝对不是好投资。最重要的是，投资行动里面还蕴含着很大的风险，因为资金都是弃"坏"投"好"的。当股票价格过高，市盈率太高，最终资金的选择只能是流出，流向回报率更好的股票或其他投资。一旦资金疯狂流出，股票价格必然大幅回落，最终跌到一个相对而言大家都能接受的范围，这就是本身价值回归之旅的生动演绎。

市盈率有静态与动态之分。作为投资者，研究公司本身价值时，需要弄清楚静态市盈率，它可以让你把握公司当前的"理论价值"，但你更需要研究的是动态市盈率，因为动态市盈率可以让你知道当前这家公司的"实际价值"。静态市盈率看过去就可以知道，动态市盈率则必须看未来，而且"仁者见仁，智者见智"。这种特性赋予了本身价值极大的波动空间。

在如此纷繁复杂的局面下，此时我们该如何做出投资决策呢？很多人开始迷惘了。记住，看大环境！以下三种大环境下的投资策略是我们必须熟稔于心的。

如果遭遇熊市，一般情况下你绝对不能以高于静态市盈率的情况来评估它的本身价值，就算你看出它"动态"价值真的比"静态"价值要高很多，也不要冲动地去高估它。在熊市环境，本身价值是要大打折扣的，跌了可以再跌，你的投资务必控制在"静态"评估之下，这样才能最终让你捡到便宜。你根本不用担心没人会卖给你，因为在熊市环境中，大把人会非理性不计成本地抛售股票。

如果碰到的是牛市，一般情况下你要坚决以高于静态市盈率的情况来评估它的本身价值，就算你看出它"动态"价值真的比"静态"价值要低不少，你也不要低估它。要明白，在牛市环境下，本身价值是会有一定溢价的，涨了可以再涨，你的投资务必控制在"静态"评估之上，这样才能最终让你卖到好价钱。你根本不用担心没人会跟你买，因为在牛市环境中太多人会非理性不计成本地买入股票。

如果是平衡市，一般情况下客观地去评估就行了，不高估也不低估，保持平衡，把本身价值估算一下就可以了，至于是买还是卖，可以围绕估算价格高抛低吸。

银行利率与银行存款市盈率

◇股票市盈率是否合理要结合银行利率来做比较

既然本身价值很大程度上要结合市盈率这个指标来衡量，那么，股票市盈率处于什么样的状况下才是合理的呢？此时，就要把银行的利率引进来探讨了。我们都知道，银行就是做资金流转赚取存贷利差生意的，我们把资金交给银行，银行都会给我们一个利率（这里通常指 1 年），比如 2%。也就是说，资金在银行里存放 1 年，银行将给予我们 2 个点的利息回报。银行也是要赚钱的，银行既然给我们 1 年 2 个点的利息回报，就说明它至少能够以高于 2 个点的利息回报贷出资金，从而实现差价收入。举个例子，如果我们把资金放到银行就有 2 个点的利息收入，那么，要让资金不存银行而是投资其他，是不是投资回报必须高于这个利息收入才有吸引力呢？答案不言而喻。换句话说，银行存款利率成了我们资金使用的最低效率！如果投资上市公司 1 年的回报都达不到银行利息回报，那是不是高估了其市盈率？出现这种情况，我们还不如把资金存进银行来得实在。

◇银行存款市盈率要考虑通货膨胀与通货紧缩

进一步思考，如果按照银行的利率计算，多少年才能赚到跟本金一样的资金呢？这里，问题就跟市盈率联系上了，用本金除以利率不就可以得出银行存款市盈率了吗？将银行存款市盈率跟股票市盈率一对比，你就会明白目前你的股票是高估了还是低估了。如果连银行存款市盈率都比不上，其投资价值是不是要大打折扣？当然，在谈银行存款市盈率的时候，我们必须把通货膨胀与通货紧缩的因素考虑进去，否则,那也将成为"理论"上的银行存款市盈率。在通货膨胀的背景下，钱会开始变得不值钱，购买力下降，严重的时候银行利率会抬头，不断上涨，以收缩流动性，抑制通货膨胀。在这个过程中，股市中一些抗通货膨胀的股票会得到资金的关注，甚至遭遇抢购。此时，很多股票的本身价值体现的价格将因通货膨胀而出现暴涨。反之，在通货紧缩的背景下，钱开始变得值钱，购买力上升，严重的时候银行利率会低头，不断下降，以提高流动性，抑制通货紧缩。在这个过程中，股市中一些无法抵御通货紧缩的相关股票会不断被抛售，甚至不计成本。此时，这些股票本身的价值体现的价格将因通货紧缩而出现暴跌。

◇净资产与重置成本

净资产的基本概念。净资产，简单来说，就是资产减去负债所得的结余。再通俗点，其就是把所有负债除去，公司把厂房等所有东西都变现，最后能变现的最基本价格。一家公司净资产越大，说明它的底子越雄厚，越不容易受到动摇，抗风险能力也就相应越强。同行业相似的公司在同等市盈率的基础上，一般情况下，净资产越大，抗风险能力越强，价值就相应更高，更具投资价值。因此，在把握本身价值的过程中，不能忽略净资产。

净资产在牛熊市中的区别。在牛市运行过程中，净资产这个因素往往会被忽略，因为那时很多人看到的更多是未来机会，很少去思考当下的具体细节问题。有种说法叫"涨时重势"，体现的正是牛市时净资产被忽略的情况。相反，在熊市运行过程中，净资产这个因素会被放大，"跌时重质"，体现的就是熊市时净资产备受重视的情形。

从重置成本中发现本身价值被低估。既然在牛市中，很多人习惯忽略净资产，我们就不具体谈牛市过程中净资产的问题了；相反，在熊市中，很多人重视净资产，那就不妨继续深入研究下去。我们都知道，一家企业如果重新开始经营，会有重置成本问题，比如一家钢铁企业年产量达到3000万吨，按照最新的净资产每股为5元，但是如果按照当下环境重新弄一家年产量达到3000万吨的钢铁企业，重置成本摊算到现在这家钢铁企业的股本之中，每股就达到9元。从投资角度来说，你是想现在开始用9元每股的代价重建，还是在资本市场上直接以5元左右的价格收购？答案是毫无疑问的，就是直接收购，每股5元左右的代价可以换来9元重置成本的付出，这是非常划算的买卖。什么叫本身价值被低估？通过以上例子，我们应该清楚了，当重置成本远高于净资产时，就是本身价值被低估的具体表现。

阶段性还是终结性获利出货

首先，我们要了解阶段性出货与终结性出货的区别，从字面意思来看不难理解，阶段性出货属于阶段性行为，这种行为完毕后，后市仍将延续前期的状态；而终结性出货则是前期状态的一种终结行为，上涨行为的终结意味着后市将进入下跌状态或横盘震荡阶段。两者的相同点在于都是当前状态的改变，而不同点在于前者当下状态的改变是短期的行为，后者当下状态的改变则属于长期的行为。

阶段性出货与终结性出货都是主力动机的表现，引起这类主力动机的原因不尽相同。引发阶段性出货的原因主要有以下2个：一是清洗浮筹打压股价；二是避免大盘阶段性风险。一旦这些阶段性目的达成，主力将再次大举进场，股价也将会重拾升势，延续前期的上涨状态。而引起终结性出货的原因主要有以下3点：一是涨幅已达到预期中的目标，二是大盘趋势发生趋势性逆转；三是公司基本面出现突变。这些都可能引发主力的大逃亡。

分析了不同性质出货的原因后，怎样辨别到底是阶段性出货还是终结性出货，我们不妨从上述分析过的原因着手。阶段性出货有可能是为了规避大盘阶段性风险而采取的一种行为，或是为了清洗浮筹打压股价的一种行为。我们继续深入，就要开始思考，主力清洗浮筹打压股价的行为往往易出现在哪些阶段？这可以从主力运作的思路来考虑。建仓完毕后，主力接下来的重要任务便是使股价慢慢脱离成本，进入盈利的主要阶段，即拉升阶段。当股价涨幅达到一定程度或遇到重要阻力位时，主力资金一般更多地会选择阶段性休整的策略，而不会选择一开始就强攻的策略。如果阶段性涨幅还可观，那么在此位置主力资金采取阶段性出货行为的可能性是存在的，即适当做一些高抛低吸的波段操作。至于有没有可能是终结性出货的行为，对部分主力资金而言，也并非完全不可能，尤其是当阶段性涨幅过大或遇到的阻力较大时，又或者此时大势发生趋势性逆转，主力资金就可能采取炒一把就走的策略。

所以我们在分析面临的是阶段性出货还是终结性出货时，首先要重点考虑的就是大的市场环境会否发生趋势性逆转。如果大的市场环境正在一步步走向深渊，那么对于主力资金而言，不想主动出货也得被动出货了，因为一般来说，主力资金都会有一套严格的风险控制系统，当损失达到一定范围时，便会采取严格止损的策略。其次要观察的是阶段性涨幅的情况。如果阶段性涨幅不大，那么出现终结性出货的概率不大，主力资金一旦选择了运作某个标的，不出意外的话都会运作到底，一到两倍的涨幅是非常普遍的，所以当阶段性涨幅不大时，出现调整的走势更多的是一种阶段性的清洗浮筹再次聚集上涨能量的行为。当然，前提是大的市场环境依旧向好，如果大势发生逆转，就算涨幅再小也不能恋战，此时便是逃为上计了。最后，我们还需考虑股价出现阶段性调整时上方面临的压力情况。如果上方堆积的历史筹码过重，前期的套牢筹码过多，那么主力资金对此的运作便可能戛然而止，出现终结性出货的概率也就大了，反之则更多是一种阶段性的行为。

从本身价值和交易价值角度来看，当交易价值大幅超出本身价值而产生大量的泡沫时，我们就需要警惕。一旦在此基础上出现20%以上的调整，往往是个股发生转势的征兆。相反，当价格处于本身价值之下或刚刚产生交易价值，股价出现调整且跌幅在15%以内时，为阶段性调整的概率更大，属于正常的回档范畴，此时不必过于担心。

更多关于技术层面的研判方法，我们在后面章节中将重点讲述。总之，主力资金一旦深度扎根于某只个股，一般会选择运作到底，而且志在长远，出现翻倍的走势是很正常的事情，在没有达到预期中的收益时，中途的调整更多是阶段性的调仓行为而不太可能是终结性的行为。

谁是对手盘

对于主力资金而言，出货首先要考虑的便是对手盘的问题，有足够的对手盘，主力资金才可能做到从容出货。既然如此，营造好的气氛培养对手盘便显得尤为重要。因为当成功运作达到主力出货的阶段时，往往股价也是高高在上的，这充分阐释了"将欲取之，必先予之"

的道理。此时培养好对手盘成了一门具有很大难度的艺术。毕竟谁也不是傻子，正常情况下大家都会有"高处不胜寒"的感觉，当股价处于高位时出现套现的欲望是很正常的事情。

培养对手盘的问题很好地解释了为何当大多数人都一致看好时，往往行情更多的是向相反的方向发展。因为当市场一致看好时，主力资金便很有可能实现从容套现了，如此一来，试问后市还能走出来吗？

至于好的行情为何总是在绝望中诞生也是同样的道理，只有在极度恐慌和悲观的时候，市场才会交出更多的筹码，机会总是在绝望后诞生当然也就很正常了。

操
盘
手
记

宁静致远

"非宁静无以致远"。

这不是一句随古人远去的格言，身处市场博弈中的我们，当硝烟渐淡，星空重现，我们的存在同样需要宁静，以调适，以反省，以远望。

入夜静坐，万籁俱寂。久违的宁静让人思绪翻飞，我会想很多，从市场到家庭，从工作到生活，点点滴滴，尽付与思索和回忆，人在这个时候才深深感到人生是多么美妙。

很多时候，如疯狂战斗一天或一段时间后，人们特别需要这种宁静带给自己的轻松感。放松之后，思维异常活跃，诸多有益的想法或判断往往应运而生。

更有时候，整个人会进入忘我的境地，那应该就是"静"的极致境界了。此时可能会文思如泉涌，下笔如有神，可能写文章更适合在如此"静静的夜晚"动手。这也是一种享受、一种放松和自我调适。

在资本市场中忙于操盘的人往往都有个特点，那就是喜欢"静"，喜欢大自然。归根结底，这都是一种回归自我的方式。市场博弈之后，我们更需要"宁静"来平息那曾经激烈的脑海巨波，需要大自然的灵气来清除身体中的躁气。

人生需要平衡，尤其是在资本市场上的人，对于他们来说，极端更容易导致毁灭。他们往往看上去是文质彬彬的绅士，其实内心却是英勇彪悍的战士。在资本战场上，挥戈跃马，纵横鏖战，风尘之下，掩盖了多少对"宁静"的渴求。

入夜静静坐着，静静凝视电脑，千千万万的博弈对手或许也在通过电脑静静望着你，想着怎样才能在下次战役中取胜。博弈，其实于宁静中也在激烈地进行着！

而这种博弈蕴蓄着宁静的力量，也许将更深远，更强劲。

"屁股决定脑袋"

"屁股决定脑袋"，对股市投资者来说，这不是一句玩笑话。很多时候，用它来形容自己恰如其分。

手握资金，只有做多才能赚钱，于是主观意识就朝"多"的思路一往无前。

股票清仓，只有跌才有机会买到低廉的股票，于是主观意识义无反顾地踏上了看空的思路。

人在江湖，身不由己；人在股市，心不顾律。

如此一来，想跳出当局者迷的圈套，看来就只有作为旁观者了。是耶？非耶？就看你自己如何考虑了。

作为一个成熟的操盘手，是需要多点冷静。外在可以很活跃，但内心必须平静。如果外在活跃，内心也躁动，一旦面对盘面，危险将随之而来，头脑发热时开始操盘，就如酒后驾车一样。

有人说，真正的操盘手可能是较为冷血的。这可能来自一些操盘手在操盘过程中喜怒不形于色的状态。

当然，也有人坦然以对资本市场，是买是卖，或赚或亏，都释然无碍，淡然面对。这样的人是成熟的投资者，但并非成熟的操盘手。

操盘，更多的是一种把握市场的技巧；投资，更多的是一种把握市场的艺术。两者虽有差别，但最高境界都一样。假如有人集把握市场的技巧与把握市场的艺术于一身，那他可能已经是金融大鳄了。

金融大鳄，多么令人敬畏的名头。或明里或暗里，很多人都想走这条路。但此间路途漫漫，百折千回，非寻常人所能想象。

但你若做好了"吾将上下而求索"的心理准备，并且不介意如屈原一般千寻百转终归一场空，那么精神可嘉，无人可挡。

但作为先行者，我还是要奉劝一句：一步步来，多反省，多静思。宁静的夜晚，不妨跟我一样读一首诗，让心灵在静静的夜晚中得到洗涤，让思想在静静地沉思中得到升华，慢慢地，让屁股不要过多决定脑袋，一切自然水到渠成。

谁在制造疯狂与幻想

在上一节的"谁是对手盘"中我们讲到了"将欲取之，必先予之"，要想达到很好地培养对手盘的目的，首先必须给予对方想得到的东西。面对价格已高高在上的个股，主力资金要想从容脱手获利了结，如果不因势利导，先给予市场乐意看到的上涨趋势，那么很难达到出货的效果。这也是主力资金一般会选择在上涨中出货的原因。

转势前夕往往会上演疯狂

不论是大盘还是个股，一般而言，在行情的最后阶段往往会演绎异于寻常的极端走势。大自然的规律在股市中同样可见端倪，如同天气变化一样，变天之前，如由晴入雨，往往气温剧升，随后降温并下雨。资本市场也演绎着同样的规律：下跌前夕往往上演凌厉的拉升走势，而在上涨前夕，往往呈现出极度的下跌走势。

我们来看看大盘历次处于高位时指数的表现，就知道是否每次都会上演最后的疯狂。

我国股市诞生初期，制度不完善，导致波动幅度相对较大，上蹿下跳成了常态。但不管怎么不完善，市场运行中某些规律性的东西是不会发生改变的。如图1-1所示的时间段内，我们可以看作两轮牛熊过程，需要研究的重点是上涨的最后阶段，即发生转势前夕指数的运行情况。

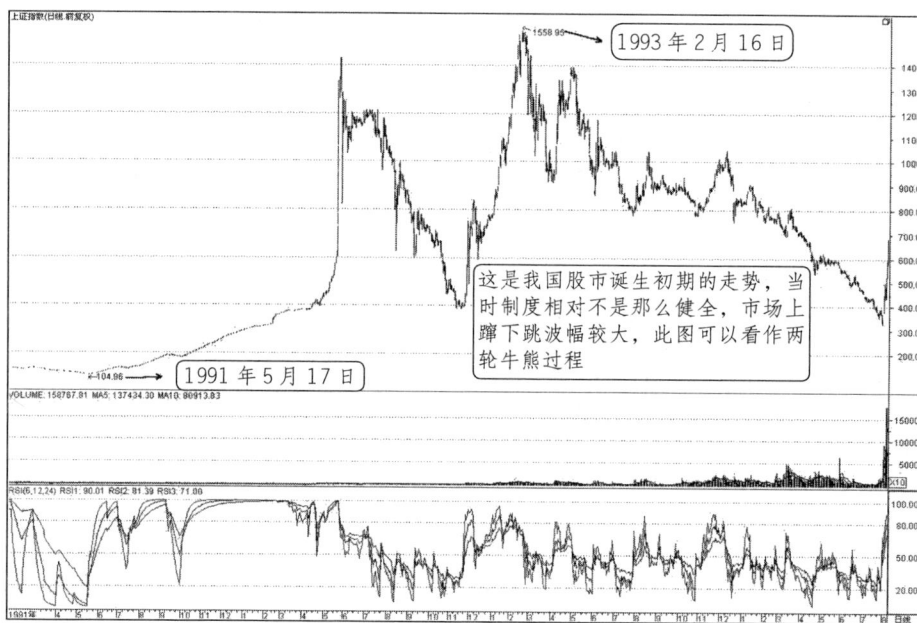

图1-1　中国股市诞生初期上证指数走势图

我国股市交易初期，没有涨跌停板制度，有时便出现单日暴涨或暴跌的走势，如图1-2所示上证指数1992年5月21日的走势，当日出现了涨幅达到105.27%的波动，疯狂到了极致。极度疯狂过后，指数便一路走低，进入了熊途。也就是说，在转势之前，指数处于极度疯狂的状态，生动地体现了变盘前夕上演最后疯狂的现象。

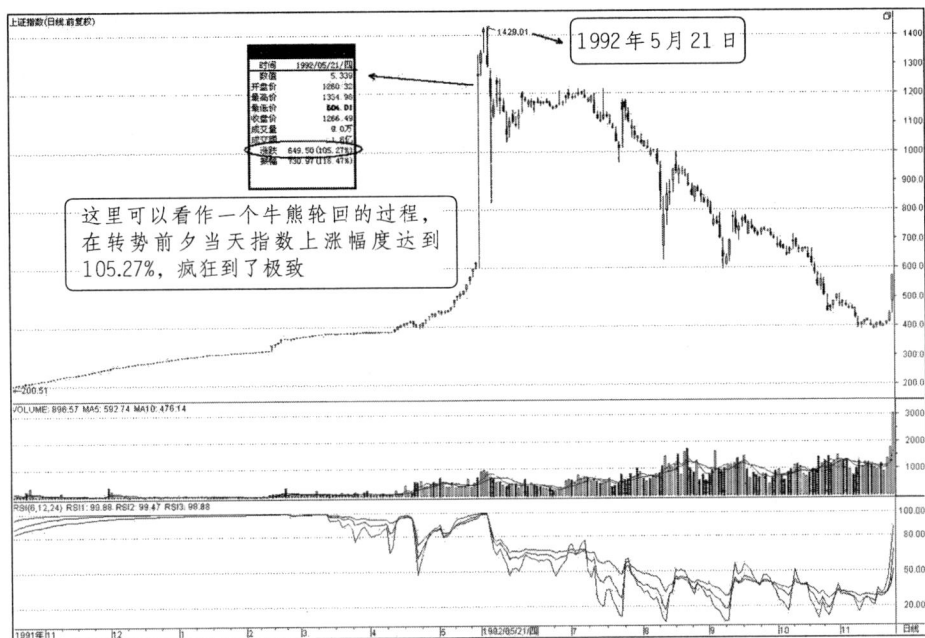

图 1-2　上证指数 1992 年 5 月 21 日前后走势图

　　我们再来看看第二轮牛熊过程中的最后上涨阶段，指数所处的状态是否同样上演了最后的疯狂？如图 1-3 所示。

　　第二轮牛熊全过程走势为，1993 年 2 月 16 日指数达到阶段性高点，随后便进入了下跌趋势，直到 1994 年 7 月 29 日下探到阶段性最低点 325.89 才止跌企稳。在由上涨趋势进入下跌趋势的转势前夕，大盘运行状态如何，是否同样上演了疯狂？

　　转势前夕指数的运行状态连续逼空高开高走，短短的十几个交易日涨幅便达到 50% 之多，再次上演了最后的疯狂，随后我们可以看到，市场进入了漫漫熊途。如图 1-4、图 1-5 所示。

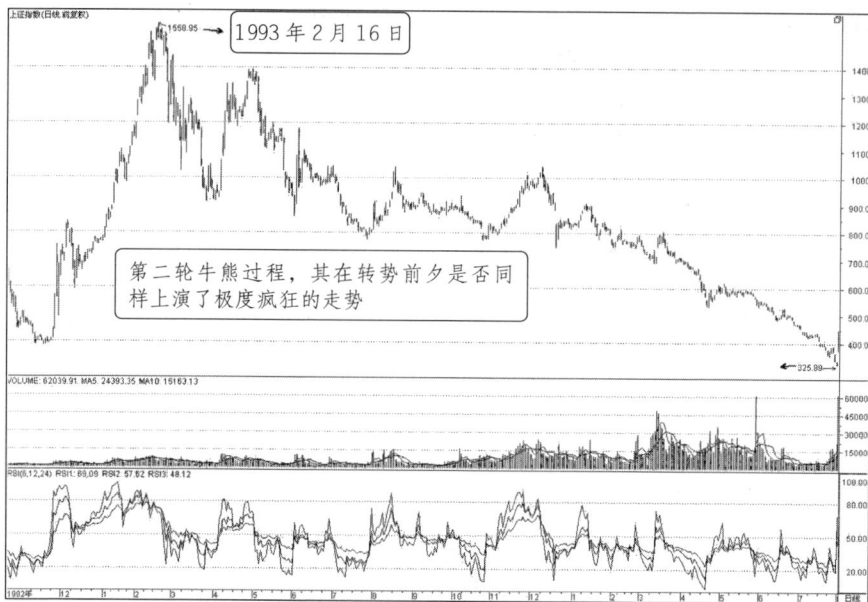

图 1-3　上证指数 1993 年 2 月 16 日至 1994 年 7 月 29 日走势图

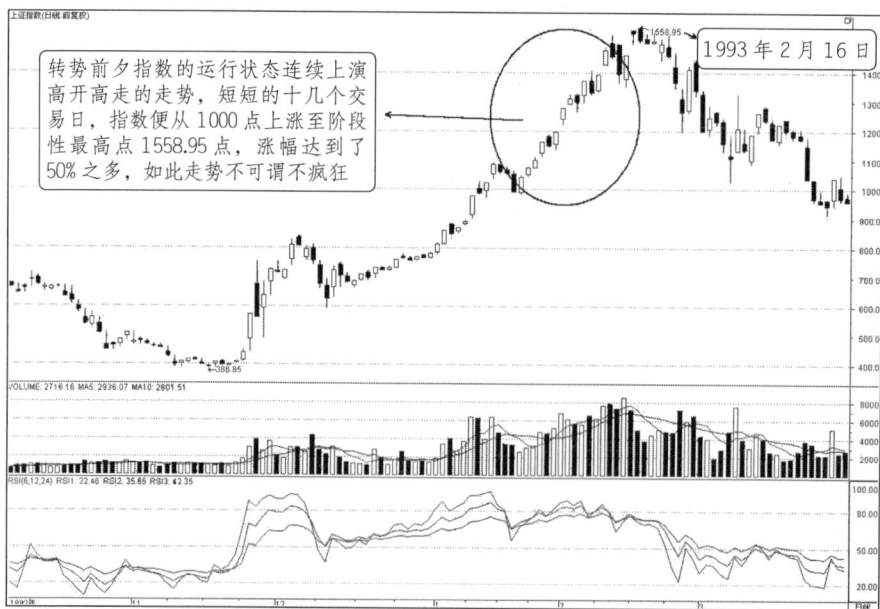

图 1-4　上证指数 1993 年 2 月 16 日转势前夕走势图

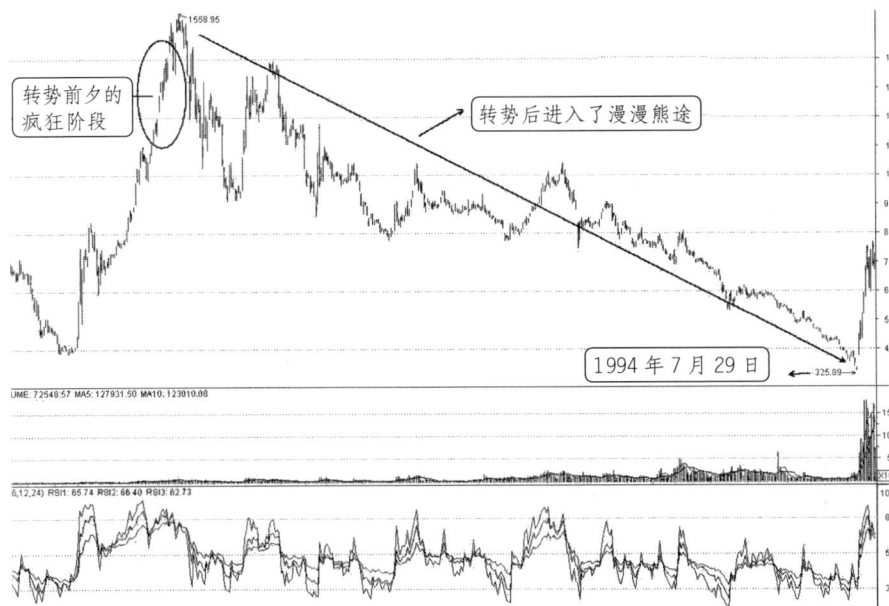

转势前夕的
疯狂阶段

转势后进入了漫漫熊途

1994 年 7 月 29 日

图 1-5　上证指数 1993 年 2 月至 1994 年 7 月走势图

在这次牛熊过程中，指数再次于转势前夕上演了极度的疯狂，当时的制度虽然不尽完善，但市场运行规律仍会多多少少得到体现。这种疯狂如果偶尔出现，我们可以认为是偶然，但如果每次都出现同样的运行趋势，就值得我们深思了，也许其中存在着必然的规律。

就算这是一个概率问题，那也应该是一个大概率的问题。当然，世事无绝对，这一点毋庸置疑，在股票市场上也不例外。我们所能做的，就是懂得把握一些大概率的事件而已。在市场中，我们无法找到百分之百的确定性，也无须追求不可企及的百分之百。

分析到这里，我们可以看到，两次转势前夕都出现了极度疯狂的走势，虽然两次出现同样的现象，但还不足以断定这是一个必然或大概率事件,毕竟分析的次数有限,不具备很强的说服力。但继续往下看,我们可以看到问题的答案已经不言自明了。见图1-6。

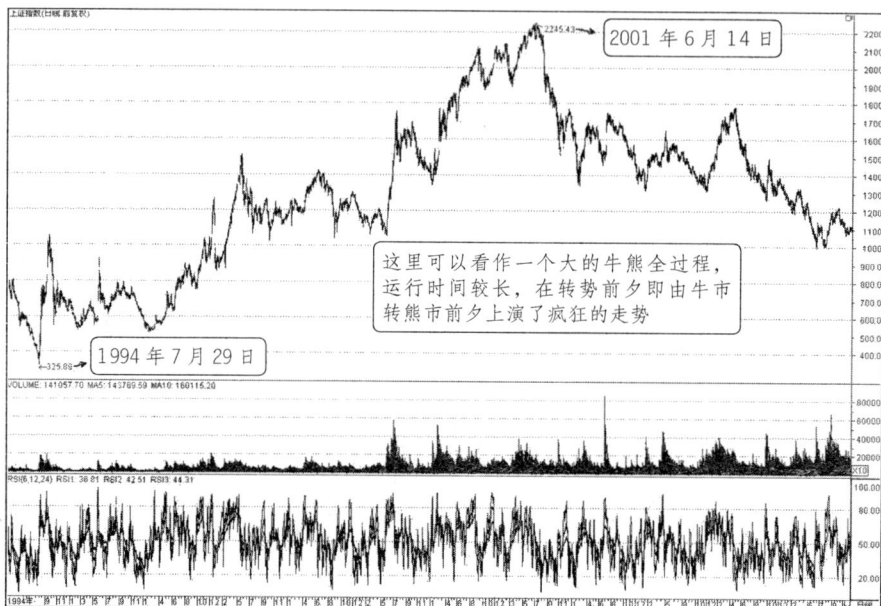

图中标注：

2001 年 6 月 14 日

这里可以看作一个大的牛熊全过程,运行时间较长,在转势前夕即由牛市转熊市前夕上演了疯狂的走势

1994 年 7 月 29 日

图 1-6　上证指数 1994 年 7 月 29 日至 2001 年 6 月 14 日走势图

　　1994 年 7 月启动的一轮牛市,于 2001 年 6 月达到阶段性高点 2245.43,之后便进入熊市周期,2005 年 6 月 6 日下探到阶段性低点 998,可以说这是我国股市历史上牛熊运行时间最长的一次。这轮牛熊过程中最大的特征在于市场大部分时间都处于震荡过程中,我们可以看到上涨过程并不是一帆风顺的,整个重心的上移是在震荡中以逐步上台阶的形式展开的,真正顺畅的拉升走势很少;下跌过程同样以震荡走低的形式展开。整个牛熊过程中,股市大部分时间都处于宽幅震荡中,要想很好地把握其中的机会,相对来说将比单边上扬或波动

相对较小的上涨走势更难。在震荡过程中，机会其实不缺乏，但要想让利益最大化，则需踏准节奏。对于长线投资者而言，需要更多的耐性和坚定性，也需面对更多的煎熬。在这过程中能够坚持下来的，成为最终大赢家的概率相当大。

2001 年 6 月 14 日转势前夕的波动，是否同样上演了最后的疯狂？见图 1-7。

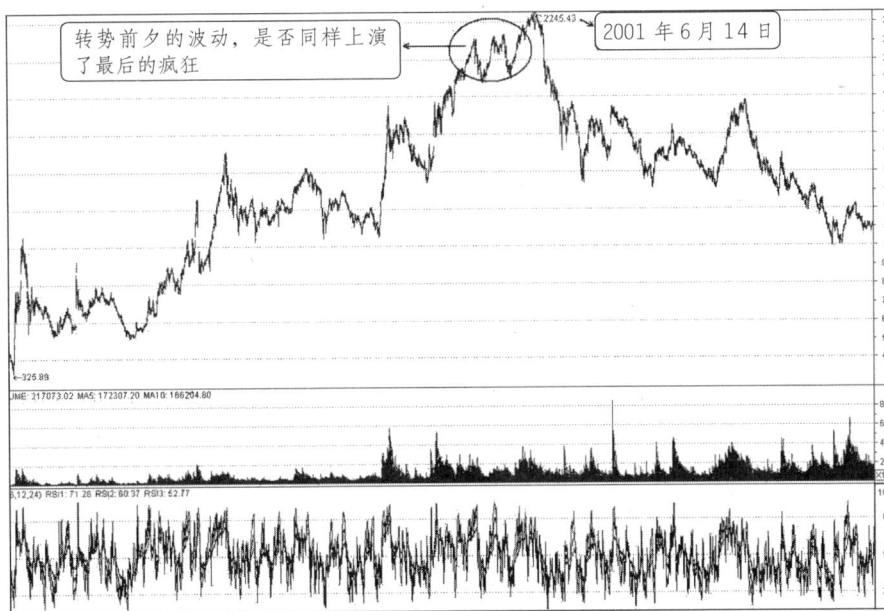

图 1-7　上证指数 1994 年 7 月至 2001 年 6 月走势图

【学习小总结】

正处于 M 形态的颈线位附近，此关键位置是主力坚守的重点，一般不会让空头轻易攻破。若是攻破，则需要及时离场。阶段性弱势或许不可避免，就算不是主力资金出逃，主力资金要想再运作上去也需重新聚集能量。

　　如图 1-8 圈中部分及图 1-9 所示，在此区域我们看到更多的是保持震荡整理的走势，下跌前夕并没有出现明显疯狂的动作，相反是在不温不火的上涨过程中结束了整个牛市行情，进入漫漫熊途。为何这里不是以疯狂拉升的走势结束整个走势？我们不妨从其根源出发，寻找问题的答案。

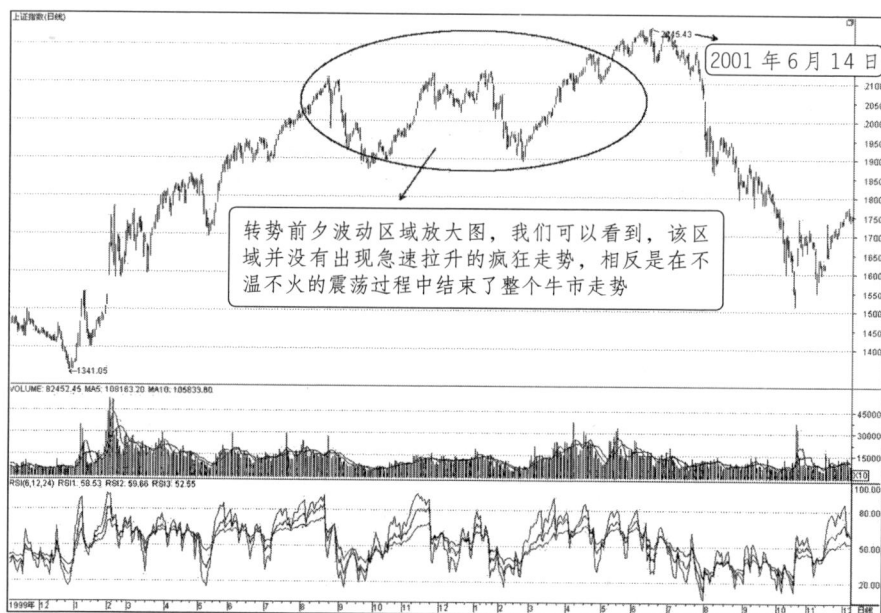

图 1-8　上证指数 2001 年 6 月 14 日转势前夕波动区域走势图

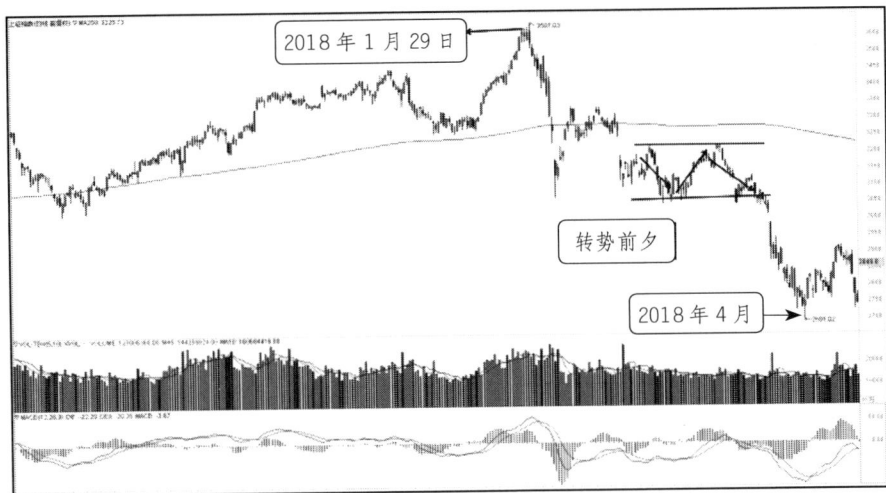

图 1-9　上证指数 2018 年 4 月转势前夕波动区域走势图

　　前面我们分析过，一般而言，在行情的最后阶段往往会出现疯狂的拉抬走势，根源是主力在出货前夕制造疯狂和幻想，而且我们也看到了，1992 年 5 月 21 日转势前夕及 1993 年 2 月 16 日转势前夕，中国股市上证指数的波动都是以疯狂的动作结束整个战役，但这两轮牛市的波动几乎都是维持单边上扬的态势，即当时是以单边上扬为主的牛市，而非以巨幅波动震荡为主的牛市。对于主要以单边上扬形式展开的牛市，在接近出货的最后阶段，为了达到顺利出货的目的，吸引更多的资金涌入，培养好足够的对手盘，就必须制造比前期及当下更诱人的走势，即比单边上扬更精彩的走势，疯狂地拉抬无疑就是这个时候一种较好的选择，由此可知，前面分析过的主要以单边上扬形式展开的牛市最终以疯狂的动作结束整个过程就是一种大概率事件了。

　　但对于上述这轮以震荡为主要形式展开的牛市来说，其以牛市运行过程的主要展开形式——不温不火的震荡结束整个战役其实也很正常，原因在于整个牛市的运行几乎都是以震荡的形式展开，市场已经习惯了震荡走势，那么对于主力资金而言，最终在震荡过程中完成套现也不易被市场察觉，在震荡过程中出货也不用过多考虑对手盘缺乏这一因素。这其实就是"温水煮青蛙"的道理，水温缓慢升高，危险一步步逼近，但青蛙感觉不到这一点，这是习以为常后感觉变迟钝带来的后果。

对于这一点不难理解，如前期走势以单边上扬为主，此时如果主力采取疯狂拉抬的策略，那么出货会相对较为从容；相反，如果主力选择在上涨结束后进入下跌或横盘区间震荡的时期出货，那么相对会困难许多，毕竟由上涨趋势进入下跌或横盘区间震荡格局时，投资者一般会比较谨慎，为了安全考虑，他们多半会先离场看看，再做进一步打算，对手盘自然也就相应减少很多。

对于前期大部分运行状态为震荡形式的情形，则只要维持原有的震荡形式，市场就不会产生太多的警觉，发现这个震荡有什么不妥之处，甚至可能会认为当下的震荡是在为下一波上涨积蓄能量。尤其是当指数开始上攻，打破区间震荡开始上行时，便能很好地达到激发市场人气的效果。

1994 年 7 月 29 日启动的以震荡为主要形式的牛市行情的主要运行规律以"震荡—向上突破—再次震荡—再次向上突破"的形式展开，对于市场而言，当指数打破震荡格局再次形成向上突破动作时，便会引起市场强烈的看涨欲望。具体如图 1-10、图 1-11 所示。

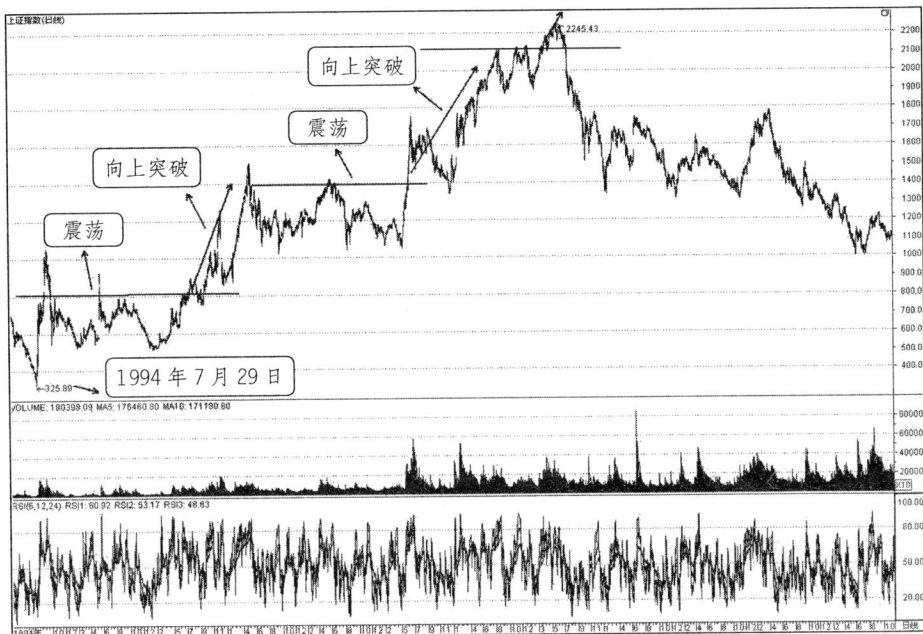

图 1-10　上证指数 1994 年 7 月 29 日后走势图（一）

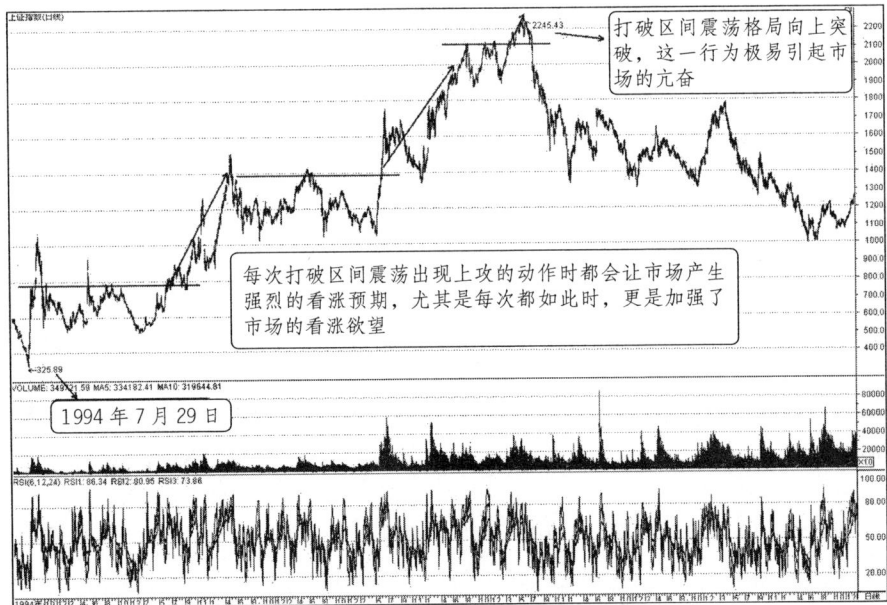

图 1-11　上证指数 1994 年 7 月 29 日后走势图（二）

【学习延伸】

上证指数不断突破，但是量能并没有成倍增加，如果继续上涨，容易出现量价背离的现象，不利于后市稳步上行。但是这期间可以看出人气旺盛，看涨情绪占据上风。

对于市场而言，最后一个假突破的动作是非常致命的，虽然不像凌厉拉升那么疯狂，但其起到的激发市场做多欲望的效果丝毫不会差，对于主力资金而言，在这种以震荡为主要形式展开的上涨行情中，最终要想从容出货，于震荡中完成或通过制造假突破来完成这一目标，都可以达到较好的效果，即在此过程中不怕没有对手盘。

这里我们可以总结出几个道理。

警惕主力骗局

反映市场运行规律的现象有可能被主力利用，尤其是当市场形成一致态度时，更需警惕主力资金或许会采取逆市场思维而动的策略。这也是当市场中大部分人都认为如此时，往往行情并不会如人们想象的那样发展而更多地会背道而驰的原因。

别做"温水中的青蛙"

对于大部分人来说，一旦一种生活模式形成，要想改变非常不易。大多数人会按固有的模式行事，这是因为这时候我们习惯于认为这是最熟悉、最安全的模式或最有效率的模式。生活中如此，在资本市场上同样如此。很多时候，我们会根据市场展示给我们的一些现象来采取行动，然后把这种现象根深蒂固于脑海中，久而久之，便对市场中的一些现象形成了固定看法。其实从某些角度看，这是一种好的现象，历史会重演，某些东西会按预期重现；但它也有致命的缺点，那便是我们忽视了资本市场的最大魅力在于变幻莫测，如果一味地生搬硬套，将很有可能被市场玩弄于股掌之中。

顺势而为，及时收手

顺势而为，但要注意，当市场出现逆大众预期而动的趋势时，要懂得及时收手。顺势而为，即当市场按照我们的预期走时，可以继续保持原策略不变；当市场没有按照预期走，甚至逆预期而动时，就需要高度警惕，懂得及时收手，尤其是原有预期越强烈，就越需要多几分警惕。

继续往下看，2005 年启动的大牛市及 2008 年年底启动的小牛市在转势前夕市场运行的状态如何，是否上演了最后的疯狂？

如图 1-12 所示，2005 年启动的大牛市走势于 2007 年 10 月达到历史高点便转势进入熊市，在研究其转势前夕市场的运行状态前，我们可以揣测市场将有可能会以哪种状态结束整个牛市。图 1-13 亦如此。

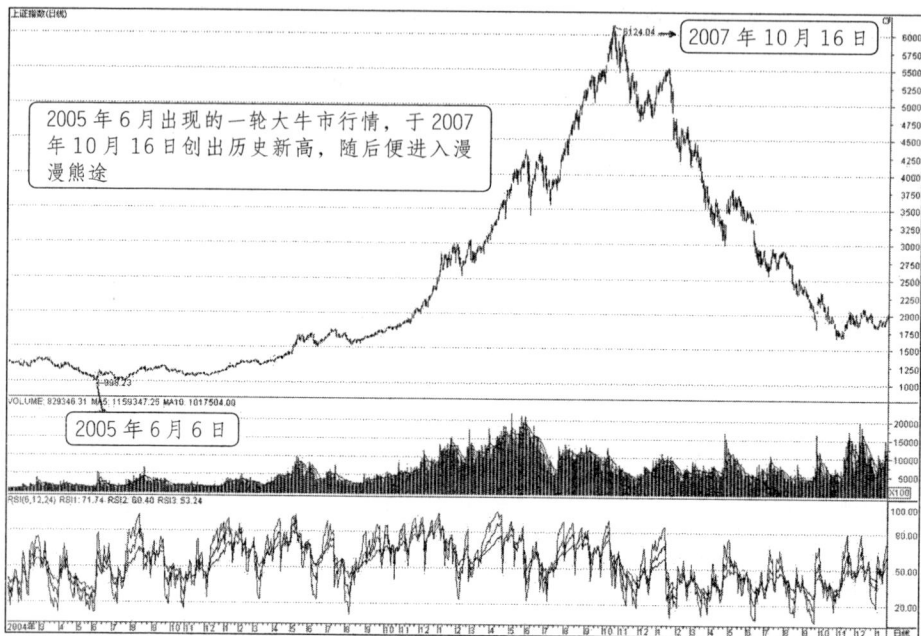

图 1-12　上证指数 2005 年 6 月 6 日至 2007 年 10 月 16 日牛市走势图

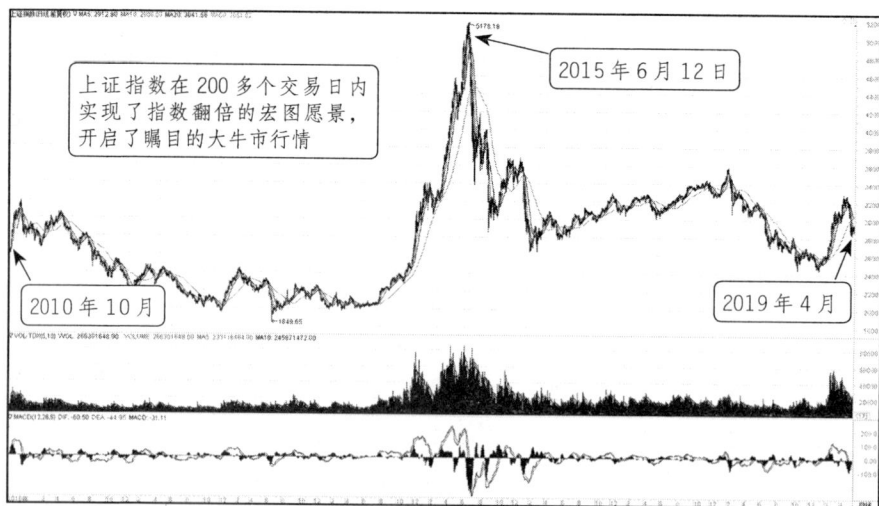

图 1-13　上证指数 2010 年 10 月至 2019 年 4 月牛市走势图

【学习小总结】

由上述内容可知，2015 年的这种剧烈震荡，一方面是因为券商股的大幅上涨引发了市场狂热，另一方面伴随着杠杆资金的运用，尤其是证券股的震荡变得巨大了许多。这本就是一个警示信号，但整个市场包括各类媒体都没有对此引起足够的重视。甚至还有官方媒体鼓吹大牛市的起点。

同样值得研究的还有 2015 年的大牛市：上证指数涨幅达到 135%，成功实现了指数翻倍，然而却在 6 月 12 日到达顶点 5178.19 之后牛市结束，资金大撤离。

至于如何揣测，前面的分析已经给我们提供了一些思路，我们可以现学现用。前面讲到了关键看牛市行情的运行主要以何种形式展开，如果以单边上扬的走势展开，那么最后主力资金要想从容而退，很有可能会有一个诱多使市场疯狂的动作，这样一来，最后以疯狂的状态结束整个战役的概率就很大。而如果牛市行情的运行主要以震荡形式展开，那么最终主力会以震荡的形式或制造幻象（假突破等）的形式结束整个战役。

在这轮牛市中，我们首先来看看行情的运行是以何种形式展开的。如图 1-14 所示，总的来说主要以单边上扬为主，虽然其中有一些震荡，但单边上扬占主要形式，那么在此我们可以把这轮上涨归结为主要以单边上扬形式展开的牛市。按照前面分析的结论，我们可以揣测此轮战役很有可能以疯狂的动作结束。是否如此，我们可以看看市场实际的运行情况。

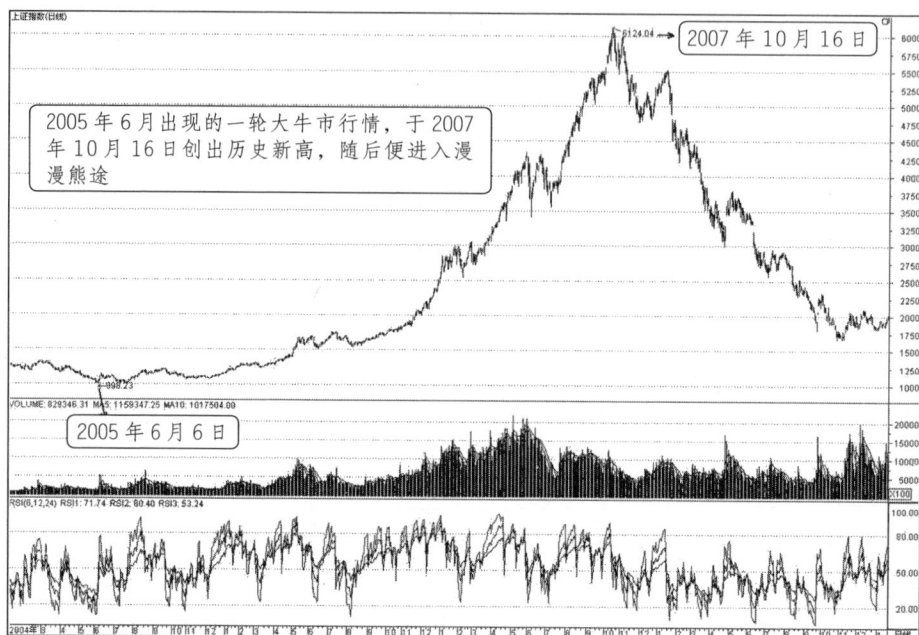

图1-14　上证指数2005年6月6日至2007年10月16日牛市走势图

　　转势前夕市场的运行状态如图1-15圈中部分所示，连续逼空向上推进，短短几个交易日产生了4个向上跳空高开缺口，走势相当疯狂。相信此时，市场情绪也会异常亢奋，什么万点论已是甚嚣尘上，在一致看好声中，市场却在开始发生微妙的变化，上涨已到强弩之末的阶段了。最终，疯狂过后市场开始进入了漫漫熊途，一如我们前面的揣测。图1-16与此类似。

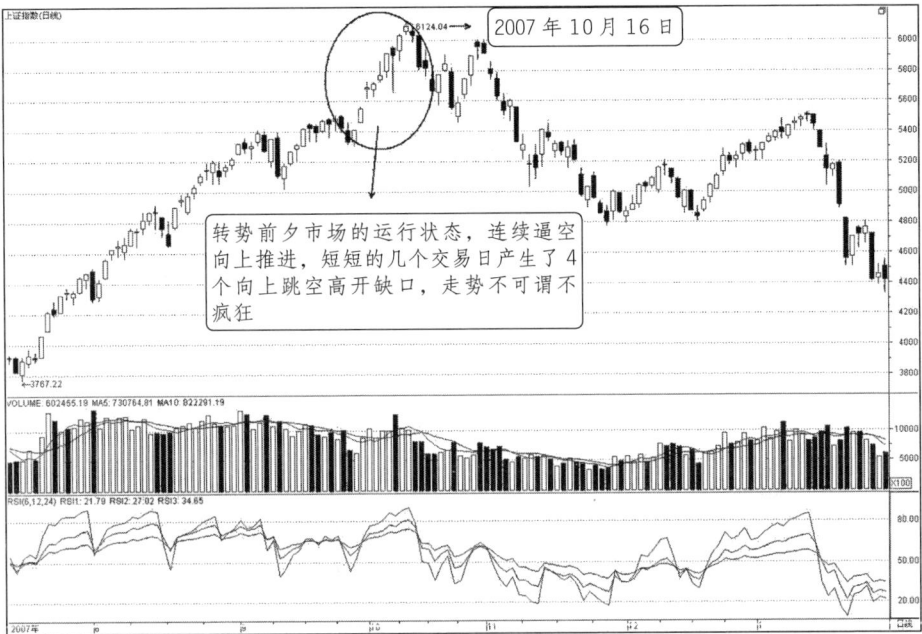

2007 年 10 月 16 日

转势前夕市场的运行状态，连续逼空向上推进，短短的几个交易日产生了 4 个向上跳空高开缺口，走势不可谓不疯狂

图 1-15　上证指数 2007 年 10 月 16 日转势前后走势图

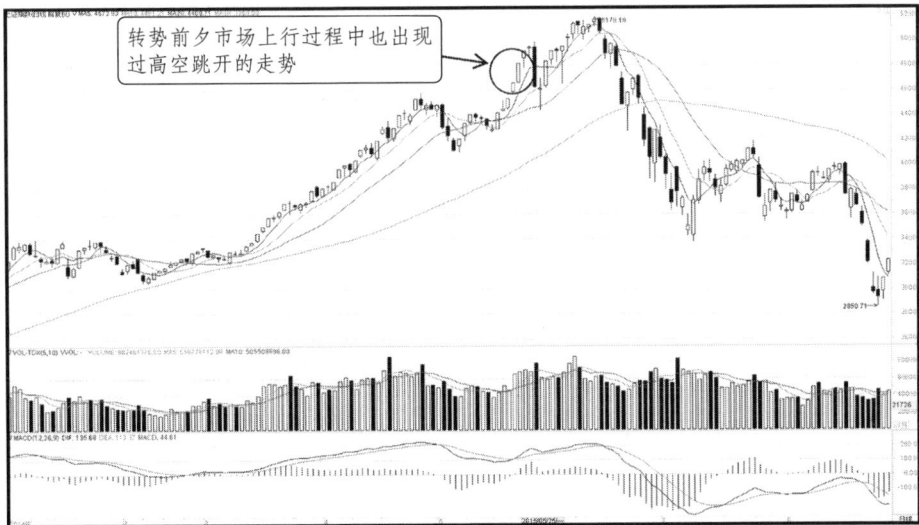

转势前夕市场上行过程中也出现过高空跳开的走势

图 1-16　上证指数 2015 年 6 月牛市转势前后走势图

【学习小总结】

当个股在冲高的过程中，应该适时减仓，之后在缺口附近捡回，来实现利润的最大化；同样地，当个股处在上升通道时，若忽然有一天出现向上的跳空缺口，投资者应该保持关注，注意可能会有回补缺口的动作。

这里，我们也能得到一些启迪。

◇警惕跳空高开缺口

市场经过连续大涨后，如出现连续逼空向上推进并伴随众多跳空高开缺口时，需要引起高度警惕，随时准备撤离。

◇警惕衰竭缺口

当向上跳空缺口并不带量时，即这些缺口产生的当天并没有伴随明显放量的迹象或量能相比前期还出现萎缩的情形时，往往意味着这是衰竭缺口。

如图 1-17 所示，在转势前夕连续逼空推进并伴随众多向上跳空高开缺口时，能量却没有得到很好的放大，相反，相比前期还出现了明显的萎缩态势，那么这种上攻不带量的行为很有可能就不具备很大的实质性了，这些缺口最终演变成衰竭缺口的概率便大大提高。

我们再来看看 2008 年年底启动的一轮小牛市行情，其阶段性上涨走势告一段落前夕市场运行状态，具体见图 1-18。2019 年年初与此类同，详见图 1-19。

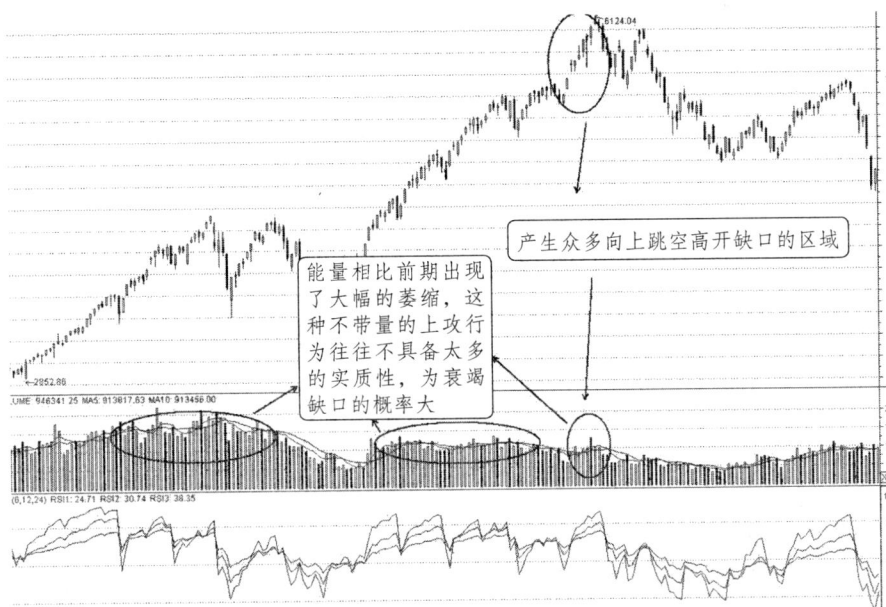

能量相比前期出现了大幅的萎缩，这种不带量的上攻行为往往不具备太多的实质性，为衰竭缺口的概率大

产生众多向上跳空高开缺口的区域

图 1-17　上证指数 2007 年 10 月转势前夕逼空推进走势图

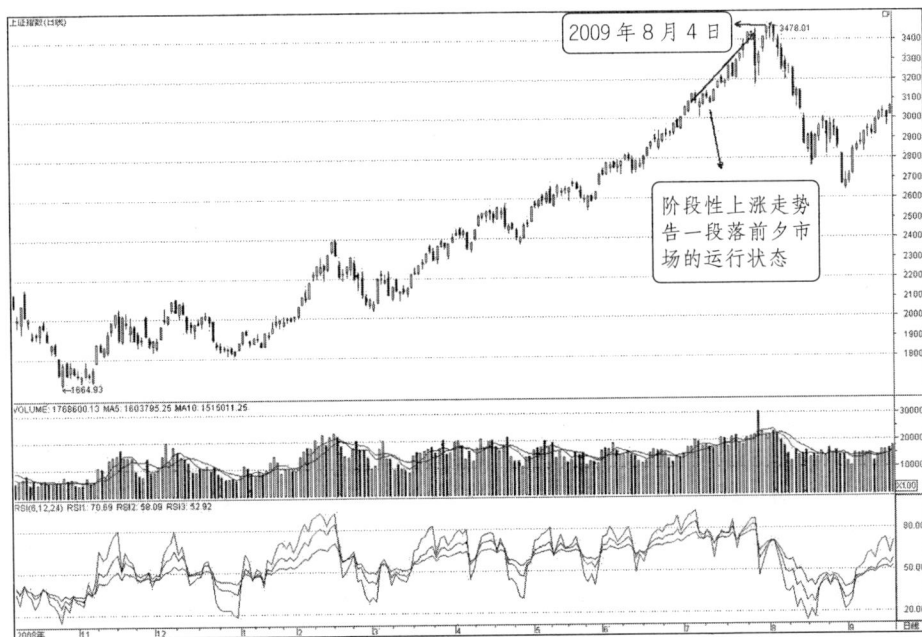

2009 年 8 月 4 日

阶段性上涨走势告一段落前夕市场的运行状态

图 1-18　上证指数 2008 年年底至 2009 年 8 月 4 日走势图

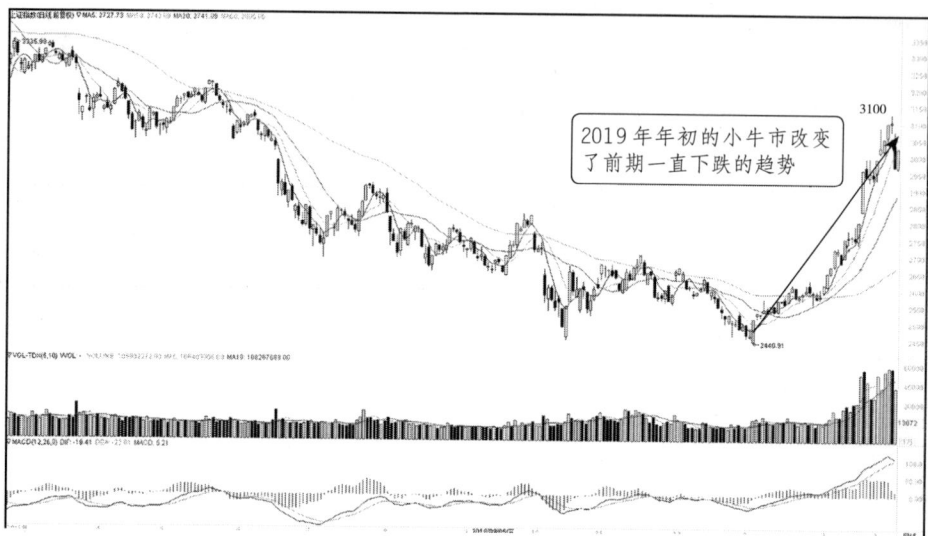

图 1-19　上证指数 2018 年年底至 2019 年 4 月日线走势图

【学习小总结】

经历了 2018 年低迷的行情之后，终于迎来了 2019 年年初的小牛市行情，在当时的行情中，上证指数只用了 70 个交易日左右的时间，便收复了前期的"失地"，并且达到了 3100 点，其间的总成交额在 199000 亿元左右。

2008 年年底启动的一轮小牛市，于 2009 年 8 月 4 日达到阶段性高点 3478，之后进入了中期调整。进入中期调整前夕市场的运行状态如图 1-20 所示。

中期调整前夕量能放大如图 1-20 圈中部分所示，其走势算不上疯狂，但对比前期的波动，明显有个加速的过程，足以起到让市场亢奋的效果，主力资金要想在此套现也是可以从容做到的。此种情况在

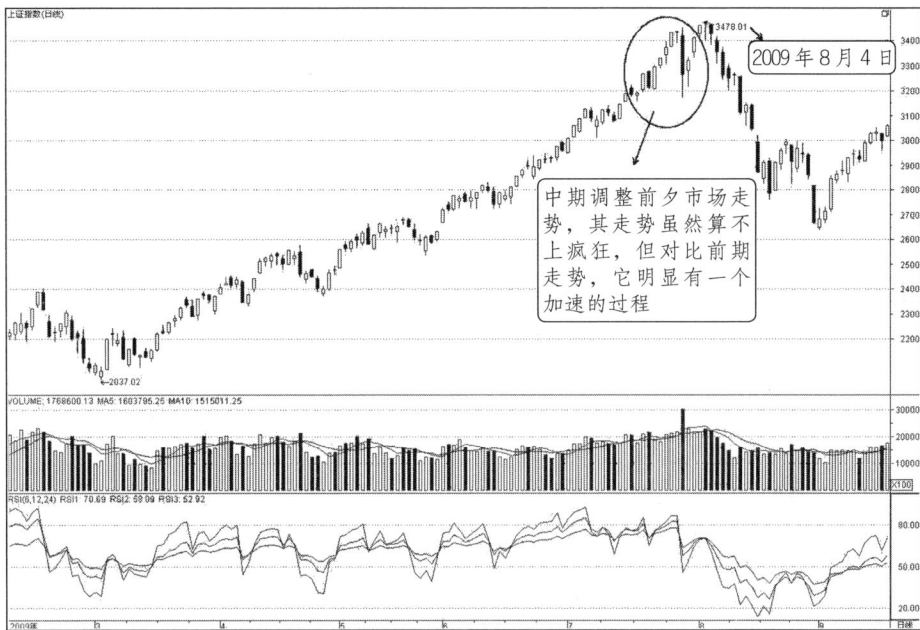

中期调整前夕市场走势，其走势虽然算不上疯狂，但对比前期走势，它明显有一个加速的过程

2009 年 8 月 4 日

图 1-20　上证指数 2009 年 8 月 4 日转势前夕走势图

图 1-21 也有所体现，这里相比前期明显的加速过程是不是主力套现的一种体现，需要更多的观察，毕竟这样的上攻行为算不上真正的疯狂，需要我们从更多方面进一步予以研究。

大盘是个股的综合体，也是所有个股波动的一种综合体现，主力有没有可能在此实现套现，我们不妨看看个股的波动情况，尤其是能左右大盘波动的大象品种。这些品种如果近似疯狂而且能使主力产生强烈的套现欲望，那么大盘此时的波动相比前期的加速动作就很有可能是主力欲套现而制造的一种行为了。

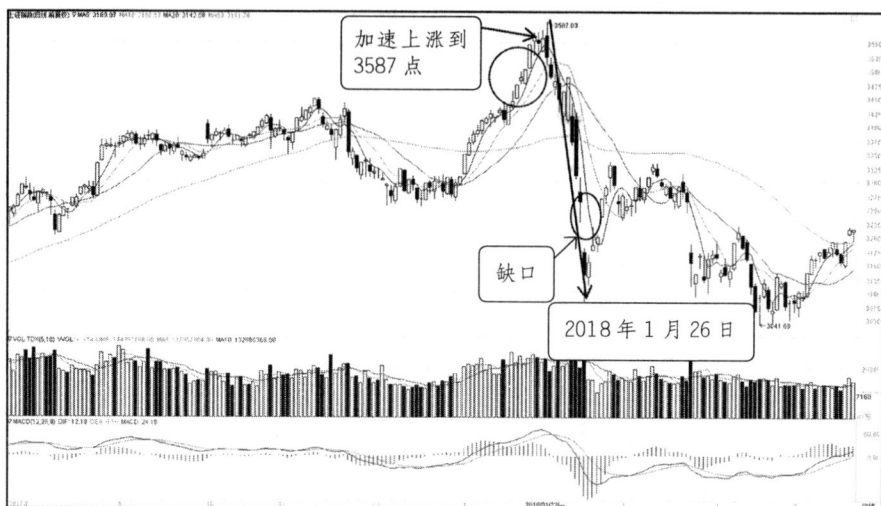

图 1-21 上证指数 2018 年 1 月 26 日转势前夕走势图

【学习小总结】

2018 年 1 月 26 日和上一个交易日之间出现了大缺口，若是在 9 日之前能够避免那当然是最好的操作；但若是遇上了 9 日这样的走势那也没关系，因为上方的缺口大概率是会被回补的，也就是说，这是一个博反弹的好时机。

哪些大象品种可以作为我们的参考目标？五大权重板块中的相关个股就是很好的参考标的，比如其中的一些龙头品种，地产板块中的万科 A、金融板块中的招商银行、煤炭板块中的潞安环能、钢铁板块中的宝钢股份等。当对大势不太明了的时候，多看看此类品种的走势，也许能得到一定的启发。

如图 1-20 所示，大盘相比前期出现一波加速上涨行情，在此过程中主力会不会选择套现呢？这个问题关系后市股指的运行。前面分析了，主力在此处套现会相对比较从容。现在我们要分析的是有无这种可能性，如果主力选择了在此处套现，那么后市一旦出现调整，其幅度不会小，至少时间会相对较长。如何分析有没有套现的可能性呢？大盘看不太清楚走势的时候，可以从代表市场走势的大象品种入手，看看这些品种的动向，主力是否会选择在这些品种中采取套现的动作，将极大地影响市场最终的走势。

现在，我们可以看看此时一些大象品种的走势，不妨从这些能左右大势的品种入手。

图 1-22 为万科 A 阶段性走势图。其初期的波动呈现震荡攀升的走势，随后便进入了加速上扬的过程，短期内从 8 元上攻至将近 15 元，涨幅达到 87.5%，这只是加速上扬阶段积累的涨幅，前期震荡攀升期内积累的涨幅还不包括在内。如果主力资金是在震荡攀升过程中建仓的，那么其积累的涨幅已超过 87.5%。经过此轮加速上扬后，在阶段性涨幅累计可观的情况下，主力资金是存在明显套现欲望的，毕竟大象品种不是一般的小品种，短期内能积累如此大的涨幅已相当不易，这一点需要引起我们注意。

另外，工商银行在经历 2018 年年初的上涨之前也是有一个很长的震荡期，见图 1-23。对比同期大盘，也有类似现象。

图 1-22 中：

2009 年 7 月 6 日

14.07

此为能左右大盘波动的大象品种万科 A 的
阶段性走势，判断主力有没有在大盘加速
上扬过程中套现，不妨从大象品种的走势
中入手分析

加速上扬的过程

初期的震荡攀升过程

2008 年 9 月 18 日

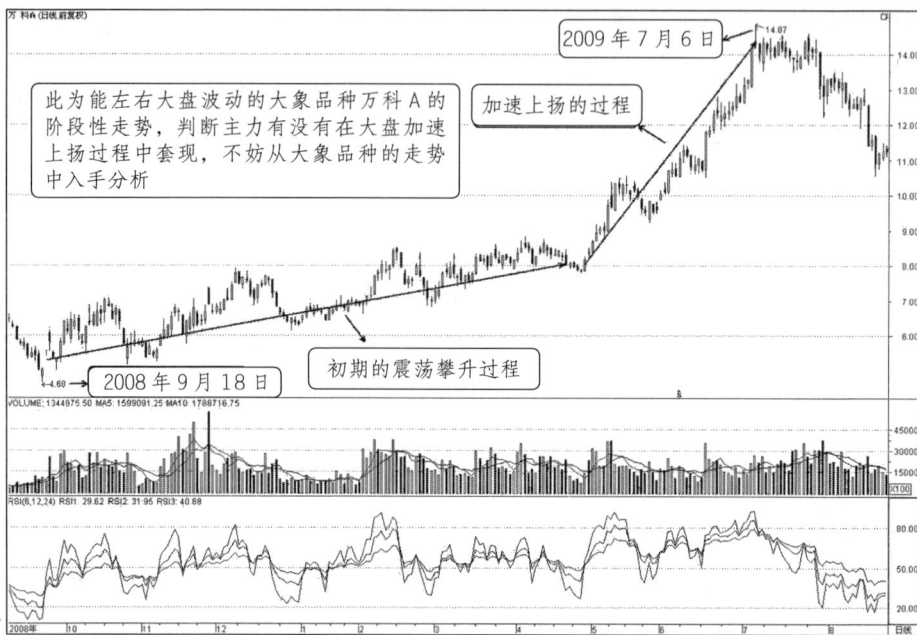

图 1-22 万科 A 2008 年 9 月 18 日至 2009 年 7 月 6 日走势图

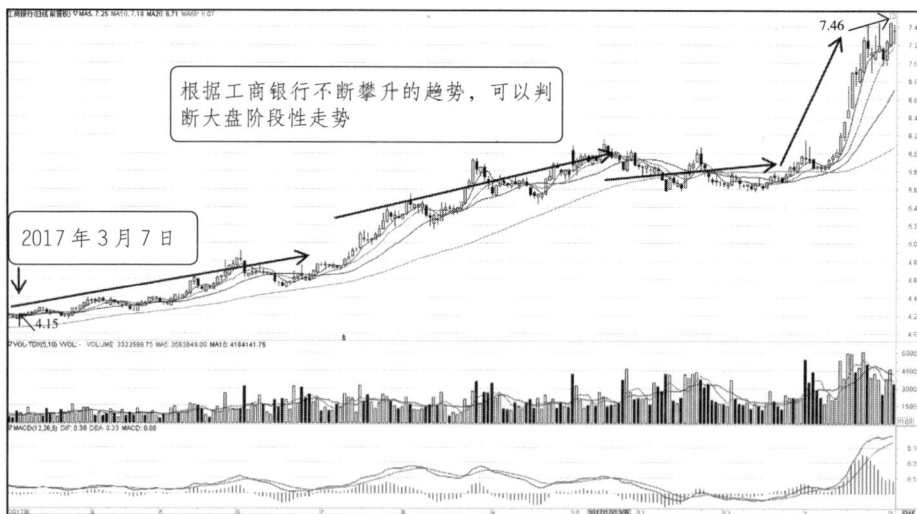

根据工商银行不断攀升的趋势，可以判
断大盘阶段性走势

7.46

2017 年 3 月 7 日

4.15

图 1-23 工商银行 2017 年 3 月至 2018 年 1 月走势图

【学习重点提炼】

  工商银行在不到 1 年的时间里，从 4 元多的股价位一路单边上涨至 7 元多，涨幅接近 80%。我们可以看到，这段时间内的大盘走势是和工商银行的走势有些类似的。

  我们再来看看其他能较大程度地影响市场波动的大象品种的走势，招商银行是一个很好的参考标的。图 1-24 为招商银行阶段性走势图。与大盘加速上扬阶段相对应的走势如图 1-24 中箭头所示，很明显，招商银行也进入了一个加速上扬的阶段，短期内由 12 元上攻至 18.44 元，涨幅达到 50% 之多。同样，这里也不包括加速上涨前期震荡攀升阶段积累的涨幅。大象品种短期内出现如此大的涨幅不是易事，对于主力资金而言存在强烈的套现欲望。

图 1-24 招商银行 2008 年 10 月 28 日至 2009 年 7 月 27 日走势图

【学习重点提炼】

图 1-25 中显示，截至 2018 年 1 月，建设银行的股份从 2017 年 5 月的 5.33 元涨至 9.59 元，涨幅在 75% 左右，市值也是一路飙升。

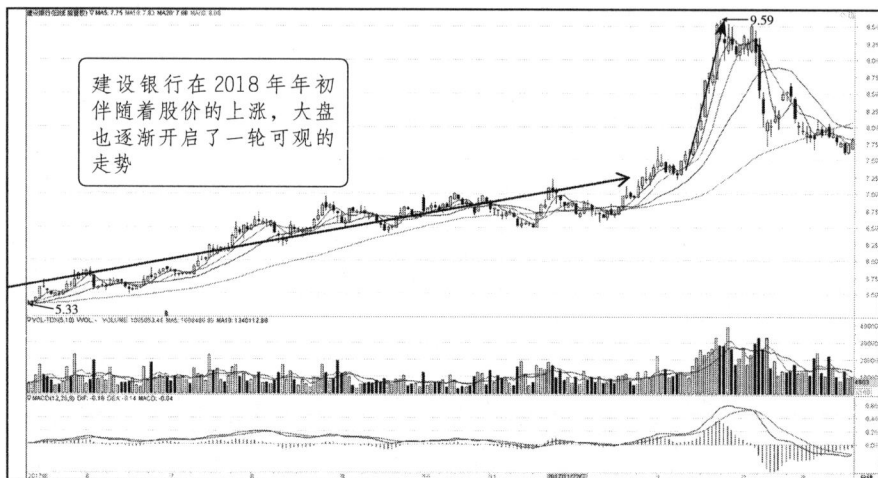

图 1-25　建设银行 2017 年 5 月至 2018 年 1 月走势图

综上所述，短期内大象品种都出现了如此躁动的走势，而且累计的涨幅也都相当明显。这过程中主力也消耗了不少做多的能量，毕竟这是重量级的品种，不投入一定的兵力是无法达到如此涨幅的。对于主力资金而言，此过程累计的涨幅让其产生强烈的套现欲望，再加上这一过程肯定消耗了不少做多能量，因此市场一旦出现回调，很有可能将是一次级别不小的调整，这是需要引起我们警惕的。

回到大盘的走势，见图 1-26。

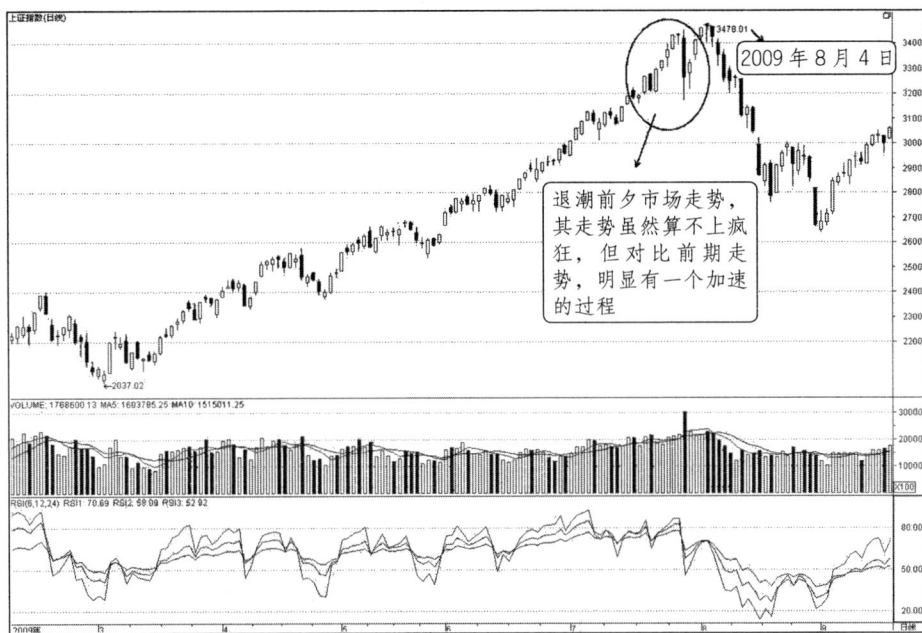

图 1-26　上证指数 2009 年 8 月 4 日退潮前夕走势图

2009 年 8 月 4 日退潮前夕，大盘走势虽然算不上疯狂，只有一个加速的上攻动作，但我们回到个股如上面分析的大象品种万科 A 和招商银行的走势图一看，其与大盘加速趋势相对应的阶段却可以称得上疯狂，这些大象品种的疯狂同样也需引起我们的注意。从某种意义上来说，这些品种的波动就代表着大势的波动。可以说，在这轮中期调整前夕，大盘虽然没有出现形式上的疯狂，但其内在，尤其是能很大程度上代表大势波动的品种已出现了疯狂，同样也会影响主力的选择。图 1-27 中也出现了此种情况。

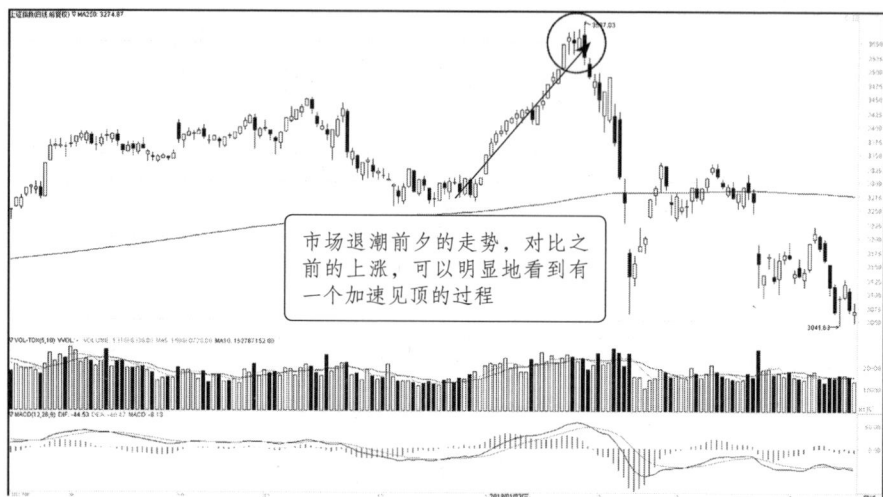

市场退潮前夕的走势，对比之前的上涨，可以明显地看到有一个加速见顶的过程

图 1-27 上证指数 2018 年 1 月 26 日退潮前夕走势图

根据前面的分析，我们将其要点总结如下：

①市场在转势前夕往往会上演最后的疯狂，我们需要学会举一反三，反过来当市场出现疯狂的时候，我们要考虑一下这是不是转势的征兆。

②主要以单边上扬形式展开的牛市，相对而言，其以疯狂的行为结束整个战役的概率大；而主要以震荡形式展开的牛市，相对而言，主力资金有更多的选择，可以以不温不火的震荡形式结束牛市，也可以以疯狂的形式结束牛市。

③当大势出现加速行为但算不上疯狂时，我们要懂得通过能代表市场波动的大象品种判断这加速的性质，如果这些品种出现疯狂，那么从某种意义上来说也预示着表面看似不疯狂的大盘其内在已疯狂，同样需要引起我们警惕。

概念与题材的冲击力

个股退潮前往往由于其本身的疯狂，使人难以不为之动心，想去参与一把，这是非常具有诱惑力的阶段，也是非常致命的阶段。但在真正退潮前夕，这种危险往往不易为市场投资者所察觉，这是因为此阶段的概念和题材较多，市场投资者已被虚假的繁荣冲昏了头脑。这也就是我们需要探讨的出货阶段，即市场真正退潮前夕概念与题材的冲击力问题。

对于市场而言，进入上涨的尾声阶段时，很多时候行情并不会立马进入泥沙俱下的下跌阶段，往往会有一个过渡期，也就是构筑头部形态的阶段；头部构筑完毕后，进入真正下跌阶段前还会有多头最后的挣扎过程，这就是通常所说的最后的逃命阶段。在头部的构筑过程中，以及最后的逃命机会来临时，大部分的市场投资者没有察觉到，因为在这过程中市场并不缺乏机会；相反，机会还相当地诱人，低价股、偏门股、冷门股出现连续涨停或短期内出现翻倍的走势是非常易见的事情。对于能左右市场波动的大象品种而言，往往已提前出现重心下移的走势，虽然还没到暴跌的地步，但震荡下行的趋势已在缓慢地行进中，所以此时的市场并不会让人觉得有不妥的地方，相反机会还如此突出和常见。面对热度不减的市场，此时真正能够做到淡定面对的人少之又少。市场虽然热闹，但这些热闹都是一把把锐利的钩子，上钩容易，但一旦上钩了，想脱钩就没那么简单了。

在退潮前夕为何会出现这种低价股、偏门股、冷门股漫天飞舞的情形呢？其实这不难理解，首先，真正退潮前夕市场的热度已得到了极大的激发，此时市场不缺乏人气，即人气基础具备。其次，不少个股经过一轮牛市的上涨行情后，股价大多都已高高在上，主力资金在此阶段要做的就是乘机套现或已实现套现，这些部分套现出来的资金在人气极度活跃的背景下会继续挖掘前期涨幅较小的个股、低价股、偏门股、冷门股（这类个股往往是一些业绩不佳或没有被挖掘出来的个股）。由于这类个股前期涨幅不大或股价不高，具有一定的上涨想象空间，主力资金一旦将其撬动，极度狂热的市场就不怕没有跟风盘的涌入，加上此时还没有真正进入退潮期，于是这些资金就敢于利用人气积极开展局部战役，出现这种低价股、偏门股、冷门股漫天飞舞的情形就很正常了。但对于此时的市场而言就不太正常了，因为这属于资金的最后疯狂与挖掘阶段，主力部队在这种虚假的繁荣掩护下的大逃亡将要接近尾声了，而跟风盘还在源源不断地涌入，不断地在高位换手接盘。真正等到集体退潮的那一刻，才发现原来自己已经在高位站岗了。

这就是市场的可怕之处，真正退潮前市场总会热闹一番，等大部分人在这过程中忙得不亦乐乎时，再来个一网打尽，对跑得快的投资者来说，这并不可怕，应该害怕的是最后逃命的机会已经过去了，还在等待上帝伸出援助之手的投资者。其结果是期待次次落空，越套越深。

2007 年 10 月 16 日大盘达到阶段性最高点 6124 后开始出现走低、逐步退潮的走势如图 1-28 所示。图 1-29 中，上证指数在 2015 年 6 月达到最高点之后便开始了大幅度的回调，逐步退潮，并在 2016 年 1

月 27 日达到了最低点——2638。

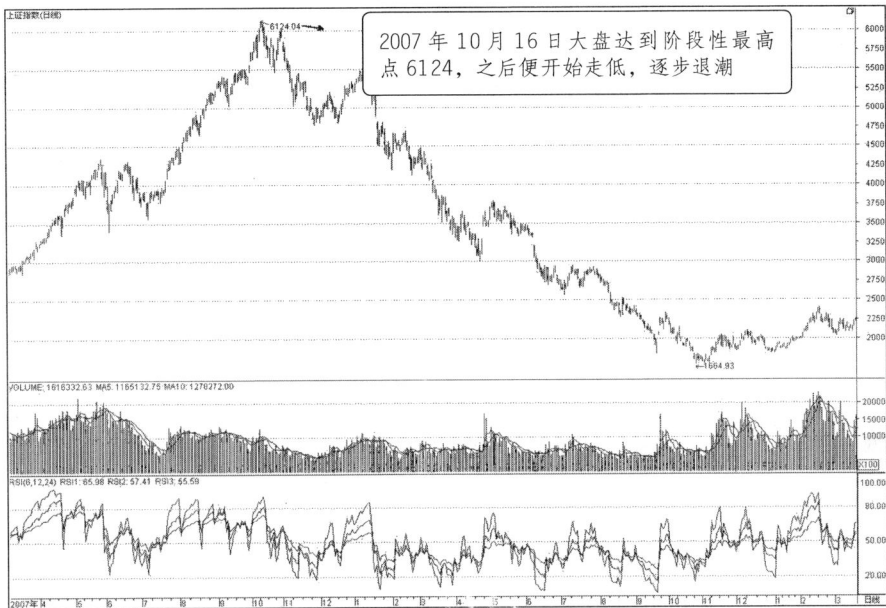

图 1-28　上证指数 2007 年 10 月 16 日退潮后走势图

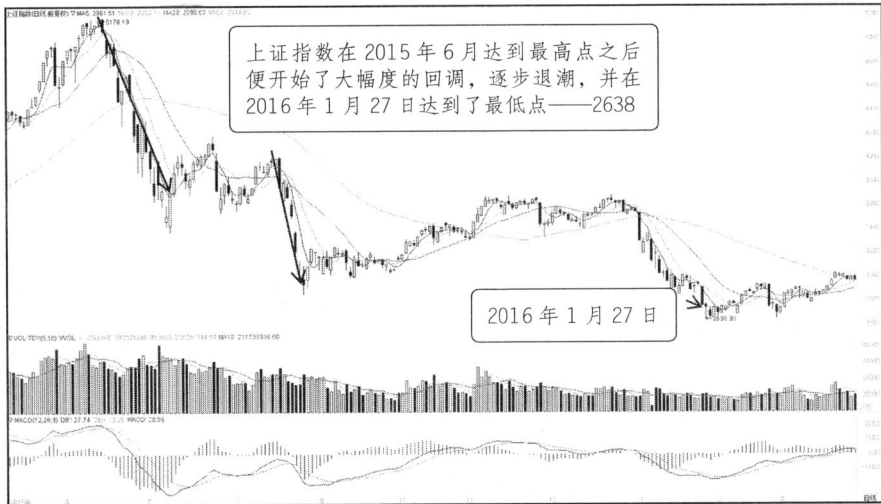

图 1-29　上证指数 2015 年 5 月至 2016 年 3 月退潮后走势图

我们可以看到，大盘的走熊并不是一蹴而就的，尤其是顶部形态的形成过程中不温不火的走势，以及下跌初期逐步走低的波动，很难让人察觉到当下已经进入熊途。而且此时个股的演绎还异常火爆，做多的热情仍处于极度疯狂的地步，要想透过现象看到本质确实不是一件易事。

图 1-30 为 *ST 张股（自 2009 年 6 月 8 日起，该公司股票简称由"*ST 张股"变更为"ST 张家界"；自 2012 年 4 月 25 日起，又变更为"张家界"）的走势图。2007 年 10 月 16 日大盘达到阶段性高点后逐步走低时，此股还上演了一轮疯狂的拉升走势。

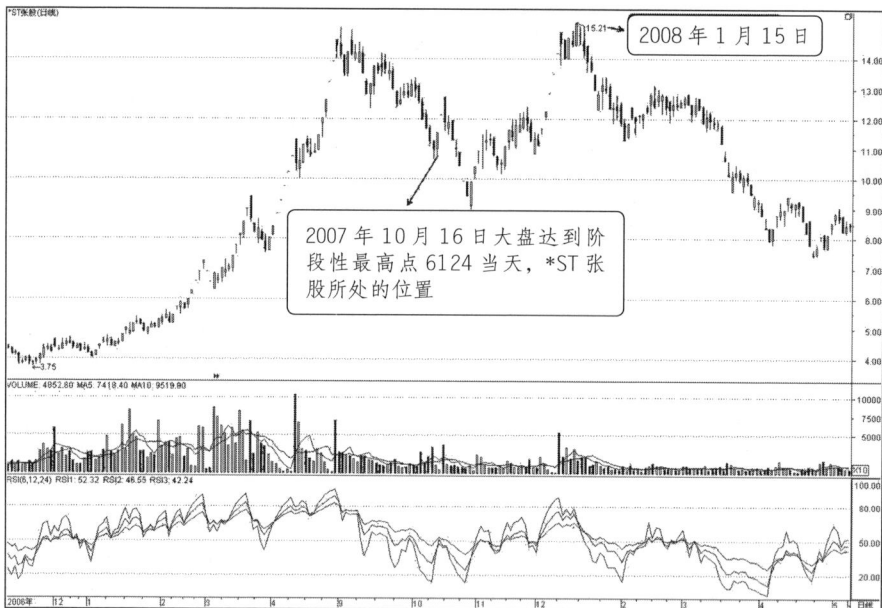

图 1-30　*ST 张股 2007 年 10 月 16 日后大盘逐步走低时拉升走势图

大盘开始逐步退潮的初期，个股还在慢涨，*ST 张股短期内从 9 元上涨至 15.21 元，涨幅达到 69%，其中还伴随着连续涨停动作，疯狂程度可见一斑。如图 1-31 所示，在这些个股的极度疯狂的衬托下，大盘开始步入退潮周期也就不易被市场察觉了，甚至大部分投资者有可能还一味地沉浸在追逐这些疯狂品种中。最终，很有可能怎样上来就怎样跌下去，不会留给我们太多的反应时间。

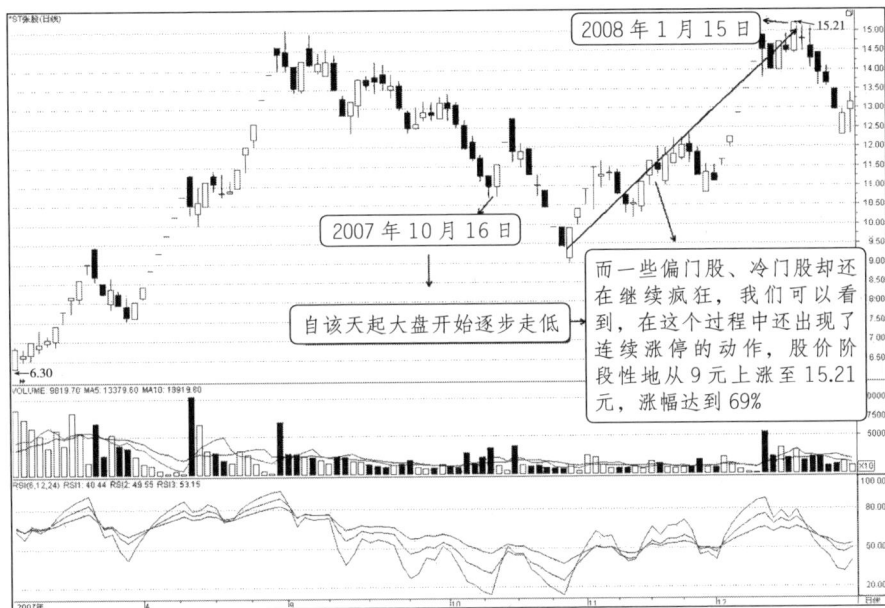

图 1-31　*ST 张股 2007 年 10 月 16 日至 2008 年 1 月 15 日走势图

前面的涨幅很可观，短期内涨幅就达到 69%，但一旦跌起来也很恐怖，打回原形只是迟早的事。若要衡量最终的风险和收益，在行动之前我们应该多一分考虑，三思而后行。图 1-32 反映了该种情形。

ST 磁卡（自 2012 年 8 月 29 日起，该公司股票简称由"ST 磁卡"变更为"天津磁卡"）的走势亦是如此，如图 1-33 所示。2007 年 10 月 16 日上证指数达到阶段性高点 6124，随后便逐步走低进入顶部构筑期，我们可以看到此时 ST 磁卡并没有跟随市场呈现疲软走势，相反在 2007 年 10 月 16 日之后还出现了一轮幅度不小的上攻行情。

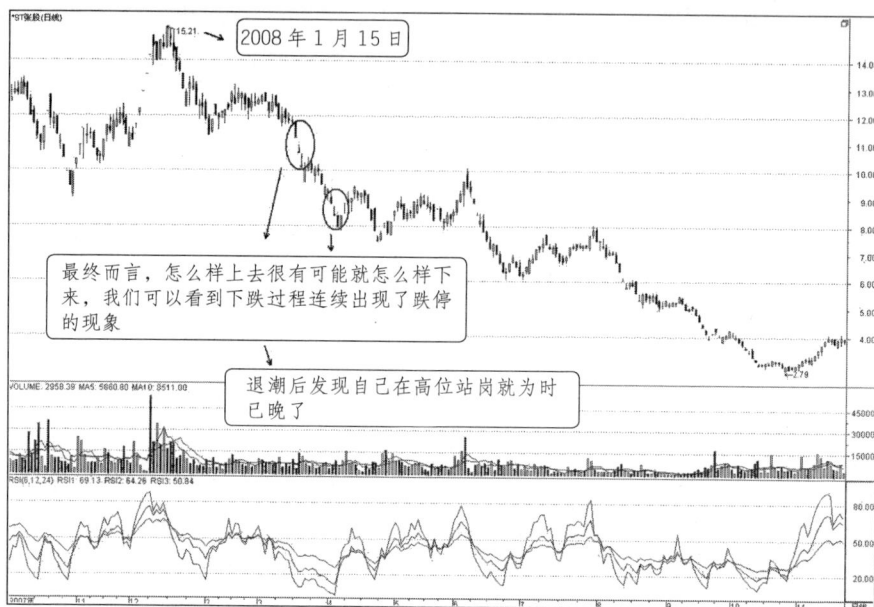

图 1-32　*ST 张股 2008 年 1 月 15 日后暴跌走势图

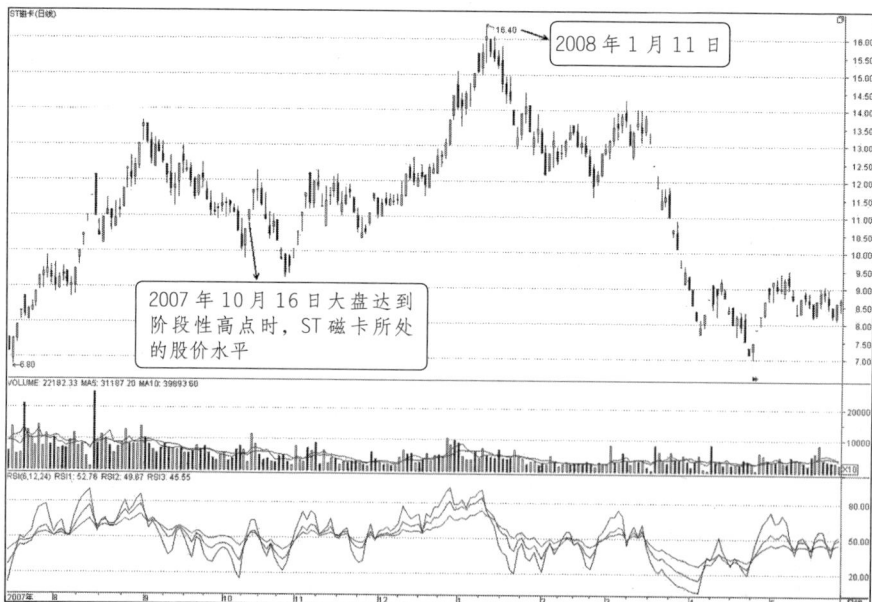

图 1-33　ST 磁卡 2007 年 10 月 16 日至 2008 年 1 月 11 日上涨走势图

如图 1-34 所示，大盘进入阶段性筑顶阶段，并且还伴随着重心开始逐步下移的过程，此时 ST 磁卡却逆势走强，继续上演疯狂的走势，短期内股价从 9.29 元上涨至 16.40 元，涨幅达到 76.5% 之多。在这种偏门股、冷门股继续大幅走强的过程中，殊不知，大势已经在退潮的途中了。

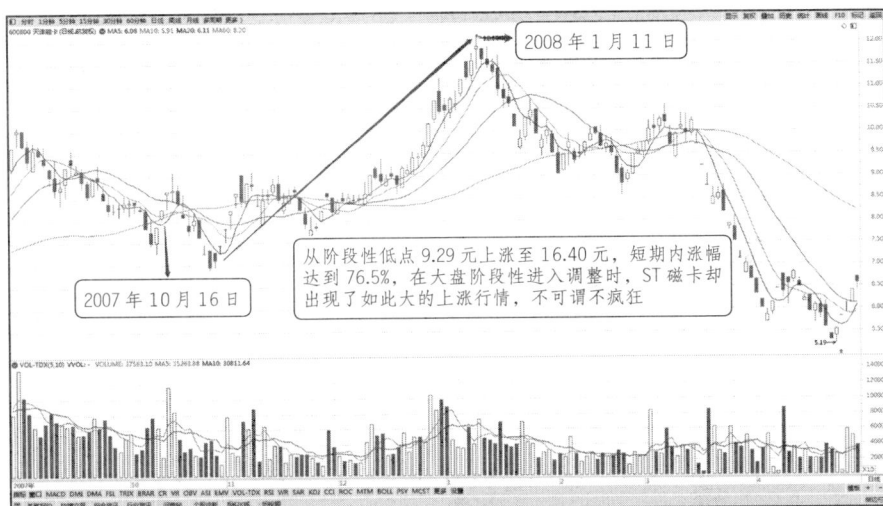

从阶段性低点 9.29 元上涨至 16.40 元，短期内涨幅达到 76.5%，在大盘阶段性进入调整时，ST 磁卡却出现了如此大的上涨行情，不可谓不疯狂

2007 年 10 月 16 日

2008 年 1 月 11 日

图 1-34　ST 磁卡 2007 年 10 月 16 日至 2008 年 1 月 11 日走势图

除此之外，市场中还有很多逆市走强的个股，它们共同上演着让人亢奋的盛宴，让人沉浸其中难以自拔，就算危机来临还以为只是打个喷嚏无关大碍，等真正回过神来却已没有回头路，股价已一去不返地跌向了深渊。

关键在于学会辨认逃顶形态

首先，我们要知道顶部形态的一个最大特征就是构筑时间较短。道理不复杂，本质上股价的波动跟人内在的情绪波动是有很大关系的，顶部形态构筑期往往是人的情绪异常亢奋的时期，亢奋期的持续时间都比较短，即由青春期回归正常的时间较短，这是人的一个生理特征决定的，相应地，反映在股票市场顶部形态构筑上的时间也会较短。

由于构筑顶部形态的时间较短，我们进行剖析时将会更多地从日线上着手。我们固然需要大格局的思路，即需要从周线、月线、年线甚至更长周期进行多层次分析，但由于时间较短，此时必须借助日线进行分析。在日线图中，可以较为清晰地辨认出顶部形态，周线或更长周期的图反而更具一定的迷惑性。

我们可以看看历史走势中，算得上真正意义上牛市的顶部形态的形成过程，见图 1-35。

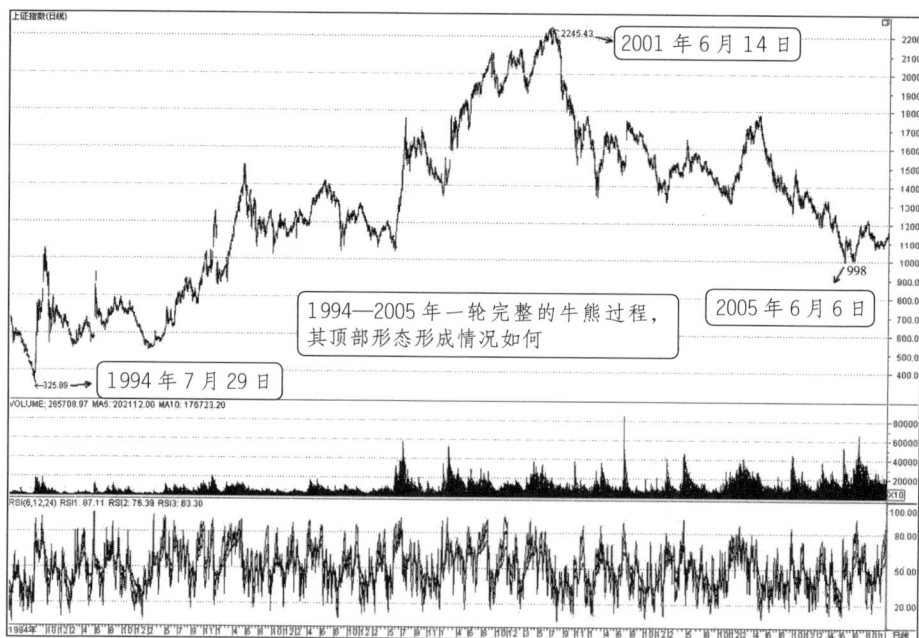

图 1-35　上证指数 1994 年 7 月 29 日至 2005 年 6 月 6 日走势图

图 1-35 所示是 1994 年 7 月 29 日出现的一轮牛市行情，并于 2001 年 6 月 14 日达到阶段性高点 2245.43，随后进入熊市，2005 年 6 月 6 日下探到阶段性低点 998，至此走完了整个牛熊市。

前面我们分析了顶部形态形成前夕往往都会有一个加速疯狂的过程，其中以震荡形式为主展开的牛市也可以在震荡过程中结束牛市，不管以何种形式结束整个战役，往往都会经历顶部形态的构筑，我们要做的便是练就一双火眼金睛，在顶部形态形成的过程中或形成后的下跌初期意识到这一点。当然这并不是那么简单，因为顶部形态形成过程往往都是市场情绪异常亢奋的时期，身边的投资者也许都是一片乐观的看涨声，要想在这过程中保持清醒的头脑而不受影响是相当难的一件事。刚开始你可能很坚定，但很难做到始终如一。周围的乐观声音还只是一个方面，因为它可能只是道听途说不足为据，不会对你的看法形成太大的冲击，更致命的是此时市场题材和概念股的冲击，即盘面依旧很热闹，同时还可能出现愈演愈烈的趋势，这一点是我们清晰认识市场的最大阻碍。在真正退潮前会存在多空双方的争夺期，我们本身也会有一个内心的反复斗争期，即因自身对市场的认识与大众思想相左而斗争、自身相对悲观的想法与盘面表现出的虚假繁荣现象不一致的斗争。最终能够坚持自己的看法并做到"知行合一"的，可以说少之又少，同时这不单单是在顶部形态构筑时期才如此的，其实在其他时期的波动过程中同样充满着这些矛盾，这正是市场为何只有少数人能够获利的原因。

如图 1-36 所示为三重顶形态走势情况，跌破颈线位后便进入了熊市征途，由于这是日线图走势，我们可以看到筑顶时间并不是很长，而且清晰明了。这时我们回过头去看，相信谁看了都会觉得很简单，都会疑惑这么明显的顶部形态为何当时就无法看清楚呢。

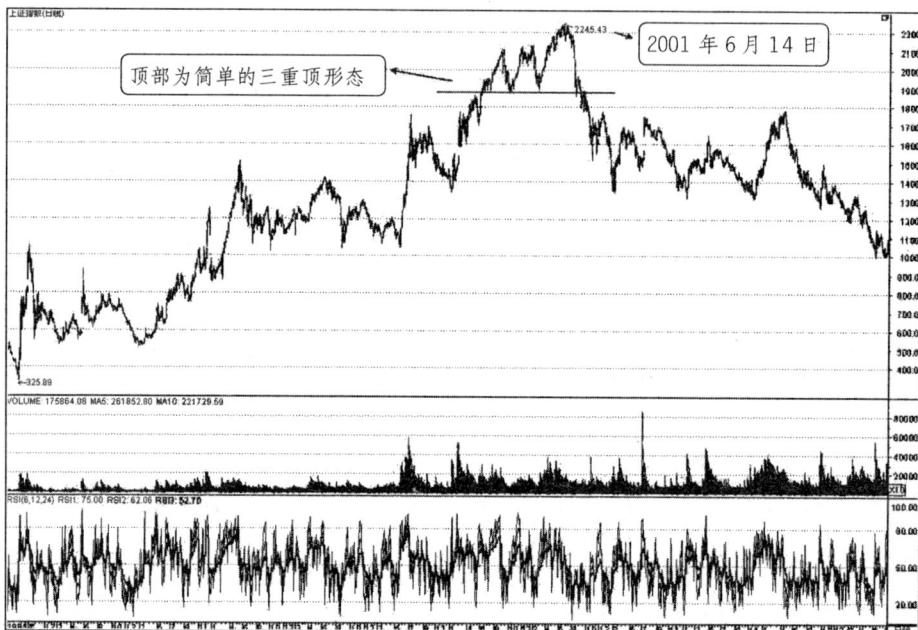

图 1-36　上证指数 2001 年 6 月 14 日前后三重顶形态走势图

现实就是如此，应该说顶部形态都不复杂，但在当时很有可能就是看不懂，这除了前面分析的两点原因（其一，到处都是一片乐观声；其二，盘面确实非常热闹）之外，还有一个重要原因，那就是我们没有意识到形态的重要性及不懂得止损。

图 1-37 所示为双重顶形态。形态的重要性在后面的章节中有详细的阐述，在此不再赘述，需要强调的是，关键位置的跌破我们一定

要高度警惕，不要不以为意，尤其是在指数或股价处于相对高位时出现跌破关键位置的情形更需引起注意。

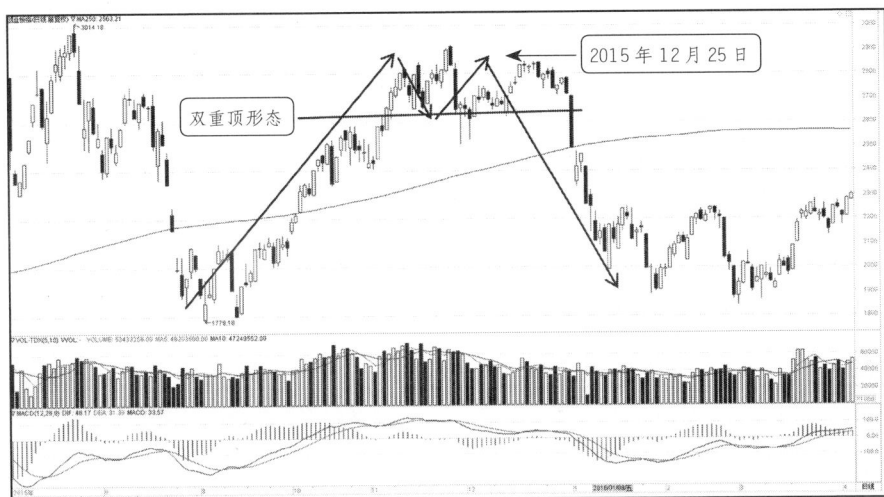

图 1-37　创业板 2015 年 7 月至 2016 年 3 月双重顶形态走势图（一）

其实从这轮牛市本身的走势来看，主要是以震荡形式展开的，在震荡上行过程中每次震荡整理构筑的整理平台都没有出现跌破的情形。

如图 1-38 所示，在这次以震荡为主要形式展开的牛市中，总共构筑了 3 个震荡整理平台，如图 1-38 中箭头所示部位，前两个震荡整理平台相似，每次在区间下轨附近止跌企稳，获得支撑蓄势后便继续向上展开征途，有效突破区间震荡上轨走出一波上涨行情，此区间震荡整理形态于是演变成上涨中继形态，而最后一次区间震荡整理构筑的平台并没有延续前两次的情形向上突破；相反，出现一个向上假突破后，便又被打回下轨附近而且还跌破下轨支撑。此处破位下行是否只是一个偶然行为？当然，我们都希望事实如此，毕竟只有继续上涨才符合大众利益，但市场行为并不以我们的意志为转移，它有自身的运行规律，我们任何一次侥幸心理都有可能遭受市场无情的打击，市场最终的走势确实也向我们证明，当时的破位并不是偶然的，而是其出现转势的必然表现。如图 1-39 至图 1-41 所示。

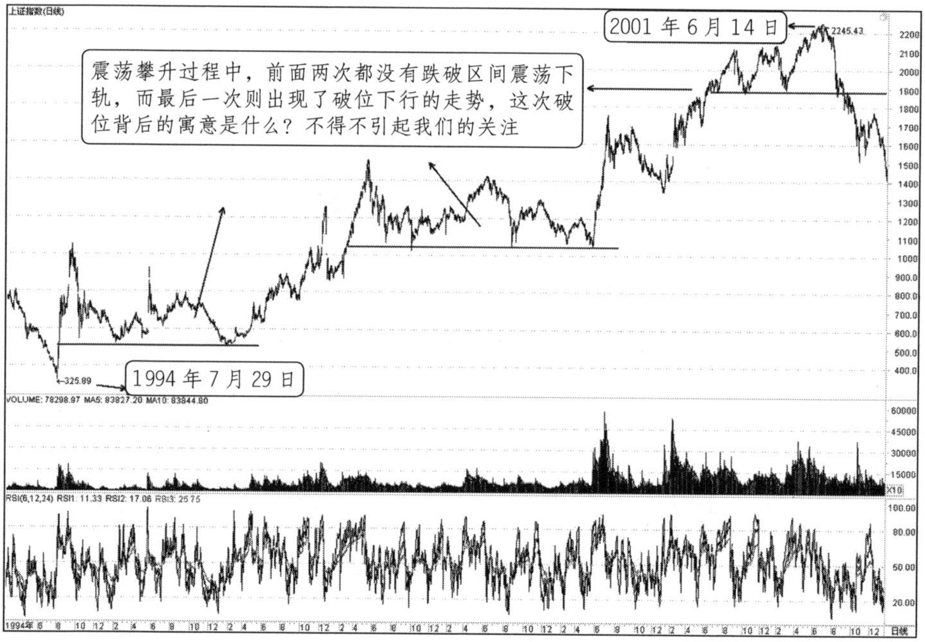

图 1-38　上证指数 1994 年 7 月 29 日至 2001 年 6 月 14 日震荡攀升走势图

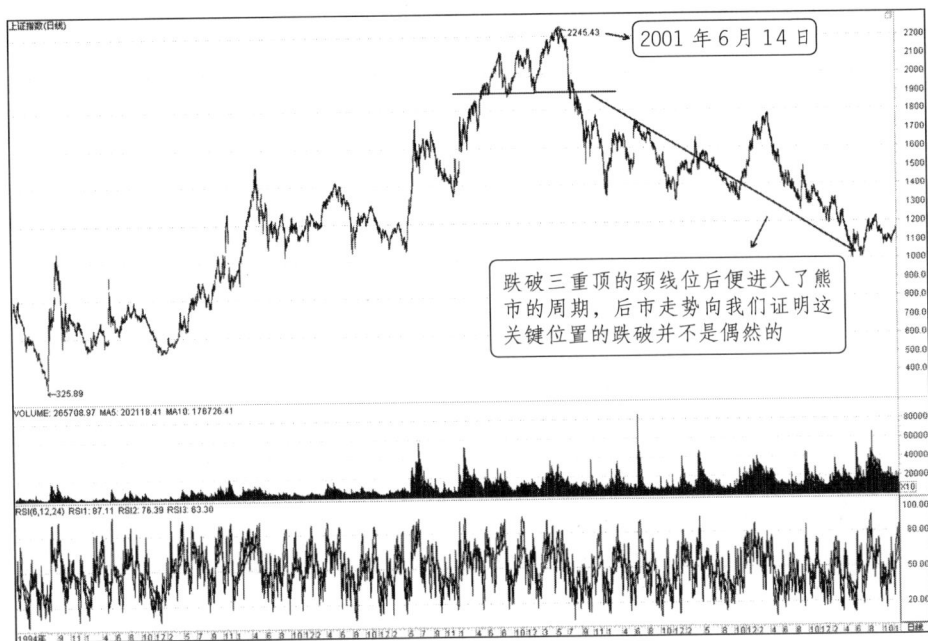

2001 年 6 月 14 日

跌破三重顶的颈线位后便进入了熊市的周期，后市走势向我们证明这关键位置的跌破并不是偶然的

图 1-39　上证指数 2001 年 6 月 14 日后破位下行走势图

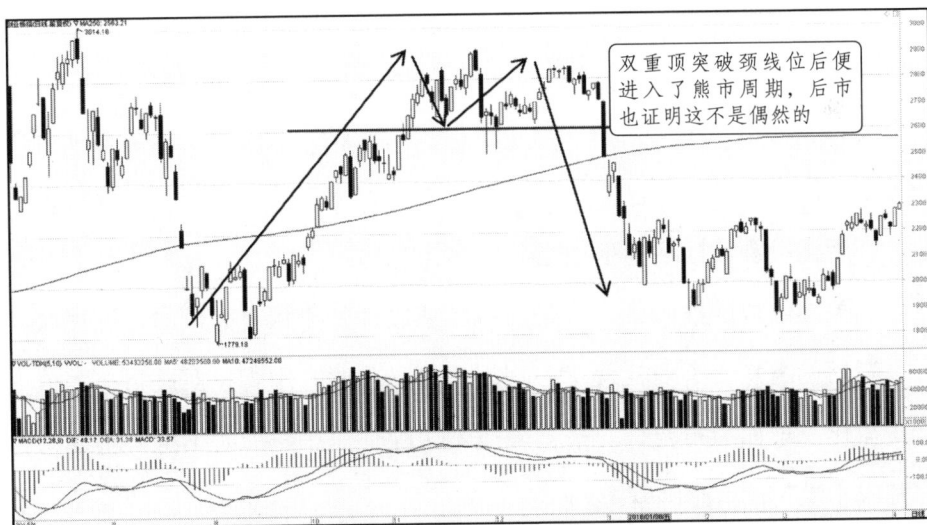

双重顶突破颈线位后便进入了熊市周期，后市也证明这不是偶然的

图 1-40　创业板 2015 年 7 月至 2016 年 3 月双重顶形态走势图（二）

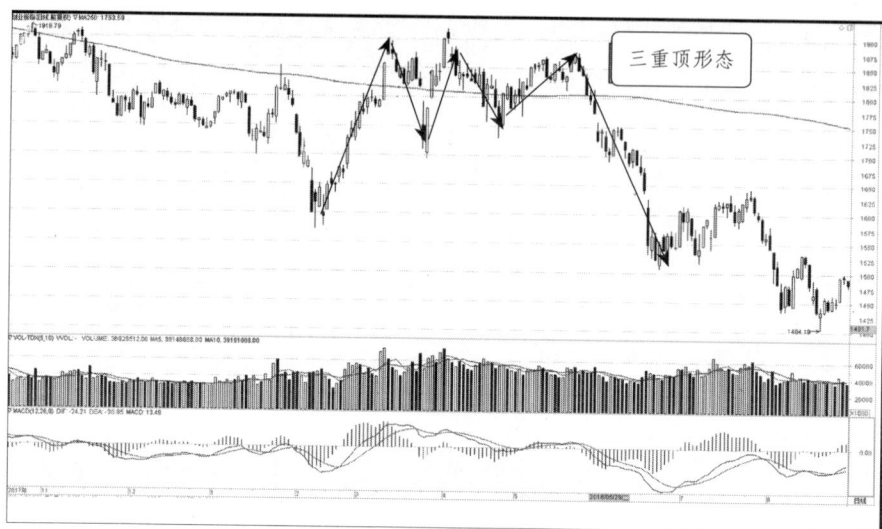

图 1-41　创业板 2017 年 10 月至 2018 年 8 月后破位下行走势图

这里我们可以总结出几点道理。

尊重市场规律

就像很多事之间都有其因果联系一样，市场的变化必定有其道理，尊重市场趋势，不要企图凌驾于市场之上，是我们每个投资者都应谨记于心的。

用脚投票，杜绝侥幸心理

关键位置的跌破，尤其是当指数或股价处于相对高位时，要思考其背后的寓意，不要让侥幸心理麻痹自己，此时用脚投票严格止损或止盈比三思而后行要好，毕竟谁也不敢保证深思熟虑时不抱有侥幸心理或不受其他情感因素影响。

谨防当局者迷

不要认为顶部形态会有多复杂，相反，它更多是以非常简单的方式演绎，也许简单得让人都不敢相信，但真正这样走出熊市再回过头去看，大家又可能会责怪自己当时为何连这么简单清晰的顶部形态都看不清。用一句话来概括就是，开始简单得让人不敢相信，走出来后回过头去看时则反思这么清晰为何当时看不清楚。不要认为这很可笑，其实现实就是如此。

我们再来看看 2005 年出现的大牛市行情的顶部形态是否演绎着同样简单的走势。

如图 1-42 所示，指数于 2007 年 10 月 16 日达到阶段性高点后形

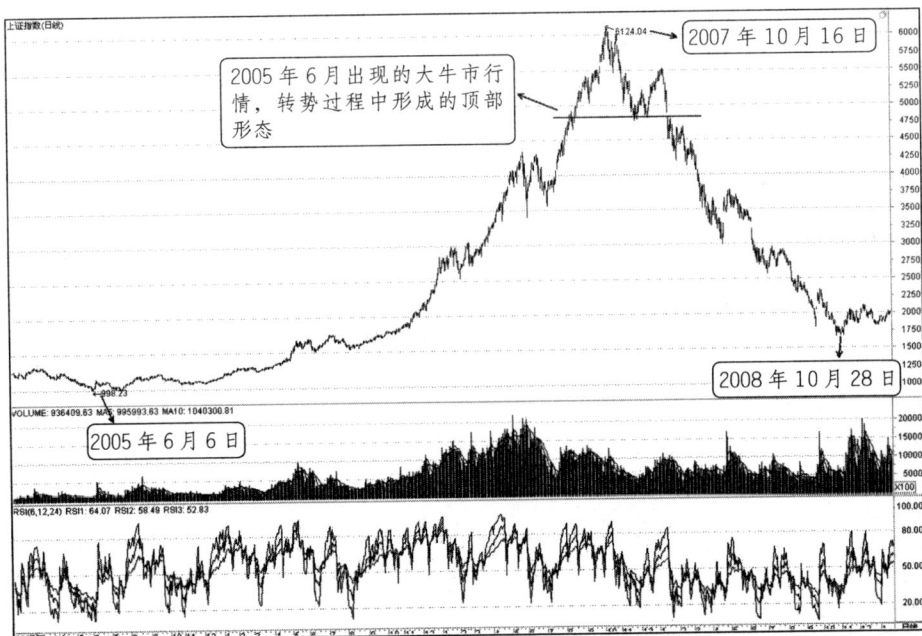

图 1-42　上证指数 2007 年 10 月 16 日前后双顶形态走势图

成的顶部形态为简单的双顶形态，从演绎过程来看非常简单，但现实并非如此，在顶部站岗的人不在少数，成功逃顶的人可以说是凤毛麟角。同时我们可以看到，这轮上涨行情虽然属于主要以单边上扬形式展开的牛市，但其中还是出现了不少震荡整理的走势，与1994年出现的牛市上升趋势阶段震荡整理相似，在区间震荡整理过程中都没有出现跌破区间震荡下轨的现象，如图1-43所示。图1-44所示与此类同。

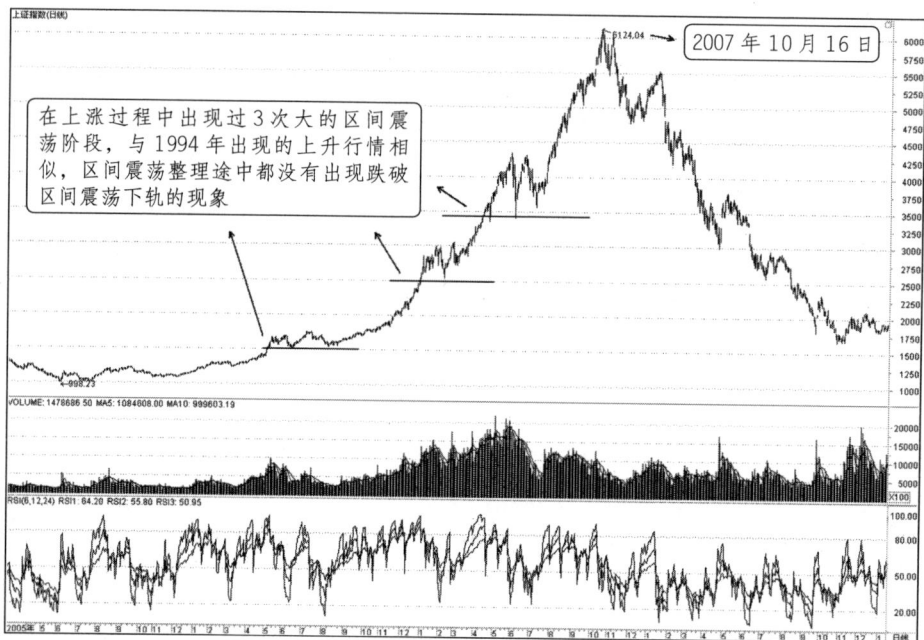

图1-43　上证指数2005年6月至2008年10月走势图（一）

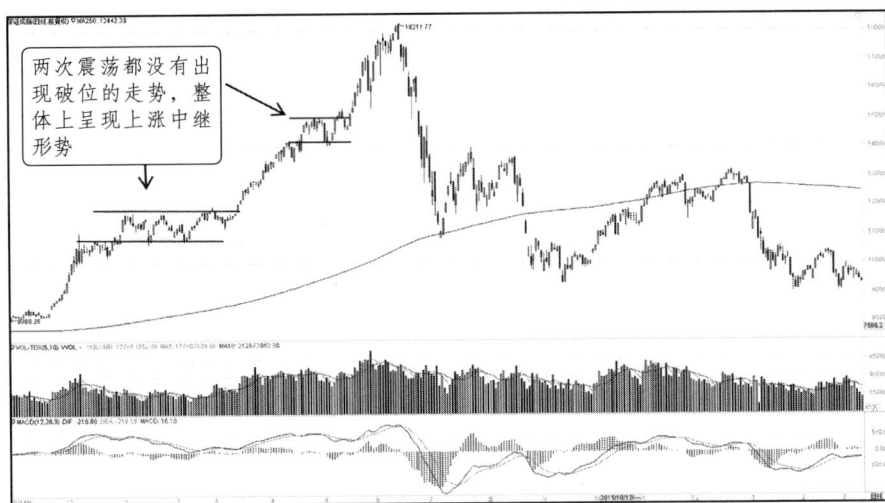

图 1-44 深证成指 2014 年 10 月至 2016 年 3 月走势图

【学习重点提炼】

在上涨中继形态中颈线位的作用十分明确，可以准确预判出大盘是否会继续向下调整；若是突破颈线位，则需及时离场，避免之后的调整风险，等到最后转势的良机出现时，才可参与。

自 2005 年 998 点上涨至 2007 年 10 月的 6124 点，这过程中出现过 3 次时间较长的区间震荡整理走势。与曾经的牛市行情相似的是，这 3 次震荡整理过程中都没有出现跌破区间震荡下轨的现象，而且最终这些整理态势都演变成了上涨中继形态。同时历史再次重演，2007 年 10 月出现的区间震荡整理走势最终破位下行，结束了整个牛市，这再次向我们证明看似简单不起眼的市场行为却蕴含着大的寓意。

从图 1-45 中我们可以看到，第四次大的震荡整理走势没有延续前有 3 次的向上突破走势，相反出现破位下行的走势，图 1-46 中的第三次震荡也是如此，看似不经意不起眼的市场行为，其背后却蕴含着深刻的寓意，不可否认的是，这个顶部形态确实很简单，但在当时情形下能够真正看懂的人少之又少，其中的原因在前面已详细分析了，这里不做重点阐述。

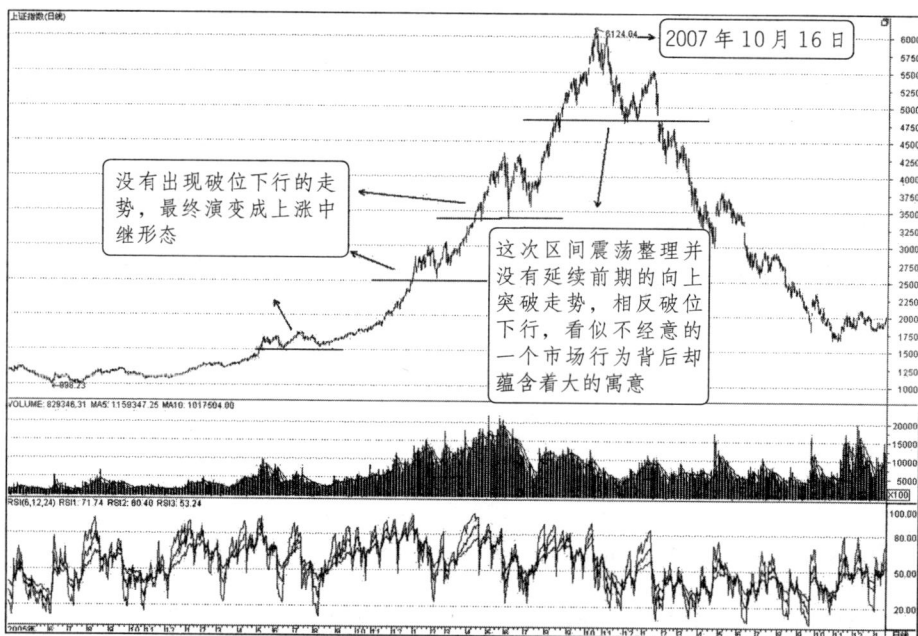

图 1-45　上证指数 2005 年 6 月至 2008 年 10 月走势图（二）

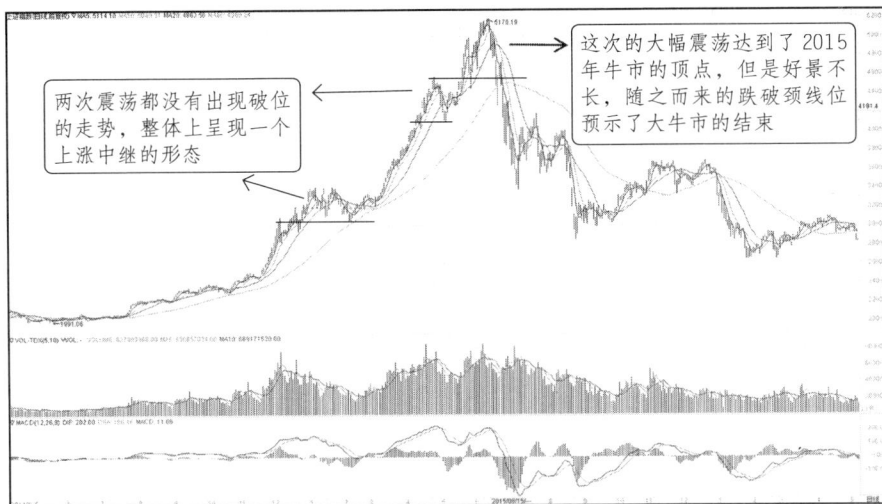

这次的大幅震荡达到了2015年牛市的顶点，但是好景不长，随之而来的跌破颈线位预示了大牛市的结束

两次震荡都没有出现破位的走势，整体上呈现一个上涨中继的形态

图1-46　上证指数2014年4月至2016年4月走势图（三）

【学习重点提炼】

在2015年的大牛市的震荡中，有人成功也有人失败，能否成功逃顶显得十分重要，其间对颈线位有一个准确的判断，就能够让你在牛市中功成身退，获利了结。

综上所述，我们需注意以下几点。

①关注历史规律。历史会重演，当然不是一成不变地复制，我们应该从历史走势中寻找市场运行的规律。

②关键位置跌破需警惕。指数或股价处于相对高位时，关键位置出现跌破，我们需高度警惕。这时并不一定就将出现转势，但总体来说这个概率会很大，我们需要多留意。

操
盘
手
记

差距，就那么几步

无意中看到沈傲君在《鲁豫有约》节目中忽然问鲁豫："40 年，你知道有多少天吗？ 80 年又有多少天？"

鲁豫愣了一下，我也愣了一下。有多少天，那确实不是立刻能回答出来的。只是觉得这么长的以"年"为单位计算的时间，应该有很多很多天。

但接着沈傲君便说："40 年乘以 365 天，也就是 14600 天；80 年乘以 365 天，也就是 29200 天而已。"

主持人、在场的观众，加上我又都愣了一下。这回愣的不是不知道答案，而是答案触目惊心：几十年的时光难道真的就只有这么多天？

人一辈子可能也就 80 年，40 年已经过了半辈子。沈傲君想透露的是，生命其实很短暂。但我们都没有反应过来，因为她说的不是"10 年""100 年"这样的数字，100 年有 36500 天，这谁都不用想就可以回答，但"生命短暂"的感觉也就在这种熟知的麻木下消失了。习惯性思维使我们忽略了多少真相，一旦换种新的方式感受，却还是触目惊心。

在此，我不是想探讨生命的意义。相反，很世俗地，我想到的是资本市场的波动。在其位谋其政，这是好听的说法；不好听的，就叫"屁股决定脑袋"。人生很无奈，职场却必须很积极，这也是一个矛盾。

很多人觉得股市大行情很复杂，看到过去一起一落的大行情就头痛。其实，你不妨想想，股市的交易日并不算多，全部交易日算起来能上千的就绝对算得上大行情了，而这大行情也仅仅是上千个而已。上万的天数我们都不觉得多，何况这上千呢，那不更短暂？

再回头看看，你如果真的耐心点去琢磨的话，过去所发生的交易日，如果你经历过，难道不都历历在目吗？历史是会重演的，多研究过去那短暂的历史，对未来是有很大的启迪的。有些事看上去挺艰难，其实并不算太难，就看你有没有真的深入去思考。

现实生活中，人与人的差距看起来很大，其实这差距背后真正的距离并不大，只是有些人一开始就认为不可能跨越，所以不敢深入，不敢尝试，不敢冒险，结果当然是真的不可能了。因此，虽然亿万富豪与白领看上去差距大，但背后的距离可能也就几步而已。

再回到资本市场，一个万人敬仰的股神与一个没人关注的散户间巨大差距的背后的真正的距离也不会太大，就是那关键的几步而已。

人的一生，结果如何，不就是那关键几步决定的吗？所以，别自以为是，更别妄自菲薄，尤其是在资本市场中！

另类：成功的途径

很多时候，在短线中，成功地把握住差价，就足够让人忘却中长线依然深套的事实。人的本性如此，更多地看重眼前而非未来。

喜欢短线成功的感觉，但短线多了也不一定能够赚钱，这就好像有人喜欢赌博，但又不一定能够赚到钱一样，更多的时候是追求一种感觉、一种快感而已。

人，有时候为了一点快感就会失去理智。等恢复冷静，再回想一下，虽然感叹不值，但当同样的快感降临，又控制不住自己了。

因此，在资本市场中要成为成熟的操盘手也好，投资者也罢，必须懂得控制自己的情绪，我们不能否认人性有弱点，所以我们必须学会控制。真正的投资高手可能都是寂寞的，这句话的内涵就在于：一旦控制了情绪，就必然会面临着另类的境地。

另类在资本市场中并不意味着坏事，如果长期走下来，这另类能够赢的话，那就意味着这另类的方式是值得称道的。

巴菲特的另类在于"够傻"，索罗斯的另类在于"够精"，而他们都是成功的，对比你自己，你是另类到"够傻"还是"够精"呢？不妨深思。

当然，对比只是对比，一旦你掉入模仿他人"另类"的套路中，那就无异于东施效颦，适得其反。

可以追求另类，但必须有自己的风格；可以模仿另类，但必须"形神兼备"。

对于模仿者来说，问题是你真的得到了真传吗？

对于原创者来说，问题则是你的另类能够帮助你成功吗？

别急，时间会替我们检验一切。

02

与主力一起胜利大逃亡

形态识别

有人说，投资股票主要靠消息，特别是内幕消息，没有内幕消息，投资股票就等于亏钱。消息的重要性固然不可否认，但是消息的真真假假、虚虚实实难以辨别，试问有几个投资者真的靠消息赚到了大钱？

在我看来，投资股票不一定要靠消息，有消息也不见得能赚钱。因为大家都知道，消息有真假之分。真的消息不一定能让你赚钱，但是假消息一定会让你亏钱。当然，我并不是说消息对我们来说不重要，只是我们需要切记，消息只能作为我们研判的一部分，而不是全部，因此投资者不应太纠结于消息。如此说来，对广大投资者来说，最为可靠的是什么呢？我认为最可靠的是通过研究形态来判断。有的人会疑惑不解地问，主力可能会做出各种"美丽"的形态，吸引大批投资者进入，然后获利了结。在这种情况下，形态怎么判断得准呢？这种说法固然有道理，但这种在主力大肆吸筹与肆意出货过程中所出现的形态，归根结底也是形态的一种。这就需要我们灵活变通，而不是过多纠结于固定的思维模式。

顶部形态的识别：找到主力胜利大逃亡的运作迹象

众所周知，形态有多种，但是说白了，形态千变万化还是不离其宗，无非是由顶部形态与底部形态两大类构成。其中，顶部形态很大程度上可以反映主力逃亡运作的迹象。说到这里，相信许多投资者会有所疑惑，主力在逃亡出货的时候不可能会那么傻，做一个完美的出货的顶部形态给我们看啊！能有这种想法很好，也是非常正常的。殊不知，主力虽然想尽一切办法掩盖自己出货逃亡的迹象，也想在做形态上下功夫，但是如果主力资金没有达到完全控盘的程度，想随心所欲地做出各种形态也是相当有难度的。所以，在我看来，形态对于我们识别主力的真实意图还是有着相当重要的参考意义的，尤其是更高格局上的形态对我们来说意义更加重大（如周线与月线形态）。在这一章，我们将重点学习一下主力常见的逃顶形态。

要想对逃顶形态有一个较为清晰的认识，我们首先要明白顶部形态与底部形态的重要区别。顶部形态与底部形态有一个很重要的区别就是，顶部形态往往构筑的时间较短，如图 2-1 所示。

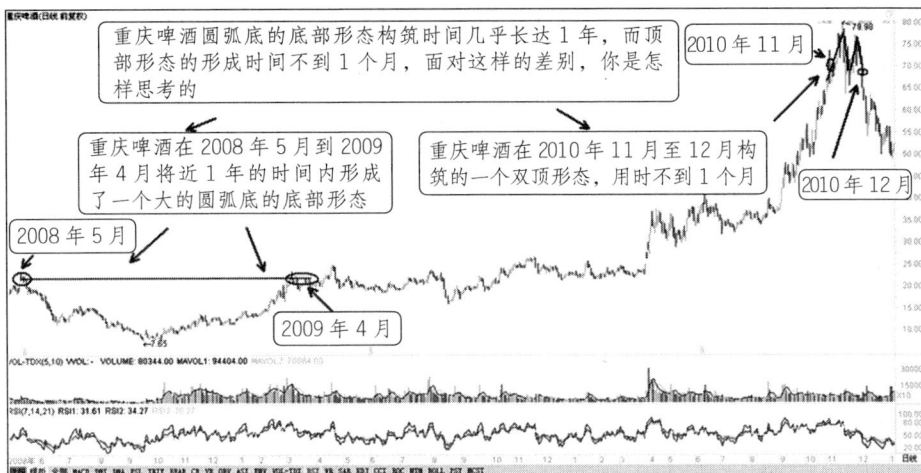

图 2-1　重庆啤酒 2008 年 5 月至 2010 年 12 月走势图

　　从图 2-1 我们可以清晰地看出，重庆啤酒圆弧底的底部形态的构筑时间几乎长达 1 年，而头部形态的构筑时间不到 1 个月，面对这样鲜明的对比，你是怎样思考的呢？其实道理不复杂，从心理博弈的角度来看，人的情绪在低迷阶段往往可以持续很长时间，但亢奋阶段持续的时间可能就比较短了。例如，一个运动员亢奋时期即状态好的时候往往就是一段时间甚至一瞬间，但平静期或者相对低迷期的时间跨度可以很长。在本质上，其实股价的波动跟人内在的情绪波动是有很大关系的。

　　对于主力逃顶的顶部形态，我们该如何具体研判呢？这里我给大家提供几点剖析的思路，能否对大家的研判系统有所裨益，那就是"仁者见仁，智者见智"的事了。无论如何，这是我多年来的实践总结，希望对大家有所帮助。

对顶部形态的剖析应反其道而行，以日线作为剖析起点

既然顶部形态的时间跨度往往不是特别长，那么，具体观察的时候具有大格局的思路固然重要，那是统观整个形势的前提，但具体到微观层面，则必须借助日线图的威力。从日线图中，我们能更清楚地观察到现在是否具备构筑顶部的可能，因为在日线图中顶部形态是可以较为清晰地被辨认出来的，周线图反而具有一定的迷惑性，毕竟周线在时间上的跨度相对大，一般而言，主力逃顶之时不会给散户过多的思考时间，所以主力逃顶时一些常见的顶部形态的构筑时间很短。因此，我们在对主力逃亡所形成的顶部形态进行判断，决定是否该逃时，就要果断，不能有半点侥幸的心理。对此，我们要有清晰的认识。

头肩顶的威力要充分发挥，之前的大环境必须够疯狂

大环境很关键，任何形态的形成，如果真要发挥其本身的威力，往往都是要结合大环境的。如图 2-2 所示。

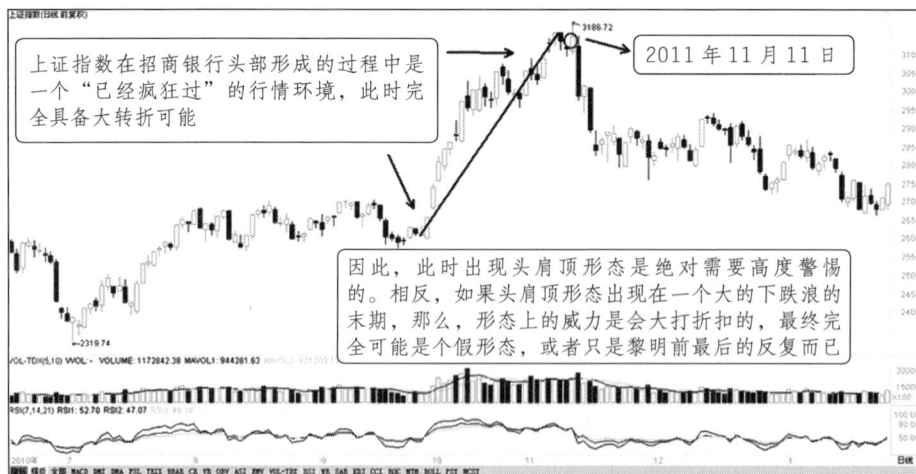

图 2-2　上证指数 2011 年 11 月 11 日前后走势图

【学习重点提炼】

如图 2-3 所示，在 2018 年 2 月 1 日出现了一根大阴线，这天的阴线直接就突破了所有的均线，并于次日出现了缺口，在这种情况下，投资者应该注意风险，及时减小仓位，等缺口回补，出现积极信号的时候再入场。

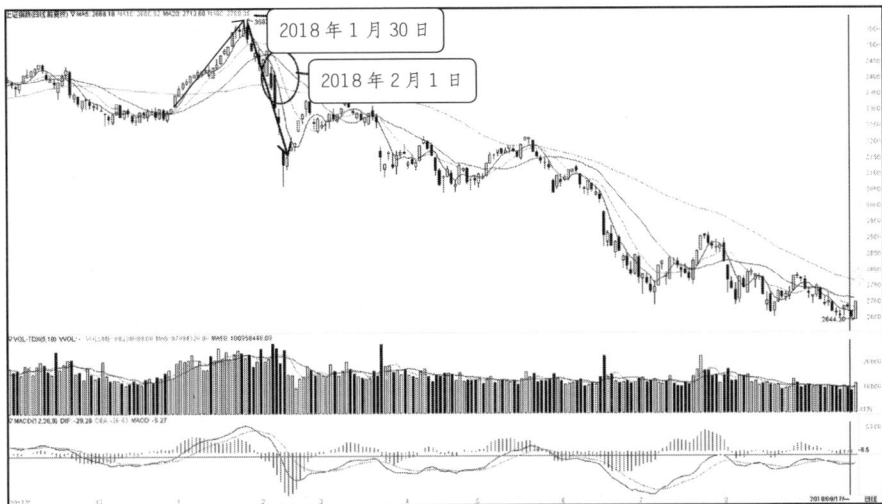

图 2-3 上证指数 2018 年 1 月 30 日前后走势图

通过图 2-4 我们可以清晰地发现，在金融板块的风向指标股——招商银行头肩顶形态形成之前，大环境是一个"已经疯狂过"的行情环境。说白了，此时完全具备大转折的可能性，因此，此阶段出现头肩顶形态绝对需要我们高度警惕，不能抱有半点侥幸的心理。因为一旦被套或盲目地去抢反弹，那么后果只能用"恐怖"二字来形容。相反，如果头肩顶形态出现在一个大的下跌浪的末期，那么，形态上的威力就会大打折扣，最终完全可能是个假形态，或者是黎明前最后的反复而已。

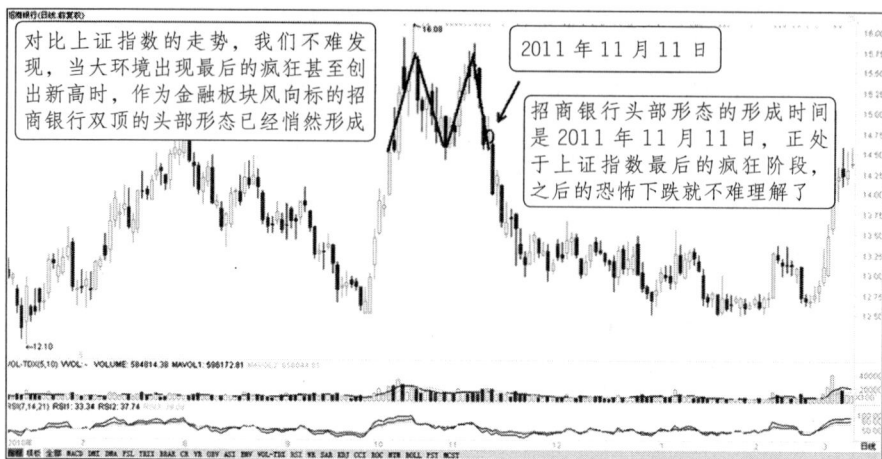

对比上证指数的走势，我们不难发现，当大环境出现最后的疯狂甚至创出新高时，作为金融板块风向标的招商银行双顶的头部形态已经悄然形成

2011 年 11 月 11 日

招商银行头部形态的形成时间是 2011 年 11 月 11 日，正处于上证指数最后的疯狂阶段，之后的恐怖下跌就不难理解了

图 2-4　招商银行 2011 年 11 月 11 日头肩顶形态走势图

　　头肩顶形态的最小量度跌幅为垂直距离，从颈线位到顶的垂直距离就是头肩顶形态的最小量度跌幅。但是，这形态放在大的形态里往往会形成一环扣一环的状况，最终头肩顶形态也完全可以演变成大跌的导火索，跌幅将远大于最小量度跌幅，因此，在有可能出现大转折的区域内出现头肩顶形态的话，记住，这形态成为中期调整开始的信号的概率很大！在中期调整中一旦被套，将会处于一个较长的痛苦阶段。

　　从以上头肩顶形态放大的日线图上，我们很容易就发现其整个形态历时两个半月左右，时间跨度不长。再次强调，处于顶部的时间周期往往都不会长。作为操盘手，一旦发现有形成顶部形态的蛛丝马迹，就要抓紧时间把筹码清仓，要非常清楚的是，如果等到形态形成并已进入漫长的中期调整过程，那么结果将是非常恐怖的，此时，清仓的原则就是宁愿少赚也别等到形态形成时。

　　如何发现该形态的蛛丝马迹呢？可以从成交量入手。当你发现指数再创新高而成交量却没有相应增加，尤其是对比前一高点成交量减少明显的话，此时可能头肩顶形态已悄然进入中局阶段。

如果说形态是第一特征，成交量逐级递减则是头肩顶的第二特征。图2-5为特发信息头肩顶形态走势图。从左至右对比一下成交量相对应的区域——"左肩""头部"与"右肩"，很容易就发现成交量整体呈现递减趋势。这说明什么？这充分说明买方的力量已经越来越弱，成交量越来越少，这就是转折的信号，也就是卖方要大举反扑的信号。

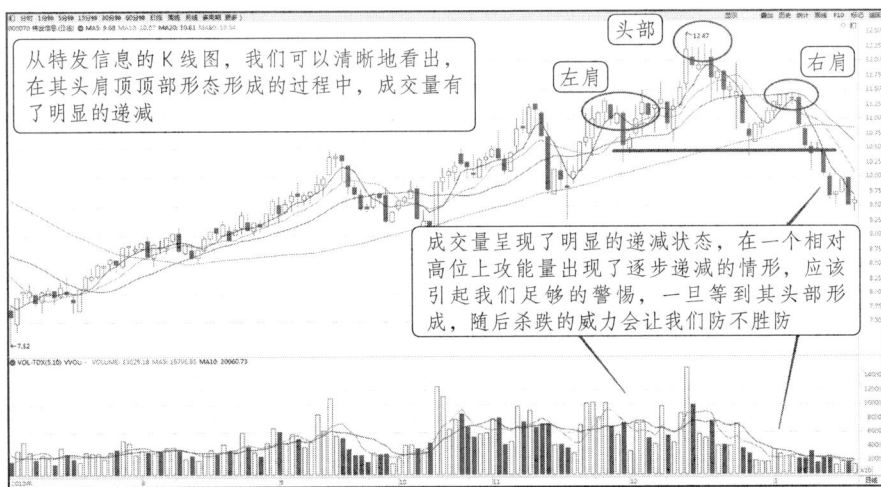

图2-5 特发信息日线头肩顶形态走势图

成交量的效应在很多时候都是非常有效的，但并不是说没有例外。记住，资本市场的博弈本身就是一门艺术，这里没有绝对，只有相对。形态依然是放在第一位的特征，有了形态，成交量就算不呈现递减效应，也只可能是最后的威力打点折扣而已。

分析成交量时，我们还应关注突破与反抽的情况。有时头肩顶在突破过程中并不一定就需要成交量。头肩顶在最后形态开始进入实质突破的时候，成交量往往都会出现放大的状况，道理并不复杂，顶部想下行也需要彻底摧毁一些多头的阻碍，量能放大也正常。不过，我们需要记住的是：头肩顶形态有时会出现无量突破下行的状态，这也不难理解，"自由落体"一旦开始，"地心引力"自然就会让一些阻力变得更为轻薄；相反，如果从底部往上，"地心引力"则会成为阻力。

这里，我们需要切记的是：头肩顶一旦突破，往往都会有一个反抽的阶段。在头肩顶形态中，反抽一旦发生，往往就是最后的逃命机会。你要知道，反抽从某个层面上来说就是垂死挣扎而已。投资者如果在前面头肩顶构筑过程中没有及时出逃，这时就不要再存任何幻想了，赶紧认输走人，因为未来将难以避免下跌阶段，最终底在何方一时还真难说。反抽结束后的中期调整很恐怖，让人崩溃又崩溃是寻常的事。一旦反抽结束再次进入下跌，也就意味着正式进入中期调整状态了，那时，不时的暴跌与缓慢的下跌会交替进行。切记，别贸然抄底，你要明白，在这里一不小心被拖入深渊也是很常见的。

迷惑性与勇气

从日线图回到周线图，你会发现，上面研究的头肩顶形态区域在这里就是一个山顶的一角而已，具有很大的迷惑性。如图 2-6、图 2-7 圈中部分所示，在周线图上你想看到头肩顶形态显然是不可能的。如果从周线上观察，结合之前的向上趋势，很多人也许会判断这是中续形态，认为这仅仅是上涨途中的一个震荡过程，并不需担忧太多。如果就此武断下结论，那么，最后操盘的结果将是很可怕的。头肩顶形态大周期图更多的是充当配角。

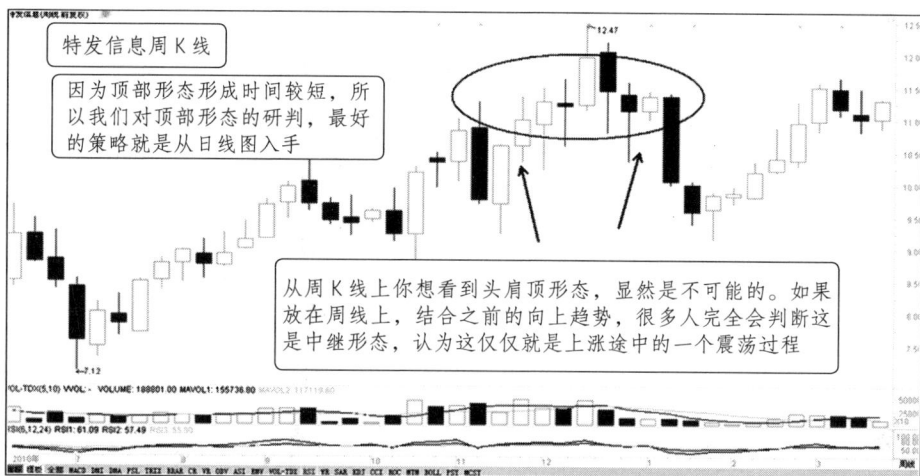

特发信息周K线

因为顶部形态形成时间较短，所以我们对顶部形态的研判，最好的策略就是从日线图入手

从周K线上你想看到头肩顶形态，显然是不可能的。如果放在周线上，结合之前的向上趋势，很多人完全会判断这是中继形态，认为这仅仅就是上涨途中的一个震荡过程

图 2-6　特发信息周线头肩顶形态走势图

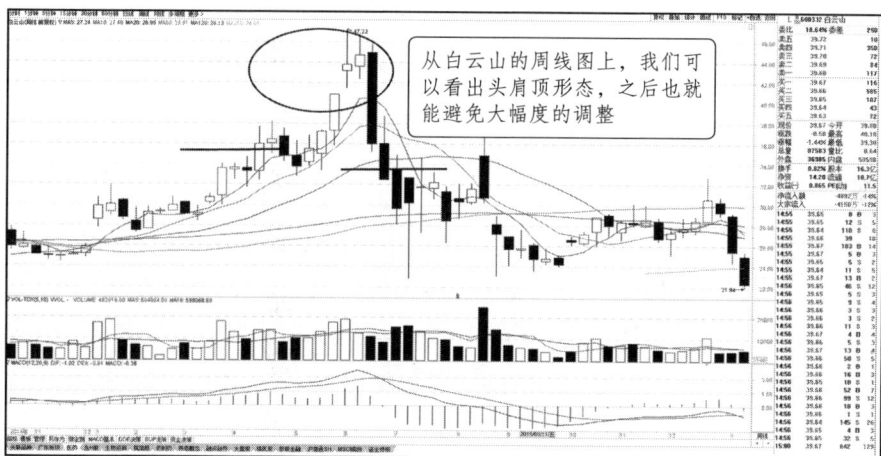

从白云山的周线图上，我们可以看出头肩顶形态，之后也就能避免大幅度的调整

图 2-7　白云山周线头肩顶形态走势图

周线图等大的周期图更多的是帮助投资者树立大局观，把握一些大的底部形态。由于顶部形态形成时间短，在具体研判上更多需要借助日线图，针对大的周期图也要结合日线图综合来看才能发挥出最大

威力。尤其是要借助头肩顶形态形成后所引发的一环扣一环阶段，这时大的周期图的威力才会变得非常突出。

在周线图等大周期图上，你很容易就可以发现大的波动状况。记住，很多时候是怎么涨就怎么跌的，一旦跌势确定，作为操盘手，你务必有果断离场观望的勇气，若一直纠结于跌的过程中，最终肯定会伤到自己。

【学习小总结】

当头肩顶形态跌破颈线位的时候，若是伴随着成交量的放大，则可能预示着中期调整的开启。

由于在顶部的时间都不会太长，一旦抓住调整的蛛丝马迹，操盘手最好立刻就了结交易，避免风险。

【思考练习】

（1）找出 3 只具有头肩顶形态的个股，并分析这样走势的理由。

（2）在实战中，如何在下跌或上涨行情中利用形态做出最佳决策？

顶部岛形反转：主力大逃亡最后的盛宴

对于顶部岛形反转形态，我们需要切记的是：在相对高位出现时，就是主力最后的疯狂，一旦没有引起你的警惕，结果会让你有种"死都不知道怎样死"的感觉。可见主力最后的盛宴——顶部岛形反转形态的杀伤力。顶部岛形反转形态出现，尤其在一个相对高位出现时，是非常强烈的看跌信号，在我看来其具有很大的实战价值，此时，我们应该果敢出手，容不得有半点犹豫。因为其形成的过程非常快速，很多时候你还没有反应过来，顶部岛形反转就已经形成。如果当时你身在其中，就会有一种"糊里糊涂地死去"的感觉。

首先，对顶部岛形反转形态要做到心中有数。顶部岛形反转形态的形成过程是有其特点的，它很好地反映了主力在最后的盛宴过程中各方的博弈，对此我们一定要深刻理解，方能在主力出逃之时捕捉到一些迹象，不至于输得太惨。如果我们想做到运筹帷幄，收放自如，对顶部岛形反转形态就要心中有数。

接下来，我们要考虑的是如何识别主力大逃亡之前最后的盛宴，以及怎样去避免成为最后的接盘者。要做到这两点，我们先要对主力出逃前的各种特征有清晰的认识，切记不要被其中的一些假象迷惑。

顶部岛形反转主力疯狂出逃的迹象往往具有三大特征：疯狂、假突破、天量。如图 2-8 所示。

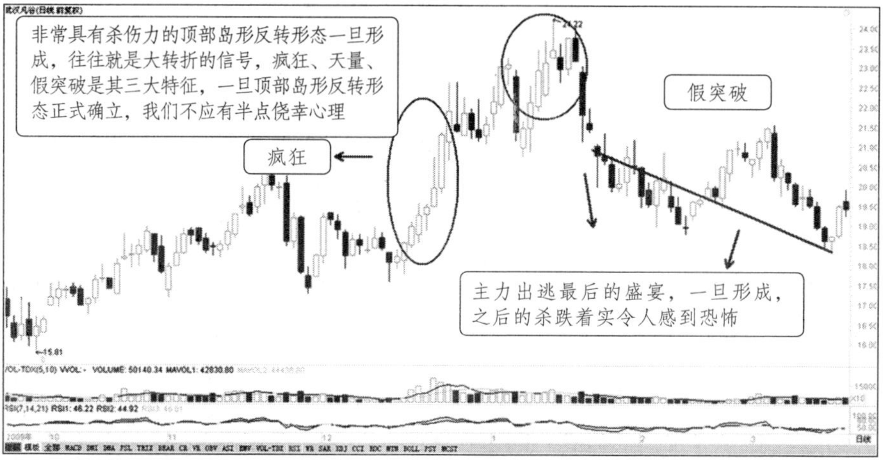

图 2-8　武汉凡谷岛形反转形态走势图

成交量在顶部岛形反转中占据了很重的分量

判别顶部岛形反转形态有一个重要的指标，那就是成交量。通过成交量，我们可以看得更加清晰。为什么这样说呢？前面我们说过，顶部岛形反转形态是主力资金出逃最后的盛宴，这一个过程是主力疯狂诱多再疯狂派发筹码的一种盘面上的直接表现。诱多结合派发，成交量就算不是天量也会接近天量。

顶部岛形反转形态同样如此，顶部岛形反转本质上也是主力疯狂诱多后疯狂派发筹码的一种盘面表现。

【思考练习】

结合实例，归纳总结出顶部岛形反转的三个重要特征。

◇疯狂

"疯狂"指的是在形态出现之前，价格波动及成交量都不可避免出现疯狂状态，如图 2-8 圈中部分所示，有两根是涨停走势，同时成交量也在急剧放大，这样的情形出现，你说疯不疯狂？

◇假突破

"假突破"指的是在形态形成的最后阶段，往往会有一个很漂亮的突破过程，而这突破非常假，一突破就离反转大阴线不远了。

◇天量

"天量"指的是不论是在形成过程中，还是在形成前那疯狂的波动中，股民都很容易看到成交量的疯狂放大，那就是天量了。

如何看清顶部反转形态的三大特征

◇如何看清"疯狂"的本质

"疯狂"是形成岛形反转的前提,怎么去看"疯狂",其实并不复杂,可以看它的大形态:

首先,看它从启动到现在累计涨幅是否够大;

其次,看在加速突破上涨过程中是否出现持续放量大阳线;

最后,不妨感受一下市场的情绪,疯狂的时候你很容易就能感受到那种有点失去理智的躁动。

◇怎么去看"假突破"

"假突破"具有很大的迷惑性,目的就是诱多,因此,判断其是否属于假突破,很重要的一个依据就是看它前面是否具有疯狂的态势,运作资金制造疯狂后再来个向上突破,试问有几个人能抵挡得住那种诱惑?

如果疯狂过去,图形震荡后再次出现放量突破向上,记住,这时务必小心了,因为它属于假突破的概率很大。天下没有那么容易就吃到的肉,容易吃到的肉往往都是有毒的!

◇怎么去看"天量"

"天量"是对比前面的成交量而言的。当你发现成交量急剧放大一到两倍以上,显得非常突出的时候,都可以将其定义为"天量"。天量不代表危险,但出现在相对高位疯狂过程中的天量,那就绝对不是什么好事。道理不复杂,能运行到相对高位而本身不存在筹码严重分散问题的话,放巨量肯定不是为了吸纳筹码,因此除了运作主力趁机派发外，没其他更好的解释了。当然，有人可能会说是换了个运作主力，这样的概率一般都很小，尤其是在相对高位，更多的是筹码从主力手上换到了散户手上。

面对主力最后的盛宴——岛形反转的思考与出路

◇首先我们要不计成本抛售，容不得有半点侥幸的心理

冲着有很多人会接盘的思路，多数人认为洗盘的暴跌会出现一番反弹。主力资金也很聪明，在暴跌过后的反弹过程中不断派发，到了尾盘，大幅收低的状况至少让全天介入的资金基本都被牢牢套进去了。第二天再来个大幅低开，继续派发，完毕后，剩下的就是散户自己在里面玩了。很多散户就这样成了最后的炮灰。

结合前面的"疯狂"及"假突破"，在分时图里能做的就是不计成本抛售，一定要清楚，今天的最低点都将成为未来的相对高点，逃跑是唯一的选择。如果你还没有介入，结合前面的状况，当发现出现类似这样的分时图时，切记，关电脑去干自己想干的事情就可以了。

◇小心看似合理的疯狂

巨量突破看上去很理想，这背后却隐藏着极大的"杀机"。

在具体操盘过程中务必记住，在进入疯狂后，很多看似合理的动作你都要警惕，因为其目的只是将更多的人引入乐观之中，从而实现最后的派发动作。

◇跳空反转缺口出现时必须跑

顶部岛形反转形态有一个突出的特点，那就是具有一个非常耀眼的跳空反转向下缺口。

这种缺口往往都出现在转折后的第二天，将长时间难以回补，如果在第一天反转过程中没有及时逃跑，记住，实际上第二天逃跑也不迟，只是很多人不太愿意，存有侥幸心理，希望反弹高点再走。其实，这样的心理不就是被空方很好地利用了吗？这时不走，最后可能就是"跌到没有感觉"了。

对于顶部岛形反转，我们需要记住它的一些典型的形态和重要特征。顶部岛形反转的三个特征——"疯狂""天量"与"假突破"，是务必要记住的。向下突破缺口对顶部岛形反转来说也是不可或缺的，或者说是一个突出的具体表现。

我们还要学会综合之前的状况来判断，过于孤立地判断是错误的。透过"顶部"要想到"底部"。既然有顶部岛形反转形态，那么相应地，就必然存在底部岛形反转形态。至于底部形态要注意些什么，虽然有些差别，但通过对"顶部"的研究，我们应能举一反三才是。"底部"其实不就是"顶部"再倒过来吗？

顶部岛形反转是非常强烈的看跌信号，一旦出现，我们所能做的就是逃跑或出去旅游，它的出现会让很多人误以为是洗盘，实际上是相对高点的诞生，只要好好结合前面的走势，最终判断出形态其实并不太难。最难的其实是在波动的过程中，当局者迷，身在庐山不识庐山真面目而已。作为一个成熟的操盘手，切记，越疯狂的时候越要跳出来看市场。

操
盘
手
记

感觉：行动的前奏

一种异常紧迫的感觉，很久没有这种感觉了。

一个巨大的机会就在眼前的感觉，很久没有这种感觉了。

一种不完成任务誓不罢休的感觉，很久没有这种感觉了……

感觉，然后行动，最后你的世界可能因此而改变。

感觉，也可能不受重视，消弭于岁月尘埃，终至了无痕迹，世界依然波澜不惊，一如我们未曾出现之时。

人是多么奇妙的存在。也许一念之差，人生就由晴转阴；也许一丝怜悯，世界就因此改变。感觉，也是我们存在的方式。

它未必带来好运，但至少它可以让人行动力大增。人有时候很懒，但一旦行动，人生可能因此而不同。

在资本市场的感觉，有时候也是神奇的，虽然未必最终带来的都是好运，却会让人疯狂地行动，疯狂地进行操作。人在前一秒可能还是异常淡定冷静，但在后一秒就完全变了样。好像谈恋爱一样，再冰冷的人，只要碰到命中注定的那位，一旦接触带来化学反应，巨冰都会融化。

这不是盲目的冲动，不是无知的幻觉。我宁愿相信，它是内在的直觉，是潜意识，是无声的智慧。人有时候就是这么神奇。

你是否有过类似的感觉？不要轻视它，不要忽略它，抓住它，并且行动，也许会有意外的收获让你惊喜不已。

神奇的世界终会迎来奇妙的感觉。资本市场之中，同样如此。

资本相信感觉，我也是，那么你呢？

回归：一种放松的方式

想放松一下自己，却发现自己其实还真不适合放松。或许是任务没完成之前的放松始终难以做到，又或许是这次的放松方式本身就有问题。

不管如何，有时候想要好好放松一下真不是那么容易的事情。不过，再怎么样也要转变一下生活方式，让自己的一天彻底变化。

如果什么也办不到，那么选择无为也好。一天的时间就让它随风飘去吧，有失必有得。

也许你会说，其实很想知道怎样才是放松，很想知道收获了其他是指什么。

这很重要吗？朦胧自由地去想象不是更好些吗？心即桃源，心即家，随性就好。

有些东西只可意会不可言传。人要懂得释放自己的情绪。我释放自己情绪的方式就是当下随心采取的方式：随着文字不断展现于面前，外面那一颗没有收回的心会慢慢找到回家的路，会在沉静的身体中安顿下来。

回归沉静，慢慢地，一切会恢复到过去美好的时候。

然后，重新起航。

似乎一切相似，但一些变化已然微妙地发生。

那是什么变化？感觉而已。一切尽在不言中……

那么你呢，你的方式又是什么？

看穿盘面

透过长下影线抓住主力出货留下的狐狸尾巴

带长下影线的 K 线是非常常见的盘面特征，很多人往往难以看透其真正的含义，最后常常被其迷惑而采取错误的策略。

很多经典的分析都告诉我们：带长下影线的 K 线，说明其多方取得优势，后市继续向上的机会大，要把握好机会。事实上真是如此吗？通过对市场的统计及亲身操盘的结果，我发现这种认识是错误的，大多数情况下恰恰是相反的！

看透实质的关键要把握好两点：研究 K 线，看穿盘面。

千万不要以为把一些所谓的经典分析结果记住就万事大吉，其实，很多过去的经典分析结果在当下并不适用。要看透本质，最重要的是，要明白 K 线波动背后的实质能量变化、真正的多空双方博弈思路。具体把握的时候，第一要看清楚当下的大环境背景，第二则要看清楚能量的流动实质。

在上升阶段，带长下影线具有向下的牵引力，这点毫无疑问，但这力量究竟有多大，就要具体结合其他因素来考虑。比如实体到底如何，是阳线、阴线还是十字星，等等。而它具体的影响能有多少，是短期震荡还是需要震荡消化一段时间呢？想要具体把握就必须注意几点。

带长下影线一旦出现，短期进入震荡整理的概率大

在上升阶段，虽然大的方向是向上，但带长下影线的 K 线一旦出现，其实就意味着多方开始犹豫，空方开始攻击，市场至少会阶段性进入一个短期震荡整理的过程。道理不复杂，就如一个人刚摔下来，要想再爬起来是需要点时间的，马上就爬起来不是不可能，只是需要付出相当的能量。

密切留意长下影线最低点的支撑力度

一旦带长下影线的 K 线出现，震荡整理格局展开后，此时，要密切留意长下影线的最低点，看其是否能够支撑住。如果能够很好地支撑住，那接下来将很快恢复元气，继续向上。如果支撑不住，那就将难免延长震荡整理时间。不管是否能够支撑住，有一点是必须清楚的，那就是别急着去把握低点，不妨多看看，耐心等待其真正恢复元气，有再次向上欲望之时再跟进也不迟。毕竟带长下影线的出现，短期带来的更多是震荡风险，需要加以防范。

观察成交量是否有效放大

一旦进入长下影线带来的震荡整理状态，除了关注 K 线本身，成

交量也是一个关注指标。成交量多少能够反映出市场多空双方博弈的激烈程度，当长下影线对应的成交量出现明显放大的时候，往往是积极信号，至少说明承接盘比较积极，能起到大大缩短震荡整理时间的效果。因此，一旦发现成交量有明显放大的状况，不妨留意接下来各方的实际动作，如果市场出现较为积极的动作，则不妨跟随之，但是别太急，还是那句话，一个人摔倒站起来是需要时间的。哪怕成交量放大也是如此，毕竟长下影线的出现就是军心动摇的具体表现，成交量放大只能说明多方有机会快速结束震荡整理状态而已，但并不意味着其马上结束。

总的来说，在上升阶段带长下影线的出现，意味着短期进入震荡整理的概率很大，此时要关注长下影线最低点的支撑力度，以及成交量的对比状况，这些都与 K 线接下来能否很快再次进入上升状态有着密切的关系。至于实体本身是阳线、阴线还是十字星，这些都不是最重要的。

从图 2-9、图 2-10 中我们可以看出在下跌阶段中，长下影线的实体是阴线的话，往往会加快下跌的速度；而如果在下跌的过程中，长下影线的实体是阳线的话，虽然整体下跌的趋势难以避免，但是能够起到暂时缓和的作用。对此，我们要有清晰的认识。

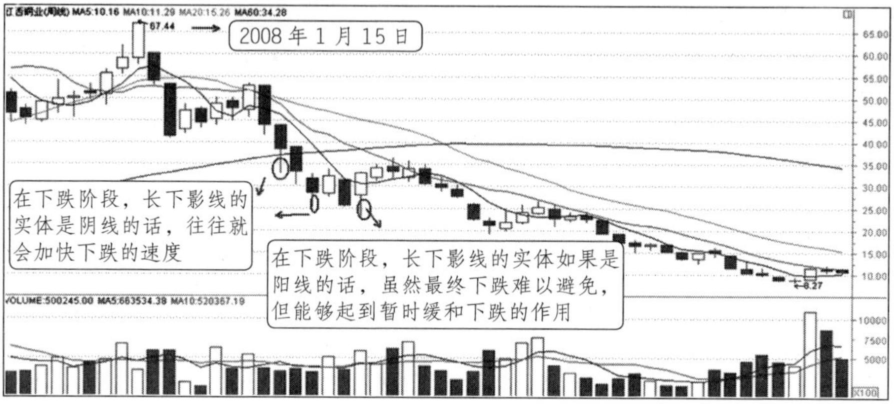

图 2-9　江西铜业周线下跌走势

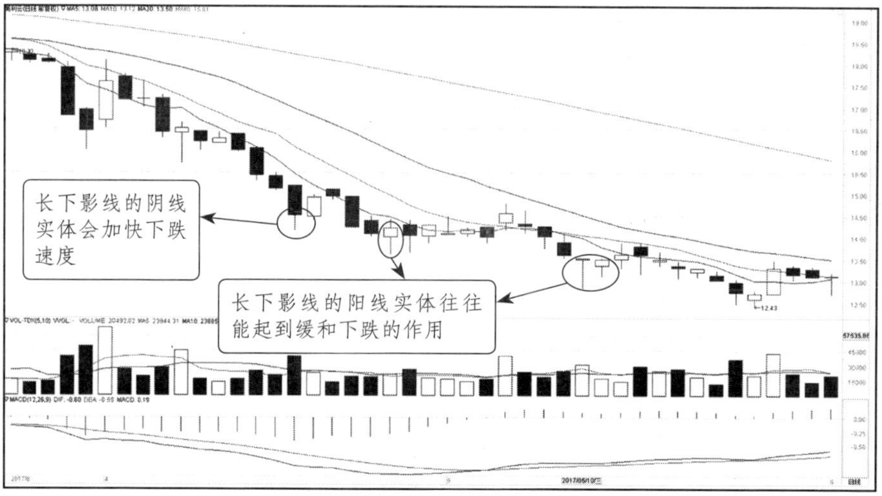

图 2-10　美利云日线下跌走势

从图 2-11 中国联通的日线走势图中我们不难发现，一旦跌破长下影线的最低点，我们就要给予足够的重视，因为最终一旦下跌，后市的恐怖下跌将让人触目惊心。因此长下影线的最低点一旦跌破，接下来我们能采取的最好策略就是谨慎操作。图 2-12 中，鸿达兴业日线走势图与此类似。

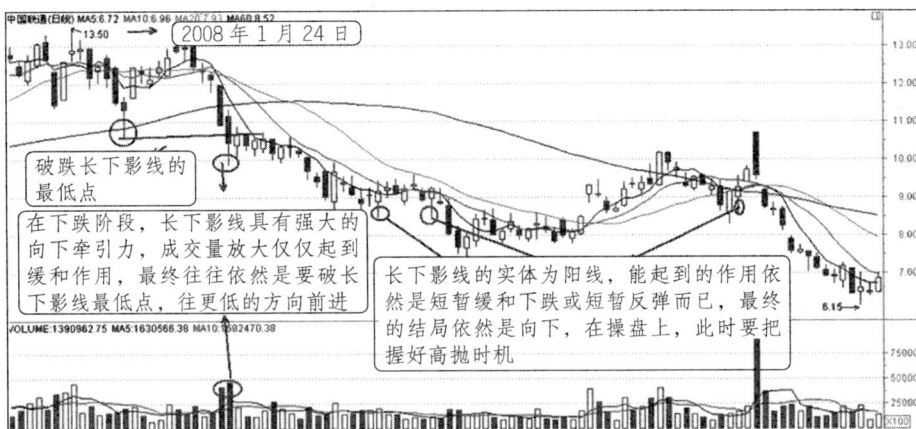

图 2-11　中国联通日线走势图

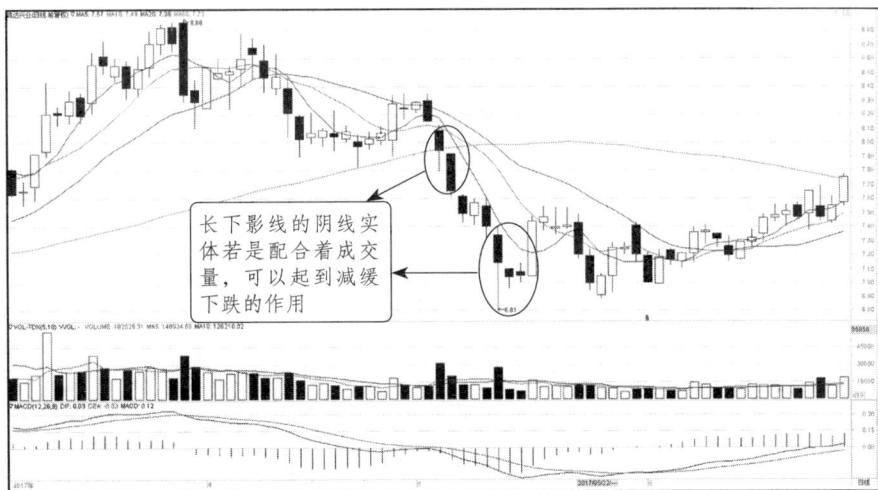

图 2-12　鸿达兴业日线走势图

图 2-13 是韶钢松山的周线图，从周线图上我们可以看到，在下跌阶段，长下影线的出现往往意味着此长下影线的最低点不再是最低

点，创出新最低点的趋势是难以避免的，一旦出现这样的信号，我们一定要出局观望。

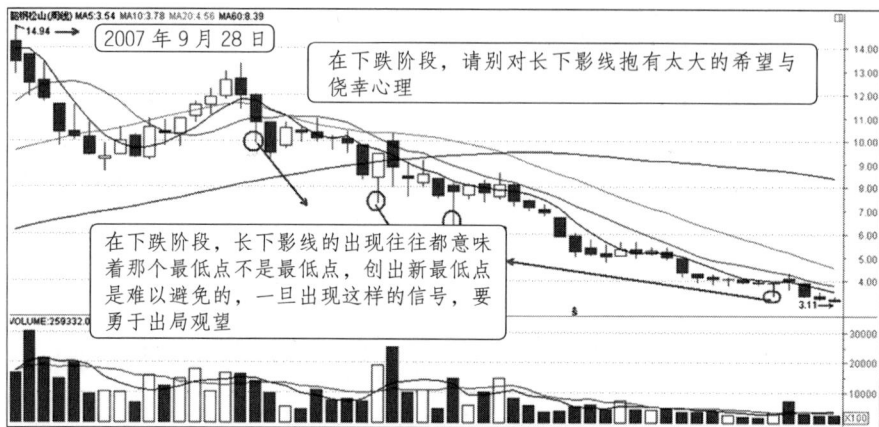

图 2-13　韶钢松山下跌周线图

从图 2-14 中国平安的日线图上可见，顶部反转下跌过程中，带长上影线的 K 线较为少见，一旦出现就是新跌势的开始，要不就是稍微延缓一下跌势而已。图 2-15 中的横店东磁日线亦如此。

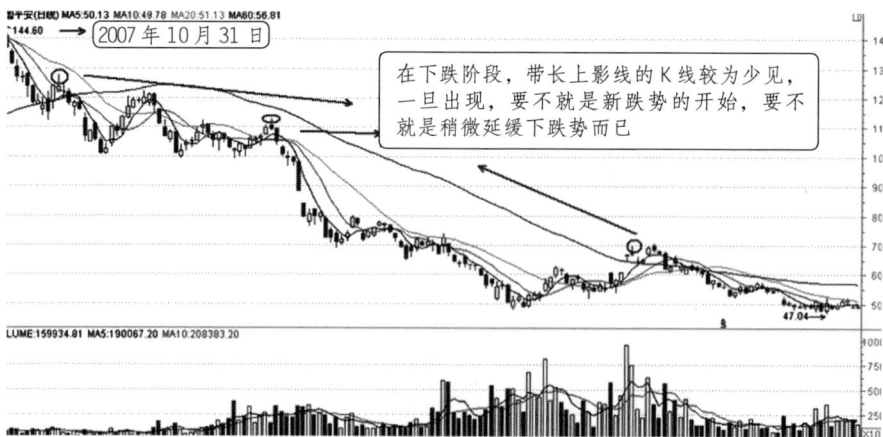

图 2-14　中国平安日线下跌走势图

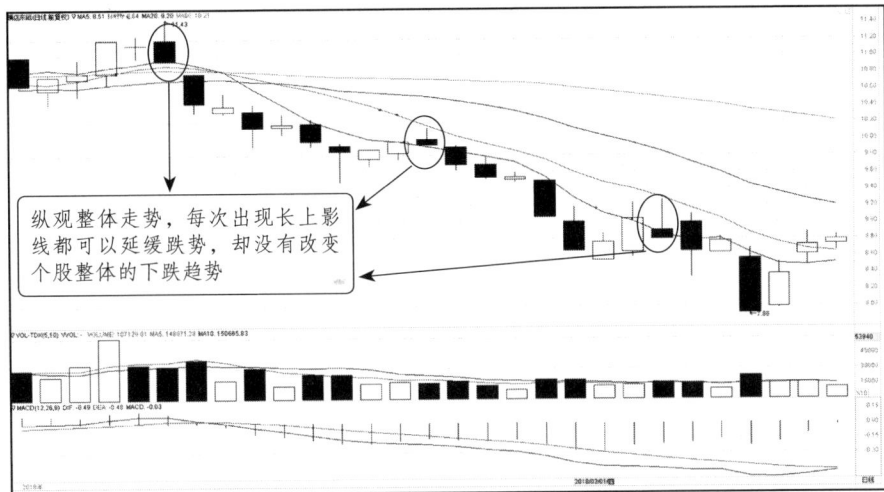

图 2-15 横店东磁日线下跌走势图

从图 2-16 中体产业日线走势图我们可以看到，在下跌阶段，带长上影线的 K 线，其意义更多的是表明一种反弹结束，再次掀起新一轮下跌的开始。请大家记住，这样的 K 线正当下跌过程中出现反弹，

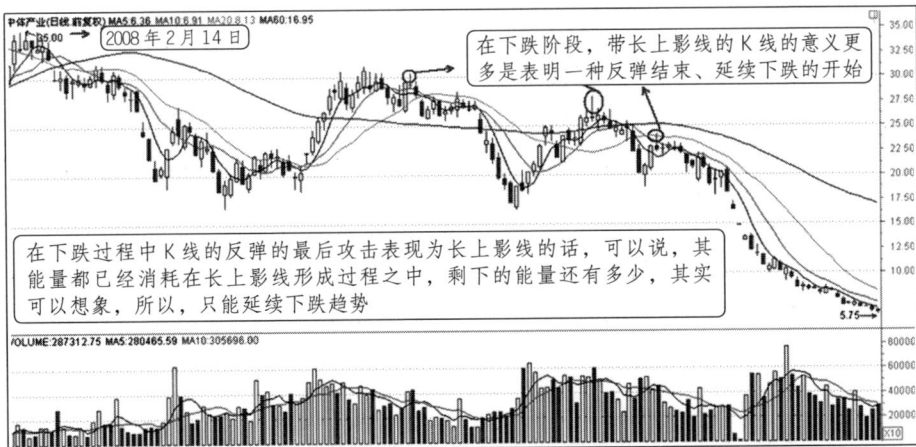

图 2-16 中体产业日线走势图

其最后的攻击表现为长上影线的话，可以说，其能量都已经消耗在长上影线的过程中，剩下的能量还有多少，可想而知。所以，只能延续下跌之势。图 2-17 亦如此。

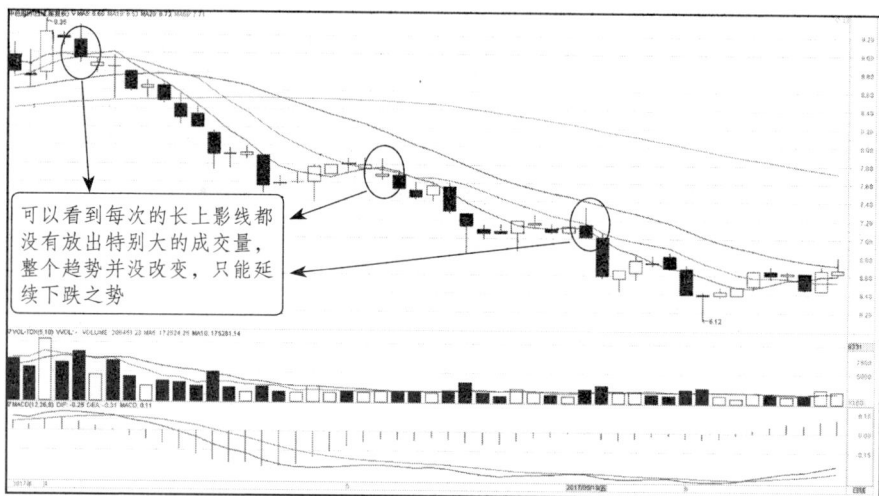

可以看到每次的长上影线都没有放出特别大的成交量，整个趋势并没改变，只能延续下跌之势

图 2-17　中色股份日线走势图

【学习重点提炼】

关于对长上下影线的总结，主要是把大环境简单分成两大类：上升阶段和下跌阶段。从形态的角度看，无论是上升还是下跌，这样的分析前提主要是针对中续形态的。如果面对的趋势不是很明显的底部或者顶部形态，那么带长上、下影线的 K 线的含义就应该随着市场变化而做相应的调整。

【学习延伸】

在《操盘论道升华曲：看穿盘面》一书里，我曾经对上、下影线有过详细的论述。与经典的技术分析教材里的理论不同，我认为在上升阶段一旦出现带长上影线的 K 线，接下来市场更多的是加速突破，如果是有带长下影线的 K 线出现，则意味着股市进入上升过程中的调整的可能性大；相反，在下跌阶段，如果出现带长上影线的 K 线，说明有较大可能出现反弹，而出现带长下影线的 K 线则预示着加速下挫的概率更大。

下跌阶段中长下影线的两大抗衡因素

长下影线本身具有向下的牵引力，而且还处于大的下跌阶段，空上加空，无疑更具威力。因此，长下影线在下跌阶段中，往往起到预示未来会下跌加速的作用。

当然，事实上远没这么简单，只是这里大家首先要明白的是，下跌阶段结合长下影线，接下来不继续下跌的可能性很小。

在波动过程中，有两大抗衡因素需要重点留意。

长下影线实体本身

长下影线本身意味着空头已经发起攻击，只是没有取得完胜，因此采取以退为进的策略。不过，其退的幅度对接下来的发展有很大的影响，退太多会变成多头的胜利，显然会大大打击空头接下来再次攻击的士气与能量，所以只有比较合理的退才是最理想的；退的幅度太小，就构成"实体"最终形成的状态了。按照退的幅度大小排序，实体可分为中大阳、小阳、十字星、小阴和中阴。

十字星其实就是一个分水岭，此处是一个相对平衡的状态。中大阳与小阳实体带来多头占据优势的信号，是很不利于空头短期的再次攻击的，因此，当处于这种退的幅度较大的状况下时，往往需要震荡整理一番，让多方能量宣泄完毕，空头最终才能更好地发起攻击，取得胜利。只有小阴与中阴实体出现后，对空方而言才是最有利的，此时的空方只要市场中其他因素配合，完全可以在短期内继续向下拓展空间。具体操盘时，我们万不可贸然去抢反弹，如果有筹码则务必采取及时退出观望的策略。

成交量

长下影线的出现结合其实体，是有望缓和震荡整理，还是要加速向下拓展空间，一切看实体的具体状况而定。除了实体具体状况这一重要因素之外，还有一点可供参考，那就是成交量。这里的实体其实就是一种形态，只不过这是"点"的形态而已，在形态一章中，我们反复强调的"形态第一，成交量第二"这条原则在这里也一样适用。

在下跌过程中，长下影线结合实体处于多头反攻的状态下，成交量越人，那么长下影线结合实体所代表的信号往往就越能够加强，此时，缓和的力度会变强，如果成交量能够持续异常放大，最终不排除会出现逆转状态，但这样的状况很少，更多的仅仅是延缓下跌的速度与时间而已；成交量越小则表明组合带来的反攻能量越弱，此时，缓和的力度就会大大减弱。

在长下影线结合实体处于空头占优的状态下，虽然能起到加强空头信号的作用，但市场更多会从承接力角度去看待此时的成交量放大；换句话说，此时虽然加强了中期下跌的能量，但就短期而言，市场看重的更多是承接力，同样有望进入缓和状态。

所以，综上所述，在下跌状态过程中，我们可以这样认定，只要成交量有效放大，不管长下影线与实体处于什么状态，最终的结果更多的都是缓和。

总之，不管实体与成交量如何，在这里，我们需要切记的是：

① "形态第一，成交量第二"原则；

② 在下跌阶段，长下影线的最低点往往都不会是最低点，市场最终必然会将其冲破。

系统的价值：长下影线在超短线过程中同样适用

当我们通过对日线或者周线具体个股的研究，理解了长下影线在不同阶段的意义，明白了实战的操作策略后，你是否想过，这其实对更短或更长周期也一样有意义呢？

更长周期跟周线类似，研究的价值跟周线也类似，所以就不在这里阐述；更短周期则具有跟日线与周线完全不一样的价值。当我们在盘中运用长下影线带来的机会与风险时，有没思考过这问题呢？

比如运用到以5分钟为周期的K线图上。目前国内一天的交易时间是4个小时，一天就有48个5分钟，在5分钟图上就形成了由48根K线组成的波动图，48根K线放到日线、周线上的话，其跨度已经不小，完全可以构成一个大的起落。因此，在5分钟周期的波动图中，一天的时间就可以形成一个大的起落，这等于就是浓缩版的世界。

虽然是浓缩，波动也更容易受到"操纵"，但在一些较大盘的个股上，如宝钢股份等，它依然具有相当的参考价值。另外，就算是放在小盘上，由于"操纵"不可能达到无时无刻不存在的地步，很多时候

5分钟周期的波动图也依然具有相当的价值。

长上、下影线在不同环境下的运用方法，一旦放到超短线上来，我们就会发现，其价值有时候简直不可估量，尤其是在做一些可以"T+0"交易的品种时，如权证品种等。

在超短线具体运用的过程中，充分理解并掌握好长上、下影线的运用后，就可以非常从容地面对一些波动了，毕竟那些波动背后的含义，我们一早就已经研究探讨过了，这就是系统带来的价值：不论放在哪里，都有其不可替代的价值。

解读的原则：看透本质、灵活运用、综合考虑

对于典型的长下影线，我们需要特别思考以下几点。

◇看透实质，看淡"经典分析"

实践证明，对长下影线的经典分析很多时候都是错误的。

要看透实质，关键一是要看清楚当下的大环境背景，二是要看清楚能量的流动实质。其蕴含的意义大小跟流通盘大小、可操纵性等成正比。

◇灵活看待单日K线

5种带长下影线的K线可以解读如下。

（1）带长下影线的小阴线。

解读：空方试探性出击但多方反攻，收获有限，最终仅以微弱优势取得胜利。

（2）带长下影线的中阴线。

解读：空方试探性出击，虽然多方反攻较为凶悍，但空方整体依然取得一定优势，获得最后胜利。

（3）带长下影线的小阳线。

解读：空方试探性出击，受到多方积极反攻，空方无功而返，最终多方以微弱优势取得了最后胜利。

（4）带长下影线的中大阳线。

解读：空方试探性出击，受到多方猛烈反攻，空方不仅无功而返，而且节节败退，最终多方以占据明显或绝对优势取得胜利。

（5）带长下影线的十字星。

解读：虽然多空双方最终打成平手，但空方在这过程中下杀的空间较大。

两大环境中——上升阶段与下跌阶段，总共有 10 种 K 线，要懂得区别对待。

◇综合考虑，谨慎判断

只要具备长上影线这个条件，K 线都具有比较大的向上牵引力，只不过在上涨阶段表现得更为激烈突出罢了，在下跌阶段则演变成下跌浪中的反弹。

只要具备长下影线这个条件，未来都具有比较大的向下牵引力，只不过在下跌阶段表现得更为激烈突出罢了，在上涨阶段则演变成上涨浪中的调整。

在上升阶段，带长下影线有 3 点需留意：

①带长下影线一旦出现，短期进入震荡整理的概率大；

②密切留意长下影线最低点的支撑力度；

③观察成交量是否有效放大。

总之，我们在对长上、下影线的研判中，需要切记的是，长下影线在不同的阶段要引起我们不同的思考，在上涨阶段或下跌阶段显然各有各的精彩。长下影线在我看来，其实就是 K 线众多形态间的主要矛盾的反映。如果再结合 K 线上的心态与主力心理博弈，那就更完美了。要做好股票，其实就是要把这些细节把握好，在 K 线中，虽然这两种形态仅仅是许多形态中的两种而已，但通过它们，我们已经可以窥一斑而知全貌。记住，要抓就抓住主要矛盾。

顶部上升及下降途中的缺口暴露主力出逃时慌不择路的心态

关于缺口的基础认识

◇ 缺口的意义：敌动的体现

缺口是什么？缺口是指股价在快速大幅变动中有一段没有任何交易，显示在股价趋势图上是一个真空区域。说白了，它就是盘面交易的真空地带。如图 2-18、图 2-19 圈中所示。

为何会形成交易的真空地带呢？道理其实不复杂，就是多空双方其中一方以较大优势压倒对方造成的盘面状况，这更多是发生在开盘交易时、信息突然激增时、力量突然失衡时……究其根本原因，就在于多空双方的行为发生较大变化。

缺口在具体研判市场波动的过程中往往发挥着非同一般的作用，原因就在于通过这异常的波动，我们可以更好地感知一些动向，再结合具体的大格局采取相应的策略。正所谓"敌不动我不动，敌要动我先动"，而缺口的出现其实就是敌动的体现。

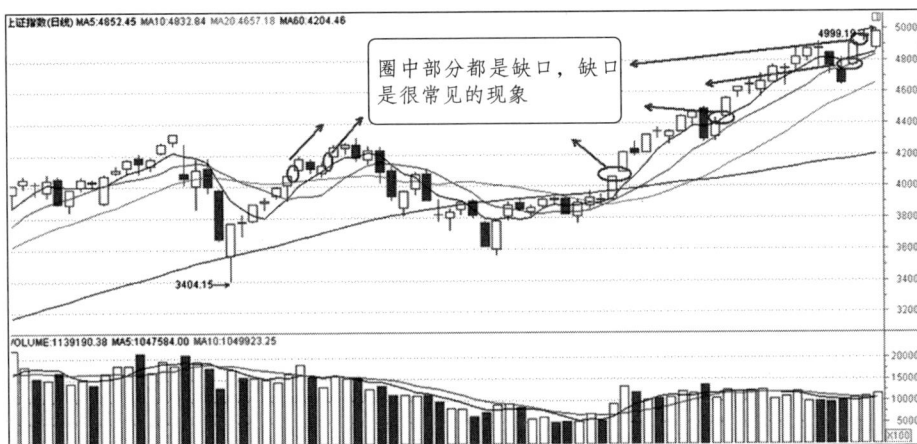

图 2-18　上证指数日线图（一）

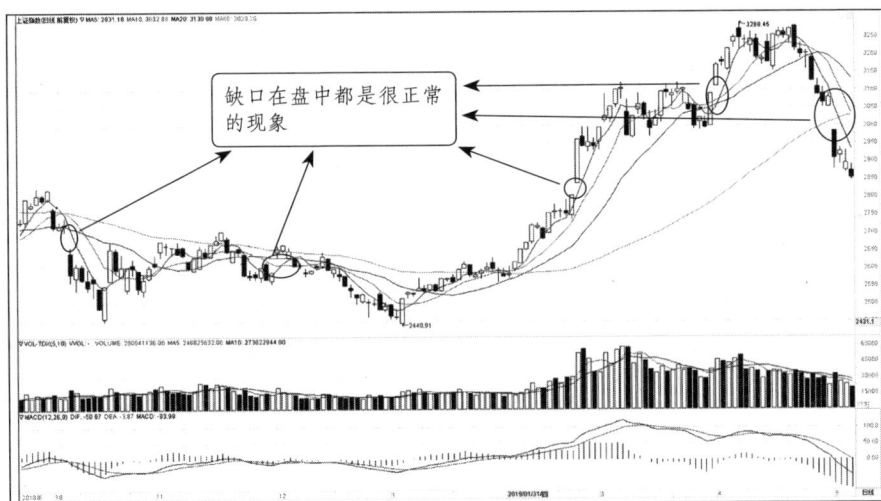

图 2-19　上证指数日线图（二）

◇ 对 4 种缺口的简单阐述

按照比较经典的划分方式，缺口具体可分为 4 种：普通缺口、突破缺口、持续缺口及衰歇缺口（有些名字可能存在差异，但意思是一样的）。为何要如此划分，这跟缺口出现在不同的波动阶段带来的影响有关。

普通缺口往往是在震荡过程中出现的，很常见，没有太大的力量倾斜性特征。普通缺口出现之后，市场往往能够在极短的时间内给予回补。

突破缺口，顾名思义，就是在一些形态突破过程中出现的缺口，可带来比较强烈的方向性选择意义，也就是比较强烈的力量倾斜性特征。突破缺口一旦出现，往往在短时间内市场不会回补。

持续缺口也不难理解，都是发生在中续阶段，跟持续性形态紧密联系在一起，这类缺口具有明显的中间意味，依然带有比较强烈的力量倾斜性特征。此缺口一旦出现，跟突破缺口一样，短时间内市场往往不会回补。

衰歇缺口按照字面意思也能大概理解，也就是快到尾声的缺口，这样的缺口往往发生在行情的反转阶段，也就是当中续阶段快结束时出现，它的到来表明一个趋势的力量可能已经到了最后尾声的状态，难以为继，后面将随时面临着逆转的可能，因此，此缺口一旦出现，往往在短时间内市场是会给予回补的。

根据对 4 种缺口的简单阐述，我们其实也可以将所有缺口分为两种，也就是短期回补性缺口与短期不回补性缺口。不过这种分类很难具体区分不同状态下的缺口，更多的是一种对 4 类缺口的简单升华总结。在具体研判或研究的过程中，当然是以 4 种缺口的分类为基础比较妥当。图 2-20、图 2-21 显示了不同时期周线的缺口。图 2-22 显示了日线走势图上的缺口。

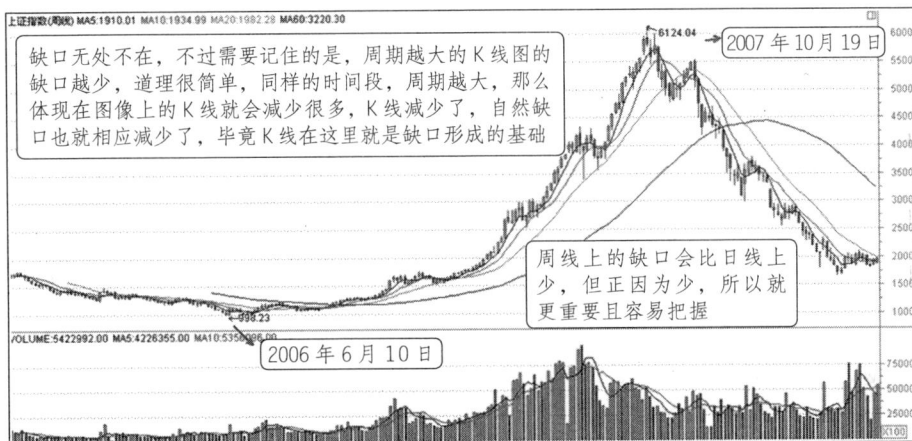

图 2-20　上证指数 2006 年 6 月 10 日至 2007 年 10 月 19 日周线走势图

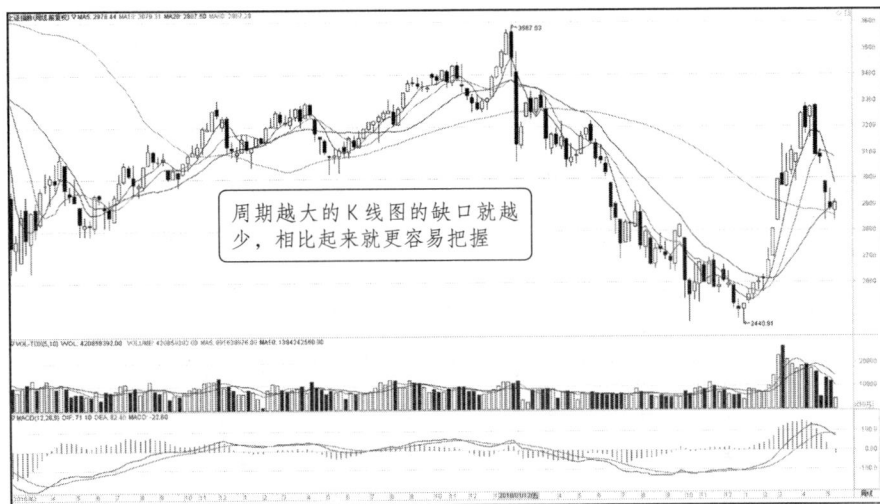

图 2-21　上证指数 2016 年 1 月至 2019 年 5 月周线走势图

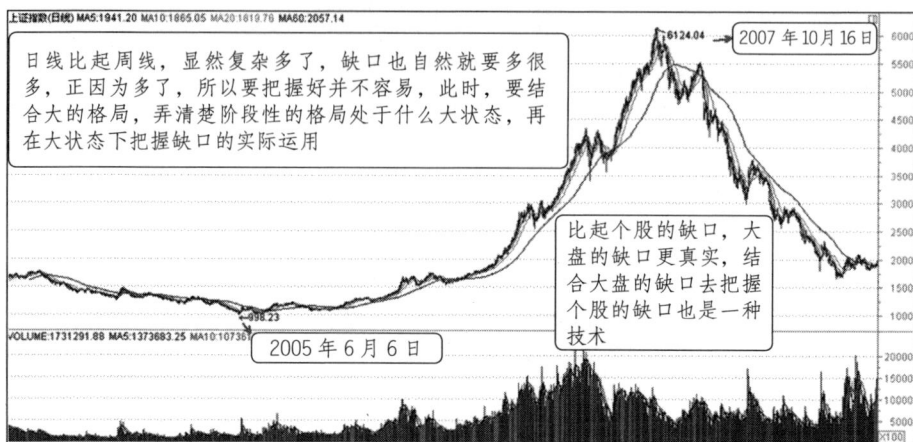

日线比起周线，显然复杂多了，缺口也自然就要多很多，正因为多了，所以要把握好并不容易，此时，要结合大的格局，弄清楚阶段性的格局处于什么大状态，再在大状态下把握缺口的实际运用

比起个股的缺口，大盘的缺口更真实，结合大盘的缺口去把握个股的缺口也是一种技术

2005 年 6 月 6 日

2007 年 10 月 16 日

图 2-22　上证指数 2005 年 6 月 6 日至 2007 年 10 月 16 日日线走势图

◇如何辩证看待"缺口必补"理论

有种"缺口必补"理论，意思就是不论是什么缺口，只要存在，如果短期内没有被完全回补，长期也必然会被回补。围绕着这样的一种思路展开的理论与实战的研究解读，有一定道理，或者说具有相当的道理，但具体实战中没有绝对，只有相对，有些在极端不成熟市场下出现的缺口是绝对不可能回补的，比如上证指数 100 多点时出现的跳空向上缺口，那就是几乎不可能回补的历史缺口。

在我看来，"缺口必补"理论虽然有例外，但更多的是常态。为何这样说？因为例外的状况往往是在一些特定的历史情况下造就的特殊缺口，所以，那些缺口很难回补，或者说不可能回补。但是，如果是在正常的市场波动状态下出现的缺口，长期而言，虽然不敢说都绝对能够回补，但大多数缺口出现回补绝对是大概率事件。这就是我对"缺口必补"的辩证看法。

简单来说，就是市场总有周期，有起落，有牛熊交替，牛市中存在的没有回补的缺口，一旦回到熊市，在众多空方的打压下，就会浮现出过去交易的真空地带，此地带就成了极大的向下牵引力，这引力就如地心引力一般，会逐渐把落地运动吸引到这缺口地带，最终完成回补动作。相反，如果是熊市留下的缺口没有回补，一旦到了牛市，向上的牵引力必然能够使其回到交易真空地带，从而最终完成缺口回补动作。

在此，有两点是必须记住的：第一，长期而言，上升过程中的缺口是必然会被回补的，因为长期的格局就是螺旋式的上涨过程，人类社会存在这样的规律，资本市场也必然是如此演绎的。第二，最终无法回补的地方，绝对是在相对低位形成的缺口，而不可能是在相对高位形成的缺口。当然，这里的前提是指市场，而不是指具体个股等，毕竟个股等要考虑到破产、退市、收购兼并等这些特殊事件发生时产生的永远无法回补缺口。

【学习重点提炼】

出现缺口时，先要有一个基本的判断：

①在底部反转阶段。在震荡下行过程当中，如果出现跳空向上缺口，基本可以肯定这是一种普通缺口，而这缺口带给我们的实战意义就是回避这个反弹机会，耐心等待回补缺口的波动。

②在向下突破阶段，出现突破缺口的概率大，这个时候建议短期回避，中期来看的话可以逐步建仓，因为这个缺口最后一定会回补。

常见缺口的基础规律

周期虽然有大有小，但形成缺口的原理都是一样的，那就是多空双方其中一方阶段性占据了相对优势导致形成交易真空区域，也就是缺口。那么，在具体面对缺口的时候，我们需要注意些什么呢？

◇缺口大小与能量大小成正比

缺口有大有小，越大则说明其中一方占据的优势越大，能量越充足，这就好像个股开盘时，如果一字开盘则封死涨停形成跳空向上缺口，毫无疑问，这跳空向上缺口背后的多方能量是极其充沛的；相反，如果仅仅是跳空高开不到1个点，那么，这仅能说明多方能量虽然占据优势，但并不大，随时有可能被空方反扑回补缺口。当然，有时候这种缺口的大小是可以被制造出来的，有迷惑对方的意图，其实就算是被制造出来的，其缺口也能够反映当下能量的大小，只不过这能量背后的水分较大而已。

◇同一时间段，时间周期大小跟缺口数量成反比

在同一时间段，不同大小的时间周期，缺口的数量也必然是不相同的。在同一时间段，大的时间周期所对应的K线图，跟小的时间周期相比，K线数量必然是要偏少的。因此，同一时间段，K线的数量多少跟时间周期是成反比的，即时间周期越大，K线数量越少。如此看来，在同一时间段，K线越少也就意味着出现缺口的概率越低，缺口也就会相应减少了。因此，在同一时间段，时间周期的大小跟缺口数量也是成反比的，即时间周期越大，缺口数量会越少。所以，在同一时间段，具体研究缺口的时候请从大时间周期开始，那样会简单很

多，也清晰很多，等逐步进入小的时间周期之中时，我们才能更好地判断小的时间周期中众多缺口的意义与价值。

◇什么才是真正的缺口：市场博弈形成的缺口

缺口在不同的市场中总有出现特例的时候，如在大盘中，历史性形成的缺口就是一个特例，那时的市场极度不成熟，容量非常小，放到现在是没有多大参考价值的，那是属于历史遗留问题的缺口，可以忽略；还有，在个股中，很多品种一旦送股、转股、配股、分红等，市场就自然会出现缺口，这样的缺口跟这里谈到的缺口其实也不是一个意义上的缺口，是由技术原因带来的缺口，而不是市场博弈过程中形成的缺口，也属于特例范围；再比如新股或新上市权证等，市场机制导致上市后连续涨停，那样的缺口其实也是属于技术上调整带来的缺口，跟市场博弈没有太大的关系，也属于特例范围。所以，面对缺口，我们不能一视同仁，要区别对待，看清楚到底是什么原因形成的缺口，只有真正市场博弈形成的缺口才是我们需要研究和关注的缺口，也才是真正有价值的缺口，其余的缺口都仅仅是历史遗留问题或计划原因导致的，意义有，但远没有市场博弈带来的缺口意义大。

总的来说，缺口能量、缺口多少，以及什么才是真正的缺口，这是我们需要注意的三大问题。

缺口的判断：万变不离其宗

一个大的起落包含 4 个波动阶段：底部反转阶段、上涨中继阶段、顶部反转阶段及下跌中继阶段。

上述的 4 个缺口是发生在不同的状态之中，震荡期更多是普通缺口，形态突破期更多是突破缺口，中续运行期更多是持续缺口，反转运行期则更多是衰歇缺口。

缺口的演变是紧密结合市场的波动状况而得以区分的。简单来说，我们可以这样理解。但如果放到大的起落之中，深入思考的话，我们还是会面对很现实的问题，那就是在大的起落中的任何一个阶段，比如底部反转阶段，必然会面临一些完整小形态的出现，而一个完整小形态基本蕴含着波动的各个环节，也就是说，那些小形态也是有起有落的。因此，我们就可能发现，在一个底部反转阶段的波动过程中也能够找到这4种缺口，只不过这些缺口的表现隐藏于小形态之中而已。因此，具体到日线图中，就算我们已经判断出目前是处于哪个大阶段，但具体的缺口到底是属于哪种类型的缺口，仍需要具体问题具体分析。请结合图2-23至图2-30进行理解。

是不是感觉有点复杂了？其实不复杂。我们回到判断各个缺口的特征上，普通缺口更多出现在震荡期，突破缺口更多出现在形态突破期，持续缺口更多出现在中续运行期，衰歇缺口更多出现在反转运行期，因此，我们在判断缺口到底属于哪一种的时候，不妨重点留意最近的市场波动状态到底是什么样的，从而得出其缺口类型的结论。

所以，万变不离其宗，我们不能用机械的理论去套具体的阶段，而应通过市场当下波动的状况来做出判断。

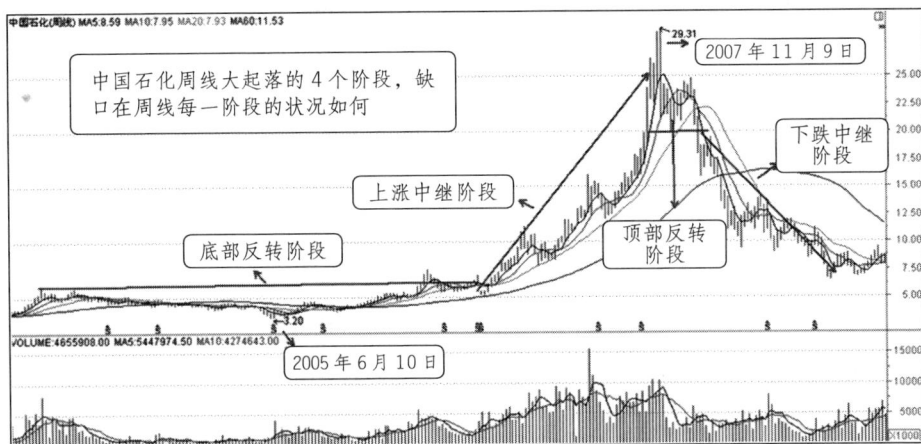

中国石化周线大起落的 4 个阶段，缺口在周线每一阶段的状况如何

2007 年 11 月 9 日

下跌中继阶段

上涨中继阶段

顶部反转阶段

底部反转阶段

2005 年 6 月 10 日

图 2-23　中国石化 2005 年 6 月 10 日至 2007 年 11 月 9 日走势图

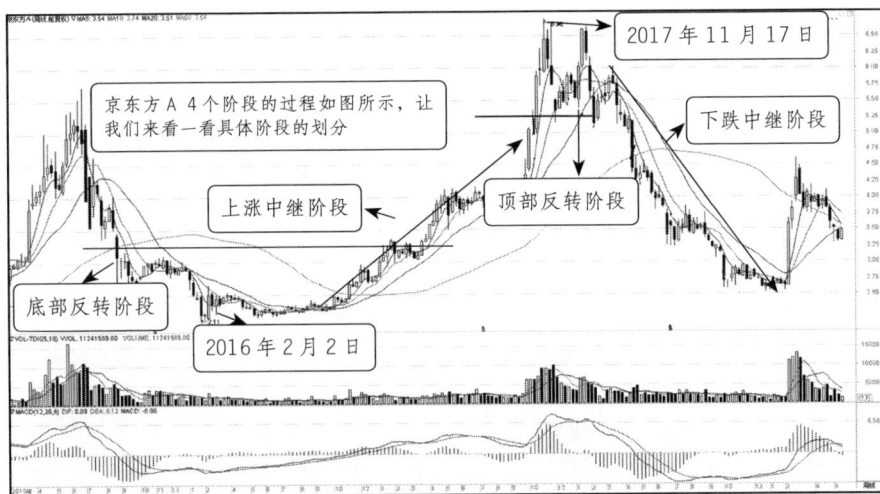

京东方 A 4 个阶段的过程如图所示，让我们来看一看具体阶段的划分

2017 年 11 月 17 日

下跌中继阶段

上涨中继阶段

顶部反转阶段

底部反转阶段

2016 年 2 月 2 日

图 2-24　京东方 A 2015 年 2 月至 2019 年 5 月周线走势图

随便一看，好像这底部反转阶段的缺口并不多，实际上有很多缺口，只是不明显而已，跳空哪怕只有1分钱，那也算是缺口，所以要细心才行，这里的缺口远比我们见得多

此缺口带有明显的突破缺口的意味

2005 年 6 月 10 日

如此大幅度的下跌，很明显在涨跌停为 10% 的交易规则下是不可能出现的，这是除权缺口，仅仅是技术缺口而已，不属于我们的研究范围

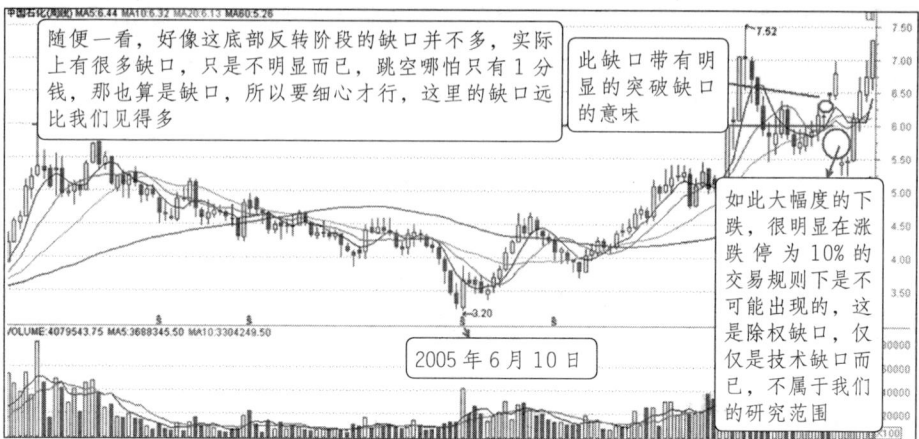

图 2-25　中国石化 2005 年 6 月 10 日前后周线走势图（一）

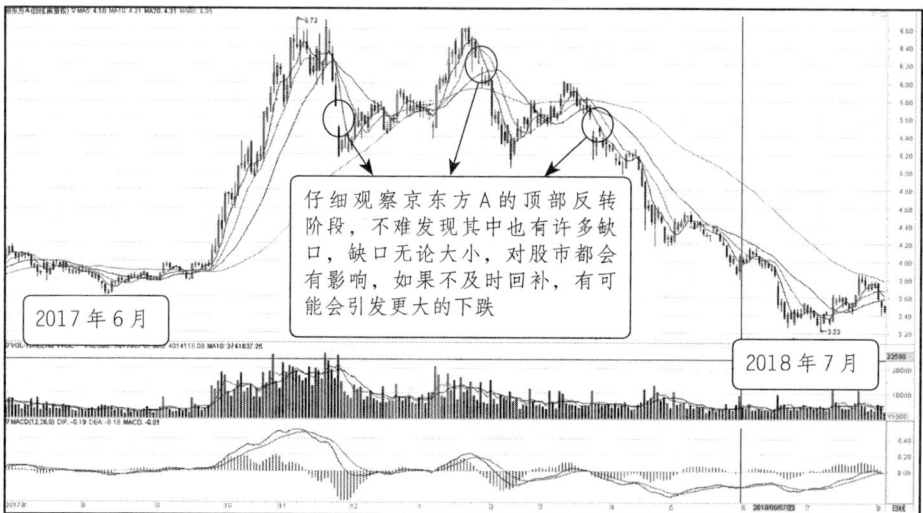

仔细观察京东方 A 的顶部反转阶段，不难发现其中也有许多缺口，缺口无论大小，对股市都会有影响，如果不及时回补，有可能会引发更大的下跌

2017 年 6 月

2018 年 7 月

图 2-26　京东方 A 2017 年 6 月至 2018 年 7 月日线走势图

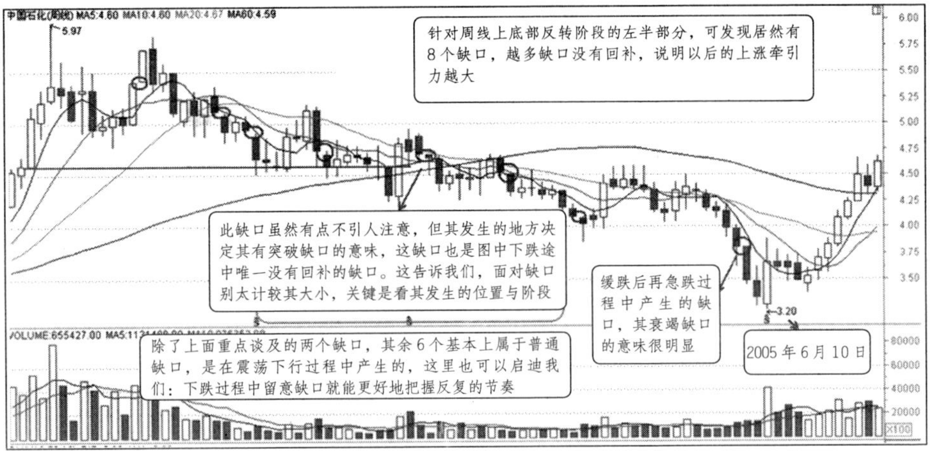

中国石化(周线) MA5:4.60 MA10:4.60 MA20:4.67 MA60:4.59
5.97
针对周线上底部反转阶段的左半部分，可发现居然有8个缺口，越多缺口没有回补，说明以后的上涨牵引力越大
此缺口虽然有点不引人注意，但其发生的地方决定其有突破缺口的意味，这缺口也是图中下跌途中唯一没有回补的缺口。这告诉我们，面对缺口别太计较其大小，关键是看其发生的位置与阶段
缓跌后再急跌过程中产生的缺口，其衰竭缺口的意味很明显
3.20
2005年6月10日
除了上面重点谈及的两个缺口，其余6个基本上属于普通缺口，是在震荡下行过程中产生的，这里也可以启迪我们：下跌过程中留意缺口就能更好地把握反复的节奏

图 2-27 中国石化 2005 年 6 月 10 日前周线走势图

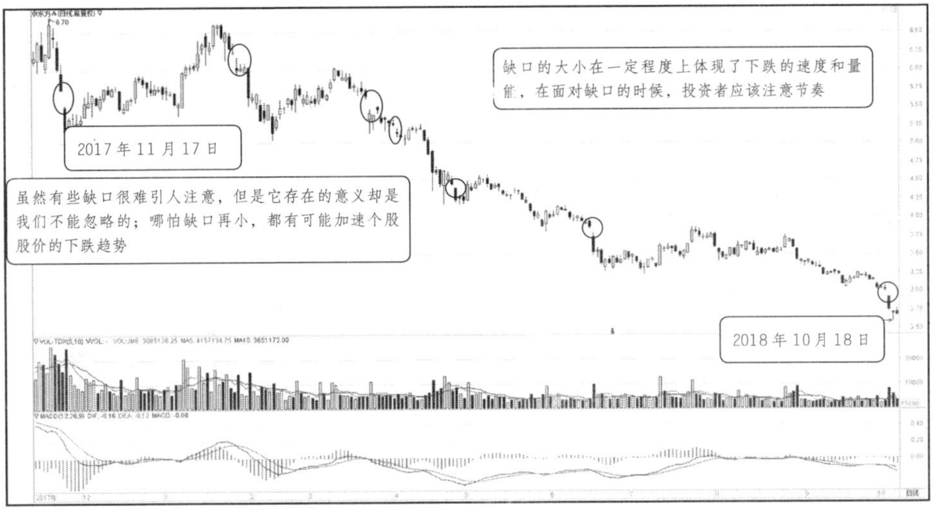

缺口的大小在一定程度上体现了下跌的速度和量能，在面对缺口的时候，投资者应该注意节奏
2017年11月17日
虽然有些缺口很难引人注意，但是它存在的意义却是我们不能忽略的；哪怕缺口再小，都有可能加速个股股价的下跌趋势
2018年10月18日

图 2-28 京东方 A 2017 年 11 月 17 日至 2018 年 10 月 18 日走势图

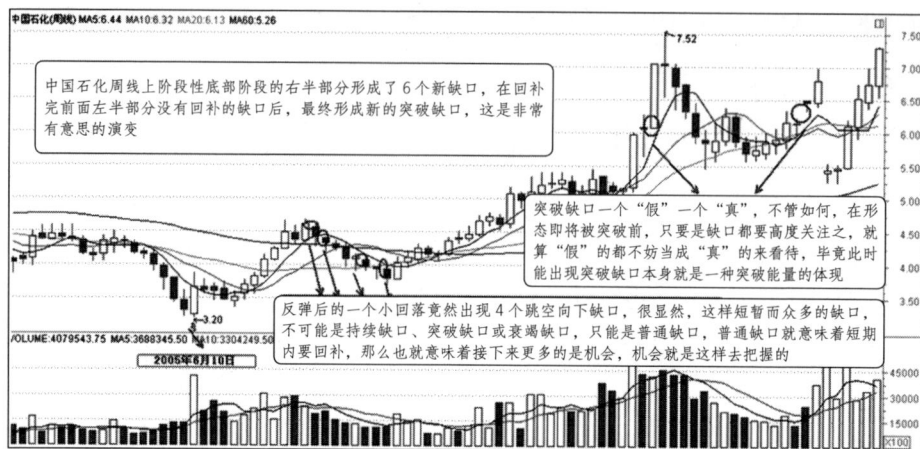

中国石化周线上阶段性底部阶段的右半部分形成了6个新缺口，在回补完前面左半部分没有回补的缺口后，最终形成新的突破缺口，这是非常有意思的演变

突破缺口一个"假"一个"真"，不管如何，在形态即将被突破前，只要是缺口都要高度关注之，就算"假"的都不妨当成"真"的来看待，毕竟此时能出现突破缺口本身就是一种突破能量的体现

反弹后的一个小回落竟然出现4个跳空向下缺口，很显然，这样短暂而众多的缺口，不可能是持续缺口、突破缺口或衰竭缺口，只能是普通缺口，普通缺口就意味着短期内要回补，那么也就意味着接下来更多的是机会，机会就是这样去把握的

图2-29　中国石化2005年6月10日后周线走势图

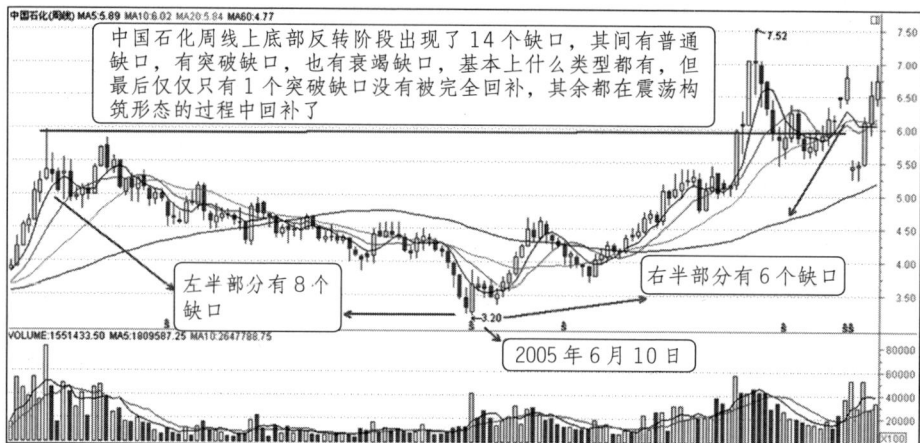

中国石化周线上底部反转阶段出现了14个缺口，其间有普通缺口，有突破缺口，也有衰竭缺口，基本上什么类型都有，但最后仅仅只有1个突破缺口没有被完全回补，其余都在震荡构筑形态的过程中回补了

左半部分有8个缺口

右半部分有6个缺口

2005年6月10日

图2-30　中国石化2005年6月10日前后周线走势图（二）

缺口在上涨中继阶段与顶部反转阶段的特点

◇缺口在上继中续阶段中的5个特点

前面我们在底部反转阶段已经知晓，缺口无处不在，而且每个起落阶段都有可能面临各种不一样的缺口，只不过阶段性中哪些缺口可

能成为主流则有所不同。面对上涨中继阶段，缺口在具体运行过程中有什么特点呢？

（1）关注第二个重要缺口。

一般情况下，上涨中继阶段是从底部反转形态的突破缺口开始，一直到最后衰歇缺口出现作为进入结尾的信号结束；而在突破缺口与衰歇缺口间必然存在着一个持续缺口，因此，在上涨中继阶段，我们需要关注的缺口往往就是突破缺口出现后的第二个重要缺口。所谓重要缺口，就是特指有可能属于持续缺口的延续或者衰歇缺口的可能，至于普通缺口和上涨运行过程中出现的小形态带来的突破缺口，都不算是第二个重要缺口。

面对小的上涨中继阶段，我们还好把握，但是一旦面对如上面所举中国石化那样较大的上涨中继形态，就要注意该阶段中产生的众多缺口给我们带来的研判上的难度的增加。为了化繁为简，最好的方式就是盯住周线图，面对时间跨度比较长的波动，找出与其相对应的大周期，从大周期中发现缺口，通过缺口找出一些规律与信号。

（2）重要缺口不会轻易回补。

面对上涨中继阶段的缺口，有一点是务必要记住的，那就是要有市场不会轻易回补的思路。毕竟在上涨趋势面前，重要的跳空上涨缺口带来的更多是打开阶段性上涨空间，更多的是机会，其蕴含的风险也只有在市场完全转势后才有可能产生。

（3）认清跳空向下缺口的本质。

在上涨中继阶段，多空双方有时候在关键关卡面前的博弈是比较激烈的，或者说多空双方在特定环境下的博弈会比较反复，尤其是当空方占据一定优势的时候，跳空向下缺口就有可能随时产生。此时，我们要认清其产生的区域及是否会给大的上升趋势带来质的改变，如果属于震荡区域，对大的上升趋势没有威胁，那么面对这样的缺口，更多的就是机会，短期回补且继续向上的概率将很大。

（4）衰歇缺口比较特别。

由于上涨中继阶段的尾声处于加速后的再加速的反转的情况，意味着时间跨度短，在周线上衰歇缺口就未必能够很好地体现出来，很多时候可能根本就没有显示。不过，请务必记住，周线上没有衰歇缺口并不意味着其不存在，在时间跨度短的周期上肯定能够找到，例如日线图上。此时，在上涨中继阶段的最尾声我们需要学会化简为繁，把重点放在日线图上，在日线图上近距离观察，一切我们想要看到的缺口都能够在那里找到。所以，请更多地从日线图上去寻找衰歇缺口。

总的来说，上涨中继阶段是个重要的阶段，毕竟从机会角度来说，这是个黄金时期，此时，关键要充分把握好利用缺口的艺术，胆大同时心细，自然，一切就在掌控之中了。

（5）顶部反转阶段缺口的 3 个特点。

在前面上涨中继阶段，可以发现缺口无处不在，而且机会异常丰富，可能会让人产生"缺口就是机会"的感觉，这跟大的阶段上涨有关。既然缺口能够带来机会，同时必然能带来风险，一切都是相对的，就看这缺口放在什么阶段下、什么环境中了。那么，现在我们不妨来研究一下顶部反转阶段的缺口有哪些特点吧。

第一，疯狂的顶部需要日线图来感受缺口。

顶部反转阶段的整个过程我们在前面已经弄清楚了，可以说是一个大起大落的四大阶段中最为短暂的阶段。道理很简单，顶部往往都是在疯狂状态下形成的，疯狂状态在市场的具体表现特征就是剧烈且快速，因此，顶部反转阶段如此短暂就很正常了。如此一来，在具有大周期意义的周线上，我们有时候就未必能够发现缺口的存在（并非说周线上就没有缺口），或者发现的缺口稀少，这是因为其时间跨度整体比较短，因此形成缺口的概率也就大大降低了。所以，我们在具体研究顶部反转阶段缺口的时候，就要观察日线周期，这样才能真正近距离感受到顶部反转阶段缺口的价值。

在顶部反转阶段，对于日线图，我们要着重注意两个重要缺口，一是顶部小形态的突破缺口，二是顶部大形态即将冲破颈线或已冲破颈线时的向下突破缺口。前者告诉我们大的格局开始进入不妙的状态，中期堪忧；后者则告诉我们向下的空间依然很广阔，依然要坚定逃跑。这两个缺口都是方向性非常明确的缺口，带来的更多是巨大风险。

第二，普通缺口虽有价值但最好的策略是欣赏。

在顶部反转阶段中出现挣扎与反复是很难避免的，而这挣扎与反复往往也都是由于缺口的出现引起的。不过要记住的是，这些缺口是在顶部小形态的突破缺口与最后大形态确认的突破缺口之间出现的。因此，当市场有可能见顶时的第一个重要缺口出现的时候，剩下的缺口，比如向下跳空缺口，往往就具有一定的短期向上牵引力，毕竟很多人还是充满幻想的，此时向下的缺口就短期而言对部分多头是具有一定吸引力的。如果第一个重要缺口出现后又出现跳空向上缺口的话，只要这缺口依然是在第一个重要缺口下方，那么基本就可以肯定这更多是一个普通缺口，是具有"回光返照"性质的，最终的结果将是很快补缺，就实战而言则采取加大做空力度或者赶紧逃跑的操作策略。不过，总的来说，在顶部反转阶段挣扎与反复过程中出现的普通缺口，虽然具有一定的实战意义，但由于中期的形势已经很严峻，而且市场随时有可能出现破位下行，最好的策略就是欣赏观望。

总之，在顶部反转阶段，缺口的意义更多是向我们昭示风险的存在，此时，"富贵险中求"的思想是非常危险的，如果没有高超的操盘技术，要想在这过程中有所收获，那是不可能的。当然，如果具有做空机制的话，那这里倒是非常好的战略性做空时机。

第三，"缺口必补"带来的艺术体现。

"出来混，迟早都是要还的。"这曾经是非常流行的一句话。对此，我很认同，缺口也是如此。在上涨中继阶段积累了大量的跳空向上缺口没有回补，这其中有普通缺口也有持续缺口，性质虽然有所不同，但结果都是没有回补，都导致出现了真空地带。

"缺口理论"告诉我们，很多缺口最终都会回补，尤其是在上涨中继阶段临近顶部反转阶段时出现的缺口，那基本上是没有什么悬念，在未来必然会回补。这也告诉我们，当市场异常疯狂或者个股异常疯狂，处于加速后的再加速状态的时候，这个阶段如果出现缺口短期没有回补，请记住，该缺口迟早是要回补。如果你明白这点，那么这里的缺口将为你中期的具体作战策略带来不可估量的实用价值。

顶部反转阶段一旦有形成的迹象，你就要注意那些在上涨中继阶段接近尾声时形成的未回补的缺口，看看其离正在波动的顶部反转阶段还有多远。若还比较远，意味着离第一轮调整结束的时间还很长，要休息的时间也相当长；若比较近，则意味着离第一轮调整结束的时间短了，要开始琢磨是否参与反弹及研究第二轮调整的空间与时间了。

很有意思的是，当市场最终回补上涨中继阶段的部分缺口时，我们会发现，这回补一旦完成，一个旧的形态也随之完成了。当然，这也就意味着新酝酿的形态的诞生，这新形态的诞生不是新的一轮下跌就是新的一轮上涨。

"出来混的一旦还完"，在这里就是"一旦补完缺口"的意思，那么接下来就是孕育新的危机或者新的机会的过程了。在下面图中，在顶部反转阶段末期确认带来的补缺行动，很显然孕育着新的危机。可以说，这也是缺口必然回补带来的艺术体现。

以上特点，在图 2-31 至图 2-35 中均有体现。

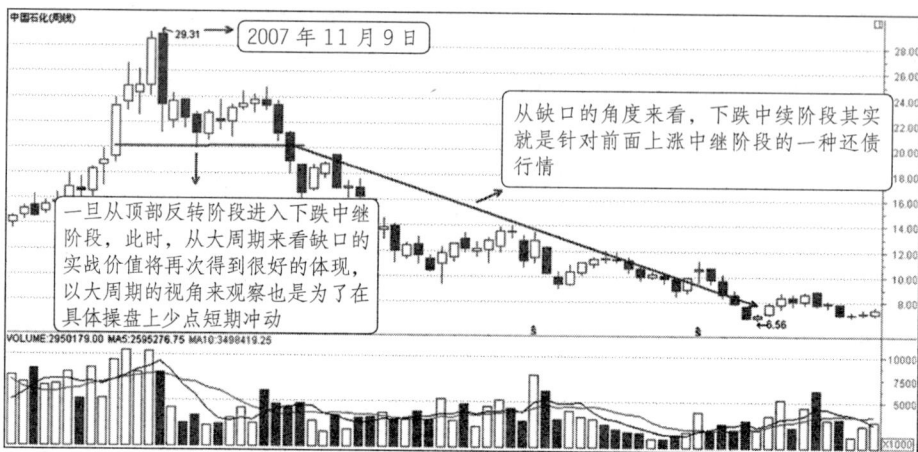

从缺口的角度来看，下跌中续阶段其实就是针对前面上涨中继阶段的一种还债行情

一旦从顶部反转阶段进入下跌中继阶段，此时，从大周期来看缺口的实战价值将再次得到很好的体现，以大周期的视角来观察也是为了在具体操盘上少点短期冲动

图 2-31　中国石化 2007 年 11 月 9 日至 2008 年 11 月 7 日周线走势图（一）

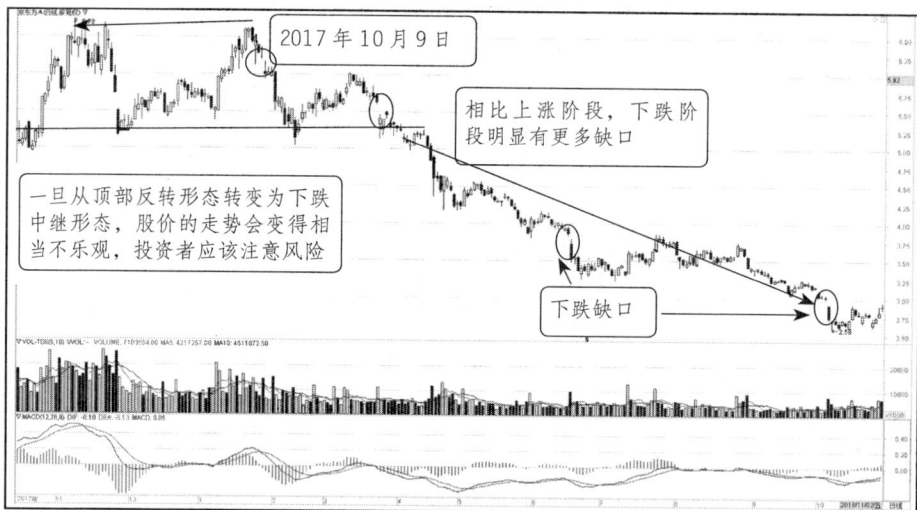

2017 年 10 月 9 日

相比上涨阶段，下跌阶段明显有更多缺口

一旦从顶部反转形态转变为下跌中继形态，股价的走势会变得相当不乐观，投资者应该注意风险

下跌缺口

图 2-32　京东方 A 2017 年 10 月至 2018 年 10 月日线走势图

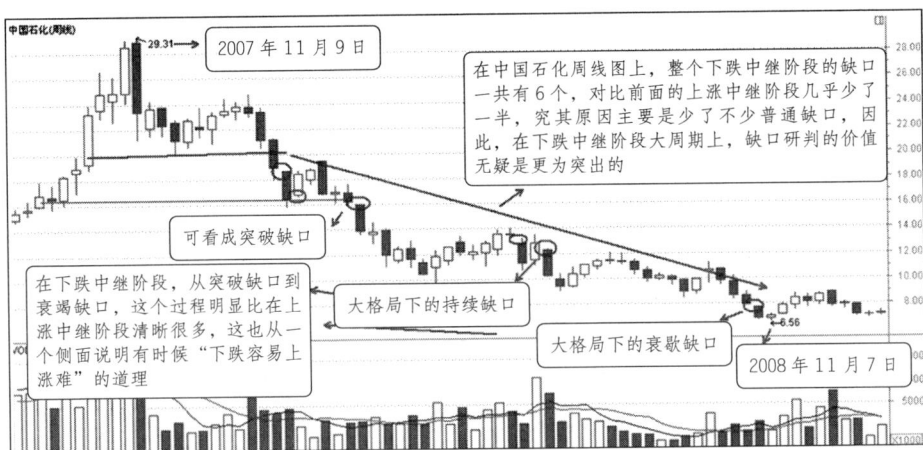

2007 年 11 月 9 日

在中国石化周线图上，整个下跌中继阶段的缺口一共有 6 个，对比前面的上涨中继阶段几乎少了一半，究其原因主要是少了不少普通缺口，因此，在下跌中继阶段大周期上，缺口研判的价值无疑是更为突出的

可看成突破缺口

在下跌中继阶段，从突破缺口到衰竭缺口，这个过程明显比在上涨中继阶段清晰很多，这也从一个侧面说明有时候"下跌容易上涨难"的道理

大格局下的持续缺口

大格局下的衰歇缺口

2008 年 11 月 7 日

图 2-33　中国石化 2007 年 11 月 9 日至 2008 年 11 月 7 日周线走势图（二）

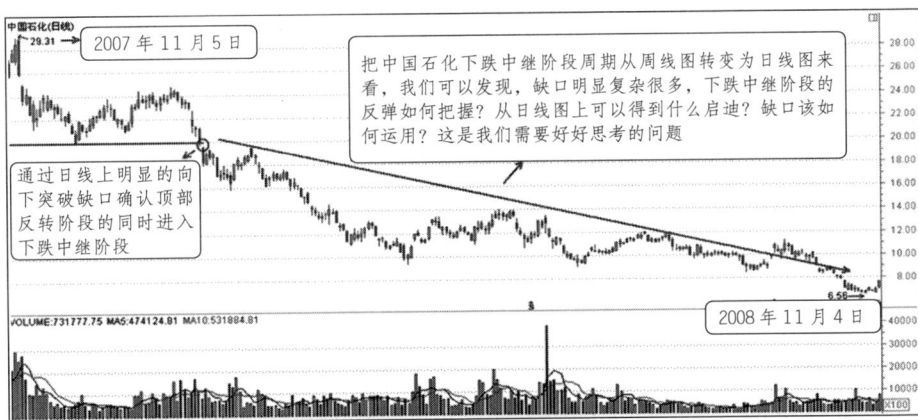

2007 年 11 月 5 日

把中国石化下跌中继阶段周期从周线图转变为日线图来看，我们可以发现，缺口明显复杂很多，下跌中继阶段的反弹如何把握？从日线图上可以得到什么启迪？缺口该如何运用？这是我们需要好好思考的问题

通过日线上明显的向下突破缺口确认顶部反转阶段的同时进入下跌中继阶段

2008 年 11 月 4 日

图 2-34　中国石化 2007 年 11 月 5 日至 2008 年 11 月 4 日日线走势图

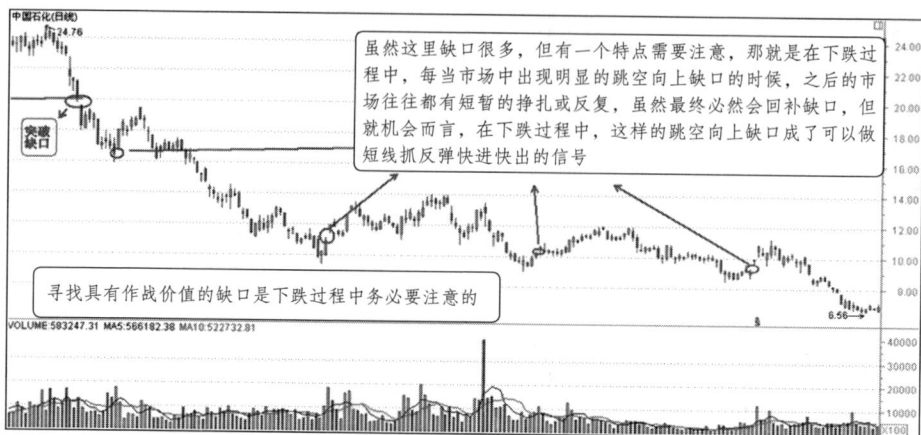

中国石化(日线) 24.76

虽然这里缺口很多，但有一个特点需要注意，那就是在下跌过程中，每当市场中出现明显的跳空向上缺口的时候，之后的市场往往都有短暂的挣扎或反复，虽然最终必然会回补缺口，但就机会而言，在下跌过程中，这样的跳空向上缺口成了可以做短线抓反弹快进快出的信号

突破缺口

寻找具有作战价值的缺口是下跌过程中务必要注意的

VOLUME 583247.31 MA5:566182.38 MA10:522732.81

图 2-35　中国石化日线下跌走势图

◇揭开缺口在下跌中继阶段的奥秘

（1）转变思维。

一旦进入下跌中继阶段，我们就很容易发现，原来那些在上涨中继阶段积累的未回补缺口，一下子就从原来的"逐渐低低在下"开始变得"逐渐触手可及"了。我的定义就是：下跌中继阶段就是对前面上涨中继阶段的还债行情，反之同样成立。如何具体理解下跌中继阶段的"还债行情"呢？

回到周线，清楚认识"还债行情"的时间。要清楚认识"还债行情"是个较为漫长的过程，不可能一步到位，此时，要从顶部反转阶段的小周期思路转变回大周期思路，也就是要再次通过周线图充分研究缺口带来的实战价值，这里其实跟前述上涨中继阶段的思路是对应的。面对下跌中继阶段，总的操盘思路就是要耐得住寂寞，只要前面关键性的缺口没有有效回补完毕，就千万不要轻言见底，进入新的轮回。在这个过程中，能做的仅仅是快进快出的短线反弹而已。

（2）周线缺口变简单，下跌容易上涨难。

下跌中继阶段在周线上的缺口往往会明显少于上涨中继阶段，关键是少了一些普通缺口，更多的是明确的指示性缺口。下跌容易上涨难，在周线上突破缺口、持续缺口等这些指示性缺口的出现，会大大提高研判市场走势的准确性。可以发现，在周线上类似这样的缺口一旦出现，最终的结果往往是跟市场走势较为吻合的，所以要高度关注。因为缺口少了，简单了，把握起来就更容易了，但正是因为更容易了，千万别忽视它，很多时候简单的东西反而更有价值。

（3）周线缺口明思路，日线缺口找战机。

周线的视野可以给予我们大方向具体策略的指导，但说到具体的短期实战策略，那就必须站在日线视野上来做剖析。日线图比起周线图，无疑会复杂很多，也正是因为复杂，才有可能产生一些阶段性的机会。在下跌中继阶段不是没有机会，只是这机会是需要通过复杂的日线缺口去找出规律、找出机会来才行。周线让我们清楚长期还债的思路，日线则让我们更好地把握短期战机。

总的来说，一旦进入下跌中继阶段，周线图就将成为研究"还债"路线的最好提示图，日线图则成为研究"还债"过程中战机的最好信息图。没有只涨不跌的市场，在下跌中继阶段要把这样的思路贯彻始终，万不可把前面上涨中继阶段的思路放到这里来。作为操盘手，切记，思维随形势灵活地转变，在具体操盘实战过程中，这将是无比珍贵的特质！

从关键的时间窗口把握敌动

什么是时间窗口

资本市场所谓的时间窗口，就是市场可能发生转折的特殊时间。而特殊时间计算的依据则来自斐波那契数列或江恩数字等，其背后都遵循着神秘的自然法则，很神奇，因此在实战过程中具有相当重要的意义。

斐波那契数列也称"神奇数字"，其特点包括：

①从 1 开始，第二项也为 1，从第三项起，任何一个数字均是其前两个数字的和，例如 1 ＋ 1=2，1 ＋ 2=3，2 ＋ 3=5，3 ＋ 5=8，5 ＋ 8=13，8 ＋ 13=21，13 ＋ 21=34，等等。

②任何两个相隔的数字彼此顺序相除或倒转相除，所得数字分别接近 0.382 及 2.618。

接近 0.382，例如，8 ÷ 21=0.381，13 ÷ 34=0.382，21 ÷ 55=0.382，等等。

接近 2.618，例如，21 ÷ 8=2.625，34 ÷ 13=2.615，55 ÷ 21=2.619，等等。

③除首 4 个数字（1，1，2，3）外，两个相邻数字彼此相除，所得数字分别接近 0.618 及 1.618。

接近 0.618，例如，5 ÷ 8=0.625，8 ÷ 13=0.615，13 ÷ 21=0.619，等等。

接近 1.618，例如，8 ÷ 5=1.6，13 ÷ 8=1.625，21 ÷ 13=1.615，等等。

第二点与第三点是斐波那契数列衍生出来的黄金分割点，对股市也有重要的研究意义，但这里不做探讨，这里主要突出数字本身对市场的影响，研究的着重点是时间窗口。

其实，在对具体市场的研究过程中，常用的也就是前1、2项而已，道理不复杂，对具体数字对应的单位时间数而言，12项达到144单位，已经完全用于够用于一般意义上的研究。就算放在小周期上该数字显得不够用的话，那么稍微把周期放大点，前面12项的数字也足够用。"神奇数字"如果不断累加下去，不到第100项就将是天文数字了，因此千万别走火入魔，对于那些没有太多意义的研究，跳过则可，要有的放矢，毕竟人的精力有限，面对问题要抓住主要矛盾，要懂得化繁为简。

江恩时间窗口有价值但要辩证看待

在时间窗口中，江恩时间窗口也是不容忽视的，不过就不如"神奇数字"运用得那么广泛了，"江恩时间"指出了一年之中每月重要的转势时间，详列如下：

①1月7日至10日及1月19日至24日，年初最重要的日子，所出现的趋势可延至多周甚至多月；

②2月3日至10日及2月20日至25日，其重要性仅次于1月份；

③3月20日至27日，短期转势经常发生，有时甚至是主要的顶部或底部出现的时间；

④4月7日至12日及4月20日至25日，较1、2月次要，但也经常引发转势；

⑤5月3日至10日及5月21日至28日，是十分重要的转势日子；

⑥6月10日至15日及6月21日至27日，出现短期转势；

⑦7月7日至10日及7月21日至27日，7月是非常重要的月份，气候在年中转化，影响五谷收成；

⑧ 8月5日至8日及8月14日至20日，8月转势的可能性与2月相同；

⑨ 9月3日至10日及9月21日至28日，是一年之中重要的转势时间；

⑩ 10月7日至14日及10月21日至30日，是十分重要的市场转势时间；

⑪ 11月5日至10日及11月20日至30日，在美国大选年，往往在11月初转势，其他年份则在11月末转势；

⑫ 12月3日至10日及12月16日至24日，圣诞节前后是市场经常出现转势的时间。

关于江恩时间窗口，你还会发现，第一，其背景是西方世界，有些未必适用于中国市场；第二，其涵括的时间过于广泛，几乎把每个月大部分的时间都涵括进去了，这样也就失去了时间窗口本身的意义了。所以，在我看来，上面描述的江恩时间窗口的归类没有什么太大的实际意义，参考一下，知道有这回事就可以。

当然，江恩关于时间窗口的研究远不止上面这些，比如：江恩将"7"及其倍数的周期视作重要的转折点。在江恩眼里，上帝用7天创造了世界，因此"7"是一个完整的数字；《圣经》中，耶稣在死后的第3天复活，这意味着7天是一个周期。在江恩眼中，"4"也相当不平凡。地球自转一周为360度，每4分钟旋转1度，因此，最短的循环可以是4分钟，同时地球自转一周需24小时，也是4的倍数；由于"4"跟"7"都很重要，4×7天的周期也是一个很重要的短周期。

发现没有，是不是有点太多太杂，甚至有点"走火入魔"的味道？我不是说它没有意义，其实它也相当有意义，但一是"4"与"7"这两个数字都跟"神奇数字"的"3"与"8"接近，其实就是窗口前移或后移的问题；二是江恩的时间窗口需要更多结合计算机才能运用，不适合在个人系统的建立中采用。所以，这里我不会对江恩的时间窗口体系做过多的阐述与研究，只把部分展示给大家看看就好。在我的时间窗口体系中，江恩时间窗口有其地位，但我更喜欢运用看似简单的"神奇数字"。

感悟时间窗口的共振、位移与能量

在资本市场里，运用"神奇数字"可以更好地预测和把握变盘或波段转折点的风险与机会。时间窗口的计算很简单：相对高点或低点套用"神奇数字"来计算。不过，具体运用时由于面对不同的周期、不同的高低点、不同的市场环境等因素，要把握好就远没计算那么简单，此时需要注意几点。

◇时间窗口的共振

第一，跨时间周期带来的共振。在研究时间窗口的时候，要高度注意大周期的时间窗口与小周期的时间窗口的重叠问题。一般情况下，不同时间周期的时间窗口重叠越多，由此带来的共振能量往往就会越大，转折也就越大越可靠。比如，月线时间窗口开启、周线时间窗口开启、日线时间窗口开启，3种不同时间周期的时间窗口发生了重叠，那么出现共振的概率将很大，能量往往也会较大。

第二，跨波动周期带来的共振。除了要注意跨时间周期的共振现象带来的转折之外，我们也要注意在同一时间周期内不同波动周期时间窗口重叠带来的共振。如何理解？比如，一只品种的最高点的 34 个交易日与其次高点的 13 个交易日发生重叠现象，两者的时间窗口都已经开启，就会形成共振，重叠的数量越多，能量往往也就越大，大转折产生的可能性也就越大。

◇时间窗口的位移

时间窗口开启的时间一般情况下是遵循 3，5，8，13，21，34 等"神奇数字"的序列。不过，市场并非是严格遵守数学规则的，有时候在外力的刺激或影响下是完全有可能发生提前或延后的，当然，这提前或延后的时间长短跟序列数字有很大关系，一般情况下 50 以下的"神奇数字"就是一个交易日，50 以上的数字则可以适当增加一两个交易日。例如，在面对"8"这个时间窗口的时候，实际上"7"或"9"发生转折也完全有可能。

◇时间窗口的能量

第一，"神奇数字"本身大小的能量。时间窗口开启的"神奇数字"有很多，不过每一个"神奇数字"的意义是不一样的，比如"3"比"5"常见很多，因此，"3"的意义就会弱化，其相应的能量比起"5"往往也就会弱一些。由此可知，数字越大的"神奇数字"，往往其转折带来的能量会更大些。当然，这数字是我们一般研究范围中的数字，也就是前文谈到的 12 项数字，如果往后推到太大的数字，虽然能量有，但由于人们的忽略反而不见得有多少能量了。

第二，不同时间周期"神奇数字"的能量。在不同时间周期中，"神奇数字"带来的时间窗口能量也会有不一样的含义，比如在日线中常见的"5"时间窗口带来的能量，就肯定比周线上"5"时间窗口开启带来的转折能量要小得多。道理很简单，时间周期越大，能量必然就会伴随着变大，要知道，大时间周期内是包含着小时间周期的，也就是一个大的时间单位内包含好几个小时间周期的单位，能量能不大吗？尤其是在"神奇数字"相同的背景下，那就更没有什么疑问了。

详见图 2-36 至图 2-47。

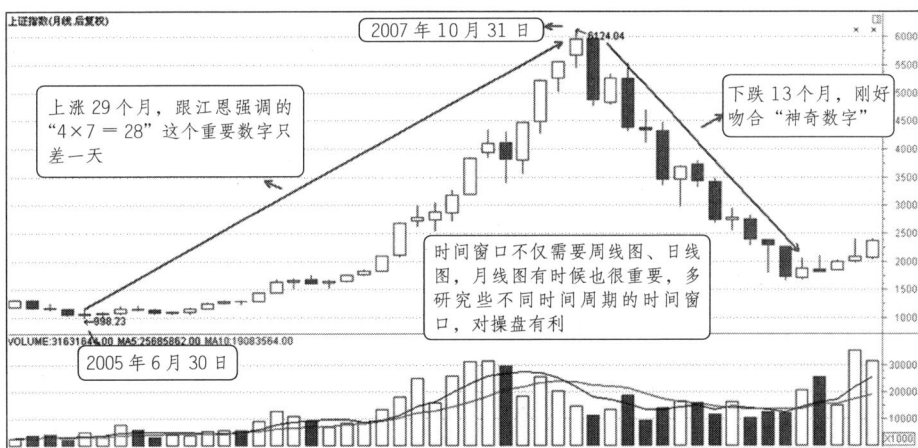

图 2-36　上证指数 2005 年 6 月 30 日至 2007 年 10 月 31 日月线走势图（一）

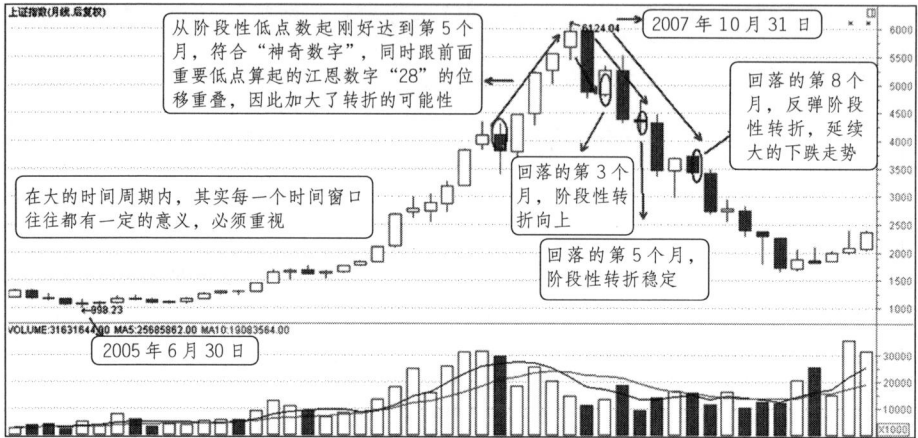

从阶段性低点数起刚好达到第 5 个月，符合"神奇数字"，同时跟前面重要低点算起的江恩数字"28"的位移重叠，因此加大了转折的可能性

2007 年 10 月 31 日

回落的第 8 个月，反弹阶段性转折，延续大的下跌走势

在大的时间周期内，其实每一个时间窗口往往都有一定的意义，必须重视

回落的第 3 个月，阶段性转折向上

回落的第 5 个月，阶段性转折稳定

2005 年 6 月 30 日

图 2-37　上证指数 2005 年 6 月 30 日至 2007 年 10 月 31 日月线走势图（二）

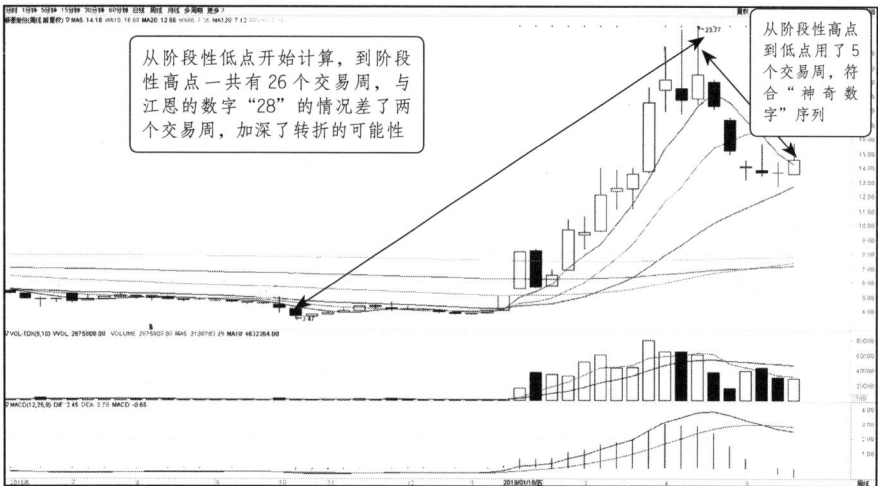

从阶段性低点开始计算，到阶段性高点一共有 26 个交易周，与江恩的数字"28"的情况差了两个交易周，加深了转折的可能性

从阶段性高点到低点用了 5 个交易周，符合"神奇数字"序列

图 2-38　顺灏股份 2018 年 6 月至 2019 年 5 月周线走势图

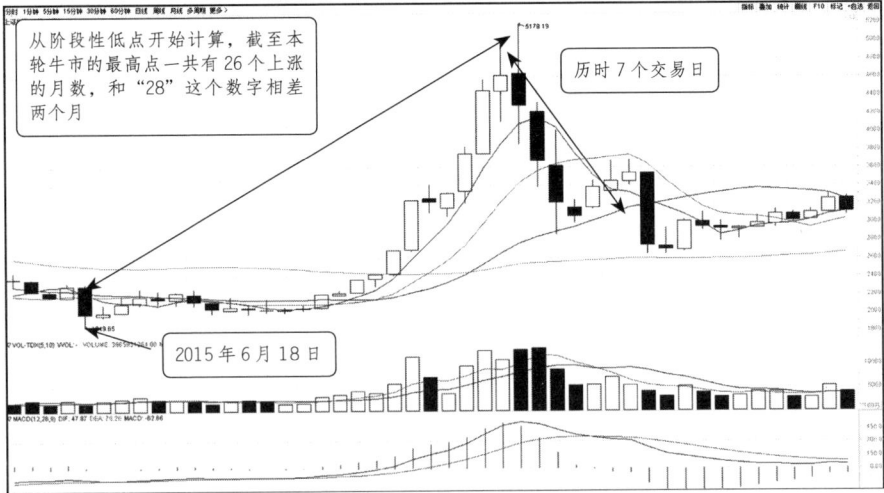

从阶段性低点开始计算，截至本
轮牛市的最高点一共有 26 个上涨
的月数，和"28"这个数字相差
两个月

历时 7 个交易日

2015 年 6 月 18 日

图 2-39　上证指数 2015 年 6 月牛市月线震荡走势图

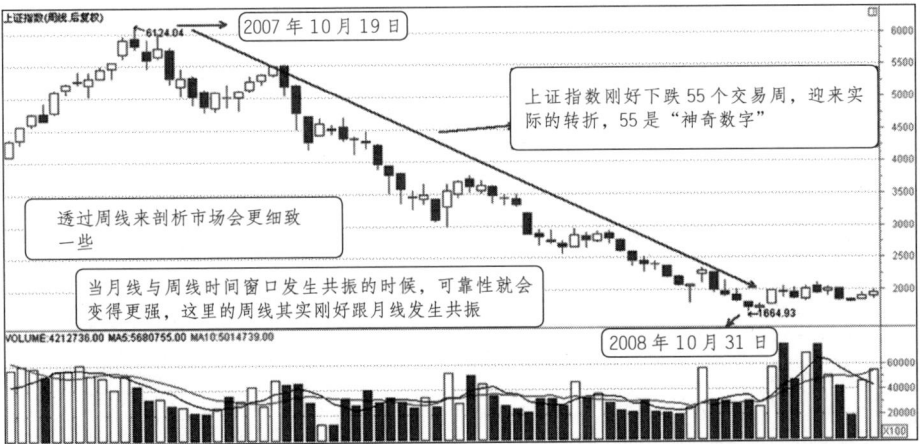

2007 年 10 月 19 日

上证指数刚好下跌 55 个交易周，迎来实
际的转折，55 是"神奇数字"

透过周线来剖析市场会更细致
一些

当月线与周线时间窗口发生共振的时候，可靠性就会
变得更强，这里的周线其实刚好跟月线发生共振

2008 年 10 月 31 日

图 2-40　上证指数 2007 年 10 月 19 日至 2008 年 10 月 31 日周线走势图（一）

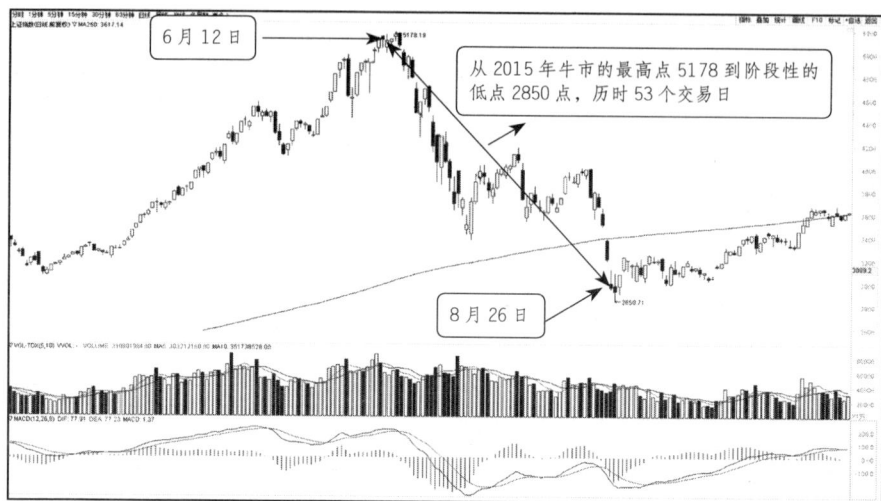

图 2-41　上证指数 2015 年 1 月至 2015 年 11 月日线走势图

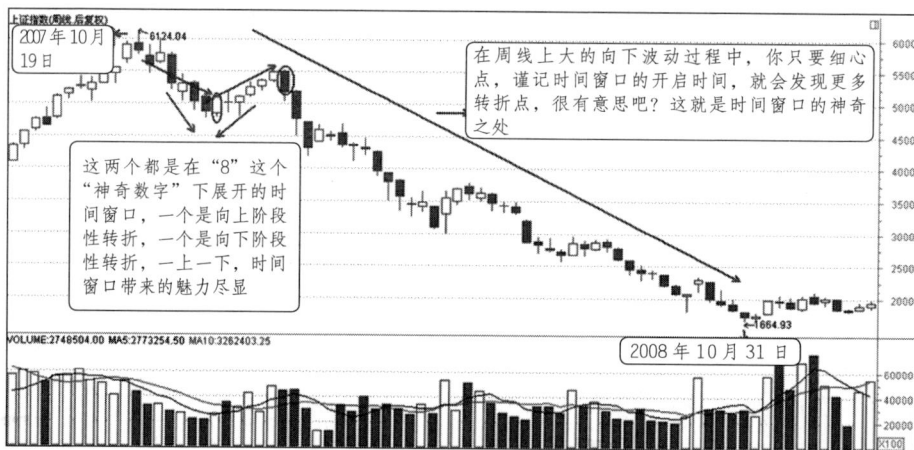

图 2-42　上证指数 2007 年 10 月 19 日至 2008 年 10 月 31 日周线走势图（二）

上证指数(日线,后复权)

6124.04 → 2007 年 10 月 16 日

在日线图中时间窗口的运用上，别被迷惑，要看清楚阶段性高低点

当时间窗口的运用进入日线图的时候，"神奇数字"的运用就会显得越加频繁，此时要注意"神奇数字"的大小带来的能量问题，我们要更关注重大数字的时间周期，对于小数字的时间周期，只有在超短线才适用

← 1664.93

VOLUME:875304.25 MA5:949606.38 MA10:1234046.38

2008 年 10 月 28 日

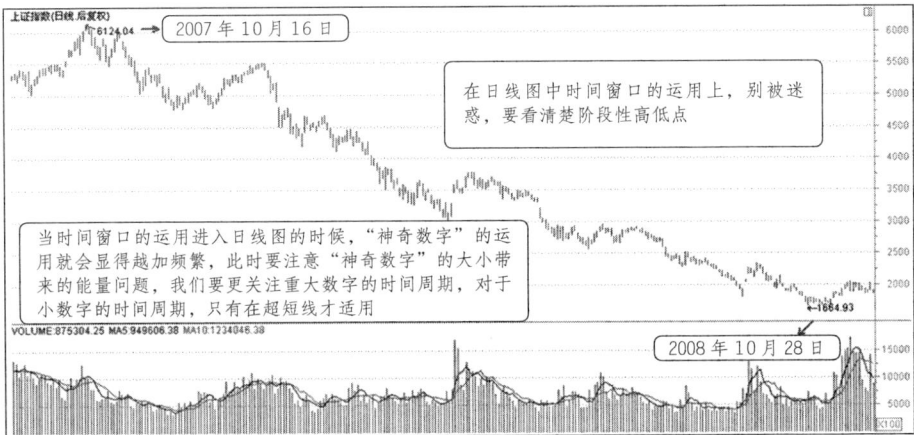

图 2-43　上证指数 2007 年 10 月 16 日至 2008 年 10 月 28 日日线走势图

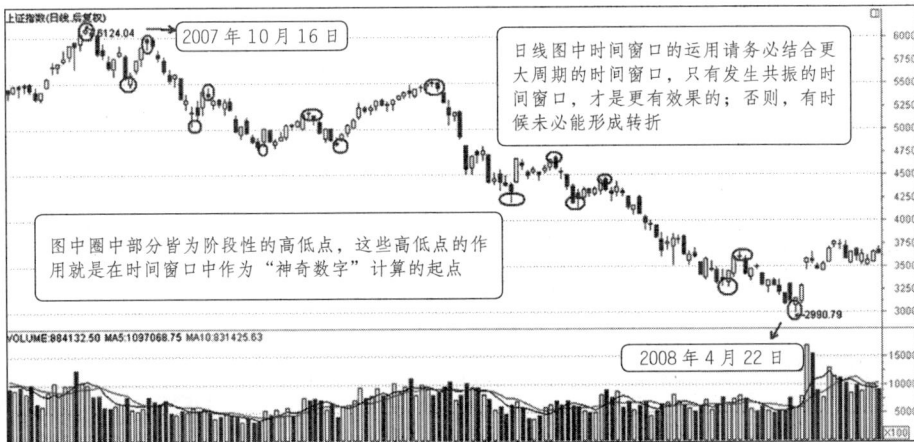

上证指数(日线,后复权)

6124.04　2007 年 10 月 16 日

日线图中时间窗口的运用请务必结合更大周期的时间窗口，才是更有效果的；否则，有时候未必能形成转折

图中圈中部分皆为阶段性的高低点，这些高低点的作用就是在时间窗口中作为"神奇数字"计算的起点

2990.79

VOLUME:884132.50 MA5:1097068.75 MA10:831425.63

2008 年 4 月 22 日

图 2-44　上证指数 2007 年 10 月 16 日至 2008 年 4 月 22 日日线走势图

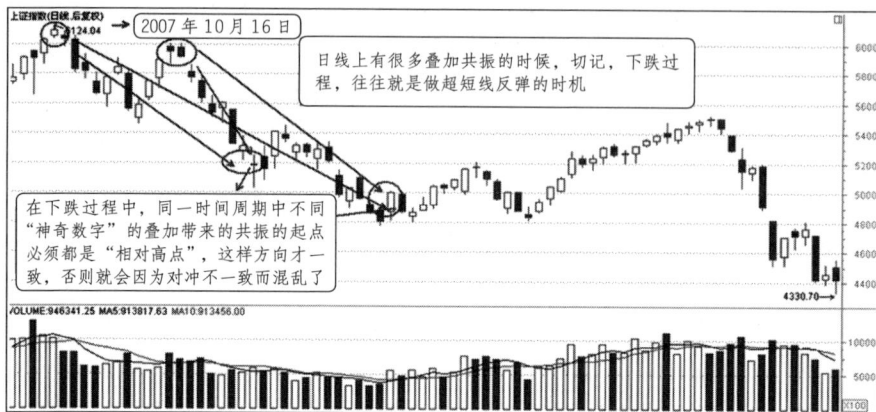

上证指数（日线 后复权）

2007 年 10 月 16 日

日线上有很多叠加共振的时候，切记，下跌过程，往往就是做超短线反弹的时机

在下跌过程中，同一时间周期中不同"神奇数字"的叠加带来的共振的起点必须都是"相对高点"，这样方向才一致，否则就会因为对冲不一致而混乱了

图 2-45　上证指数 2007 年 10 月 16 日后日线下跌走势图

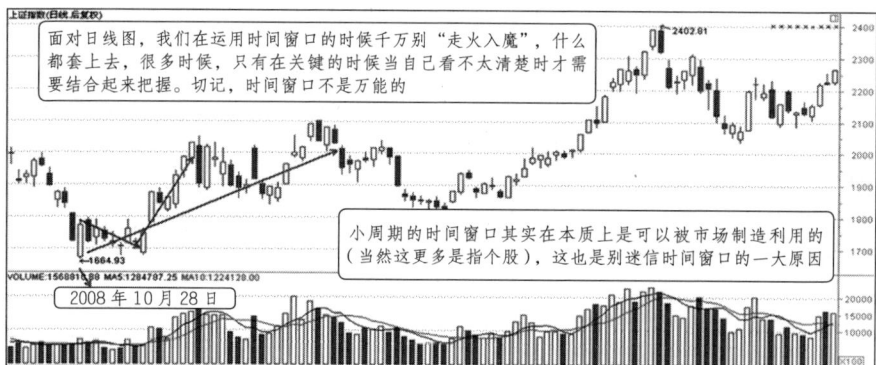

上证指数（日线 后复权）

面对日线图，我们在运用时间窗口的时候千万别"走火入魔"，什么都套上去，很多时候，只有在关键的时候当自己看不太清楚时才需要结合起来把握。切记，时间窗口不是万能的

小周期的时间窗口其实在本质上是可以被市场制造利用的（当然这更多是指个股），这也是别迷信时间窗口的一大原因

2008 年 10 月 28 日

图 2-46　上证指数 2008 年 10 月 28 日后日线震荡走势图

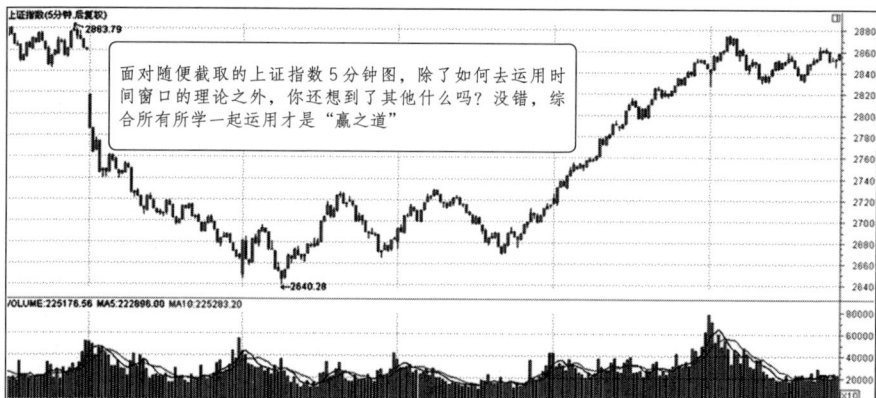

上证指数（5分钟 后复权）

面对随便截取的上证指数 5 分钟图，除了如何去运用时间窗口的理论之外，你还想到了其他什么吗？没错，综合所有所学一起运用才是"赢之道"

图 2-47　上证指数 5 分钟走势图

从时间窗口研判大盘

对大盘波动的研究如果配合时间窗口的运用，整个局面肯定会有一种神奇的效果出现，那么，在具体运用过程中，我们该注意些什么呢？

◇不妨从月线图入手

月线属于大的时间周期，在前面的学习过程中，我们一般很少用到，那是因为其时间周期相对比较长，在不算特别长的时间里，其K线构成数量有限，对研究难以起到太大的作用。不过，在时间周期的研究过程中，其意义则显得有所不同了，毕竟时间周期的"神奇数字"在月线图上依然是具有很大的施展空间的。最重要的是，我们判断市场波动的时候，需要把握未来以月为单位的行情导向，如果时间窗口刚好告诉我们下个月有可能出现转折，那么，在具体操盘过程中，是否就有了更好的准备策略来面对之呢？答案无疑是肯定的。月线在时间窗口的研究过程中是不容忽视的，对于奠定大方向的基础研究，有时候具有关键性的作用。当然，如果研究的时间周期需要放到更大的背景下，比如以年为单位，那么，展开年线图即可，只是在这里我更强调的是，在时间周期的运用上，一般情况下从月线图入手是比较合适的。

◇周线、日线结合做操盘

如果说月线图让我们可以更好地利用时间周期把握大方向转折的话，那么，时间周期放在周线上则可以更细致地对转折进行把握，时间周期放到日线图上完全就是对实战过程中波段转折的最好提示。在具体运用的过程中，周线图与日线图是要充分结合在一起的，这不仅涉及跨不同时间周期、时间窗口是否共振的问题，还涉及操盘的具体策略等问题。毕竟周线图与日线图的时间跨度并不大，一长一短时间周期面对时间窗口的变化，会给我们带来很多启发。需要特别注意的是，日线图上时间窗口的能量远比周线图上的要低，尤其是"神奇数字"相对较小的时候，其起到的转折作用有时候并不会特别突出，在日线图的运用上要着重把握跨波动周期的共振，那样产生的能量往往才更具有转折色彩。总的来说，周线与日线运用时间窗口结合起来去研究市场，思路会更清晰，具体操盘上也就更加胸有成竹了。

◇千万别"走火入魔"

由于时间窗口带来的神奇效果，很多人可能会为此痴迷，妄想依靠"神奇数字"来解决市场中的所有问题，把握好所有机会。说真的，那是不可能的。时间窗口有其神奇的一面，但也没有达到神话的层次，我们学习它，只是为了让我们在把握具体的市场脉络时成功的概率大一点而已。前面图中也谈到，日线图上由于波动会显得比较复杂，时间窗口的运用会更趋于频繁，所以务必做到有的放矢，毕竟时间窗口在日线图上的能量有限，很多时候未必能够发挥出其应有的价值来。另外，如果过于痴迷时间窗口的话，就会进入一个技术为王的死胡同里，最终难以自拔。我们的盈利系统是基本面与技术面充分结合的系统，只认其中一面，在我看来是不可取的。在技术上，我曾经"走火入魔"过，结果就是陷入死胡同里，只有跳出来，把基本面与技术面充分结合起来，那才是一片广阔的蓝天，这是我的个人体会。

总的来说，上面 3 点是我们在研究大盘的过程中需要注意的，不复杂，但要真正做好也不容易。对时间窗口别迷信，但也别忽视：这是一把相当具有杀伤力的剑。

在具体运用时间窗口的过程中，有些细节也是要特别留意的，比如"神奇数字"计算的起点如何把握，时间窗口的位移如何理解。在具体操作中，很多细节问题都会涉及，这些都是非常实在的问题，在此不妨分别解答。

第一，"神奇数字"计算的"起点"如何把握？

计算的起点简单来说就是阶段性的高低点，每一个高低点都可以作为"神奇数字"计算的起点。只不过越是关键的高低点，其作用就越大，带来的能量也会越大。因此，在大的上涨或下跌阶段中，我们需要选择一个主要的计算起点。

在大的上涨阶段中，最低点就是最主要的计算起点，其余相对低点则是次要计算起点，如果要计算不同波动周期共振的话，请务必记住，在大的上涨阶段中，起点都必须是低点，这样方向才一致。相反，如果是在大下跌阶段中，起点则必须都是高点，这样方向也才一致。所以，"神奇数字"计算的起点在没有任何方向性的前提下，一般就是高低点。

不过，如果是在有方向性的前提下，那么，方向向上则选择低点作为起点，方向向下则选择高点作为起点，毕竟时间窗口的作用就是给予转折的启迪，起点的选择跟当下波动过程中的方向必须相反。

第二，时间窗口的位移如何理解？

时间窗口的位移是很常见的现象，为何如此？本质上就是有外力导致的结果。很简单，比如预计第 21 天发生转折，但在第 20 天的时候市场突然有个重大利好或利空出台，这重大的突然性事件就构成了外力因素，最终结果往往就是提前一天发生转折。

另外，位移也跟市场内在的能量波动有关，比如，市场极度低迷，在进行到第 21 天的时候，市场也没有太大反应，此时，并非真的没有反应，而是位移可能会推迟一天发生。市场内在的能量较弱，有时就会导致向后位移；相反，如果市场内在的能量较强，很多人都预期第 21 天会发生转折而采取了提前行动，最终的结果往往是位移到第 20 天就发生转折。

时间窗口"间隔"的奥秘

在时间窗口中运用"神奇数字"的过程中，3，5，8，13，21，34，55，89 等都是被用得很频繁的，很多人也懂得如何去运用这些"神奇数字"。本部分只是再深一层探讨，"神奇数字"间隔的数字，或者说具体点，"神奇数字"之间"间隔"的非转折点还有价值吗？又该如何去面对呢？这就未必有很多人能够很好地答出来了。这也正是在此要特别谈到的——时间窗口"间隔"的奥秘问题。请看以下分析。

◇大转折背景，"间隔"过程将延续前面趋势的波动

市场的波动有主要趋势与次要趋势之分，主要趋势其实就是指大的方向（这里的大方向并非特指那些时间跨度好几个月的周期，只要有两周以上构成比较完整的时间窗口即算），次要趋势则是指大方向背景下的阶段性小方向。

很多时候，时间周期开启后给我们展示的都是大方向背景下的阶段性小方向的转折而已，真正的大转折、彻底改变大方向的时间窗口，其所需要的能量是相当巨大的，非一般时间窗口能达到该效果。

所以，我们在面对时间窗口的具体波动过程中，就要区分大方向与小方向。在具体实战中，我们可以这样去把握"神奇数字"之间的"间隔"，比如该品种已经处于一个较大的阶段性向下波动的过程中，虽然时间窗口的开启提供了短期转折的机会，但这转折过后，将依然延续其原来的方向。

因此，具体而言，"5"可能带来转折波动，但"6""7"则出现延续的波动，到"8"再转折，依此类推，直到最后一个大方向时间窗口的转折出现。对于实战来说，在延续波动的过程中，我们可以防范"回避的风险"及把握"保险的机会"。

◇"确认"环节不容忽视，有时候赢就靠这一步

"回避的风险"在这里特指下跌阶段，时间窗口之间的"间隔"波动成为需要回避的风险。

"保险的机会"在这里特指上涨阶段，时间窗口之间的"间隔"波动成为相对保险的机会。

上面谈到的时间窗口的"间隔"是在一般理想情况下出现的状况，如果涉及"位移"则一切都将随之改变。所以，对时间窗口的"间隔"带来的风险与机会就需要进一步剖析。此时，我们就要引入"确认"的环节。

具体而言，就是当时间窗口的转折已经发生后，紧接着的那根交

易K线应作为"确认"K线。如果其延续原来的方向，那么，接下来的"间隔"波动则可以确信无疑；否则，没有"确认"环节，市场随时有可能出现意外波动，从而最终没能达到预期的结果。这个"确认"环节会耗费一个交易K线，在间隔较长的时间窗口之间，数量还有可能递增几个，但不管如何，这"确认"的环节是会压缩在"间隔"过程可供操作的时间的。只是，我认为，这样做是非常值得的，多个"确认"其实就是多个"保险"，在具体实战博弈过程中，有时候赢就是靠这多出来的一步。

只要我们"确认"好了，在具体实战过程中，如"13"到"21"的间隔过程，多一个"14"的确认过程没什么损失，但可以赢得更踏实，更稳健。

◇利用时间窗口的"间隔"价值把握"逼空"机会或回避"逼多"风险

时间窗口的"间隔"价值，最大体现在"逼空"或"逼多"的过程中。

试想一下，当一只品种已经反复震荡上扬了13个交易日后，第14个交易日上涨趋势得到确认后，剩下到"21"的过程如果该品种疯狂暴涨的话，我们就不会过早出手抛售了，至少会等到第20个交易日（位移一天）才考虑，而不会匆忙地在第17或18天就抛售。

如果在14个交易日前资金还没介入的话，那么，面对持续暴涨的局面，比如第15或16甚至17或18天，都应敢于追涨，去把握那看上去危险，但实际相对安全的机会。反过来，如果一只品种或一个市场出现阶段性"逼多"行情的话，原理就跟上面的反过来了。所以，我们可以发现，为什么会"强者恒强""弱者恒弱"，其实，有时候时间窗口的"间隔"在其中发挥了相当重要的作用。

时间窗口"间隔"的奥秘就是上面3点，你说复杂吗？其实不复杂，就是"延续""确认"，结合"逼空"与"逼多"而已。你说简单吗？如果不好好理解，还真是未必就能一下子明白过来。总的来说，我认为时间窗口"间隔"的奥秘值得好好品味。

时间窗口的非凡意义

对于"神奇数字"，稍微懂点技术分析的人都知道，但要很好地运用之，却并非一日之功，这是一门看似简单实则奥秘无穷的武功，就好像武侠小说中常谈到的"无招胜有招"一样，只是要达到那种境界就必须有个反复修炼的过程。面对市场，在研究思路上有个原则：大盘第一，个股第二。这是一直以来都会谈到的原则，在这里也不例外。

当然，在实战过程中，我们并不能否认市场进入大转折阶段中依然有一些走出独立行情的品种，这也是市场避险资金的一种需要，很正常。只是我们要客观面对这样的一种矛盾，毕竟独立的仅仅是少数而已，我们身在其中要抓大概率事件的机会，少数机会除非特别有把握才可为之，否则，更多的都是欣赏而已。我们谈到过避险资金在大转折期间的具体思路，既然学了时间窗口，你是否发现，部分个股在大转折阶段要走出独立行情的话，又多了一个技术上的"确认"工具？

学习，其实就是从部分学习到最后综合融会贯通的过程。就好像做股票一样，要有单兵作战的能力，更要有把握综合战役的本领，才能成为常胜将军，而不仅仅是一个高级散户。

大盘是个高级的综合体，众多个股虽然单一，但不可或缺，每一个关键个股就是大盘的关键组成部分，当大多数关键个股的转折都发生在一个特定时期的话，市场的转折也就随之发生了。

因此，我们研究市场的转折，其实就是研究那些关键个股的转折。关键个股的转折一旦发生群体现象，市场也就随之发生微妙的变化，从而影响到更多的个股，最终全面传导出去。当然，此时也有一些顽强抵抗者，这其实就是多空双方能量的抗衡，市场总是有多方才有空方，失去任何一方都会少很多精彩，只有双方充分博弈，市场的精彩才能够不断上演。

时间窗口有时候就如冲锋号一样，一旦开启，博弈就将进入白热化或阶段性高潮，很有意思。

总之，没有时间窗口的神奇，真不知道这市场的魅力该如何保持下去。这世界也是如此，只有不断上演令人惊讶的变化（转折），人类才会不断发展与进步，人类的所有付出才有意义。

操
盘
手
记

偶态？常态？

当你对资本市场的直觉成为现实，欣喜过后，你是否思考过，这样的直觉预感是"常态"还是"偶态"？这样的预感又是从何而来的？

假如你回答是"常态"，那么恭喜你，因为这足以说明你内在功力较强，肚子里有相当的料。只是你若不把潜在的能量充分展示出来，未免遗憾。

如果你回答是"偶态"，那没什么好骄傲的，但依然值得欣喜。不过，这说明你内在功力尚有不足，在资本市场上还没达到相当火候，仍有很大的提升空间。此时，你要思考的是，如何让自己的内在更好地提升上来，最终把"偶态"变成"常态"。

资本市场自身盈利系统的建立，其实就是一个从"偶态"转变为"常态"的过程，如若能让盈利在系统下变为"常态"，这就说明自己已站在"市场之巅"了。

市场很无常，只是无常的背后还有潜在的规律可循，让盈利成为

"常态"的人其实就是懂得找到这些潜在规律的人。别小看市场，但也别恐惧市场，抱着敬畏与热爱的心面对之，好好修炼，坚定信心，总有一天量变会促成质变。

有时候走在街上，你会发现，忙碌的人群之中，总有那么几个让人印象深刻的，那些是少数人，却为这忙碌的人群带来风景，这就犹如资本市场一样，总有少数人会成为印象深刻之人（这里的印象深刻特指懂得把握"常态"之人）。大部分人可能都是"偶态"，也许有亮点让人印象深刻，最终却是昙花一现，不能持久。

在忙碌的过程中，你有没有想过，自己属于哪种状态的人，如果向往"常态"，而目前又没有达到那种状态的话，那么，是否该考虑停下忙碌的脚步，好好思考一下，好好为自己提升一下，换种脚步，让自己的未来变成"常态"？

不管如何，"停下来思考"是促成变化的关键所在。你停下来思考过吗？

我的放松方式

没有思路的时候，无所事事的时候，我会一个劲地想啊想，就想找点事情干。最终真被我想出来还好，如果想不出来，释放情绪的方式就变成孩子式的了。

那就是去疯狂看动漫，看已经看过但仍想看的动漫，比如《火影忍者》；也看电影，但必须是放松或开拓思维的，比如周星驰的电影或美国的科幻连续剧等。

挺简单吧！不过还真有效，情绪很快就会得到释放与平复，慢慢地，人又回到不错的状态中来了。

人都有混沌的时候，只是怎么去处理这种混沌，就真的是"仁者见仁，智者见智"了。我所做的，就是离开自己的职业，又不能太过远离，最好从放松中还能有额外收获。看喜欢的动漫或电影等，无疑就是一个不错的选择。

有些人喜欢抽烟，或者喝酒；有些人喜欢飙车，或者唱K……对我来说，那都是没有效果的。人必须找到真正属于自己的思想放松方式才行。

我不是激进的人，因此我选择的方式都比较平和。性格决定命运，关键是找到对的路径。

有时候，听着音乐，时间慢慢地流逝，蓦然惊觉，其实自己已经再次恢复属于自己的状态了。

那么，我们也就到了再次扬帆起航的时候了。

透过 F10

股东研究

何谓股东研究？其实说白了，股东研究就是对手持大量筹码的主力进行研究。

首先，我们要明白主力是什么，以及它存在的表现形式。

每个股票都有所谓的主力，什么是主力？有人说是庄家，有人说是大机构，更有人说是大资金，不一而足，但有一点是大家都比较清楚的，那就是主力是能够影响到市场波动的力量。而在我看来，主力其实就是能够影响到市场波动的力量的集合。具体到个股上来，主力存在的表现形式往往就是那些大机构、超级大户等。

别小看股东研究，主力运作的蛛丝马迹及思路你都可以从中寻找到，让你更容易把握住属于自己的机会。

在 F10 里，股东研究这一栏就是具体研究主力存在的表现形式之动向，研究的目的是更好地感知主力的意图，从而更好地把握具体的机会，做到心中有数，成竹在胸。

在股东研究中，你可以看到季报、半年报及年报里面关于股东的最新变动情况，当然，这里具有一定的滞后性，记住，季报一般不迟于 1 个月就可知晓具体信息；半年报一般不迟于 2 个月；年报则一般不迟于 4 个月。

针对不同的公布信息，结合当时的具体市场状态，你同样可以揣摩到主力的一些意图，千万别以为信息滞后就没有什么意义。你要知道，对于主力资金而言，一个波段的周期往往都不会短于半年，因此，很多信息其实是具有相当大的参考意义的，就看你会不会具体问题具体分析了。如图 2-48 所示。

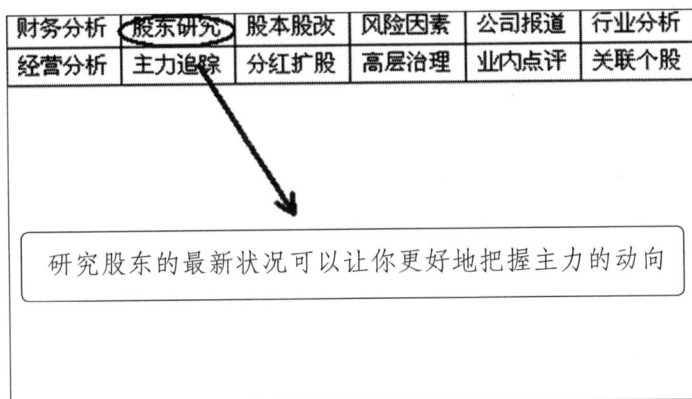

财务分析	股东研究	股本股改	风险因素	公司报道	行业分析
经营分析	主力追踪	分红扩股	高层治理	业内点评	关联个股

研究股东的最新状况可以让你更好地把握主力的动向

图 2-48　股东研究分析图

在股东研究中感受主力

所谓的主力，其存在的形式更多的是一个"集体"，而不是个体，孤军奋战是异常艰苦的，而集体作战就相对容易很多。

所以，你会发现，一家上市公司，如果有很多的机构或大户看好并参与，至少会有一些阶段性行情。相反，那些缺乏机构或者大户关注的品种，波动则会明显低迷得多。

不过话又说回来，也并非机构或大户参与的资金越多越好，物极必反，很多时候如果没有形成一定的合理结构，在各自的波动过程中，各自的步伐会有很大的冲突，甚至可能导致自相残杀的局面，最终行情发展得难以满足期待，反倒可能导致投资无疾而终。

对在资本市场进行博弈的投资者来说，关注主力的构成是很重要的事情，上市公司目前的主力构成是否合理，自己怎样采取跟随策略或者主动出击策略，这都是我们需要重点思考的。当然，最为关键的还是上市公司的基本面。只要基本面能够支撑公司"本身价值"，那么大可不管一切，潜伏进去耐心等待上涨便是。反过来，要是基本面并无实质性的支撑，这时如出现主力扎堆的现象，那么我们就要抱着谨慎的态度。有些公司虽然基本面没有支撑，但因题材较多，可吸引主力资金入场，那么也不排除其有阶段性亮眼的行情。但在我看来，类似这样的公司本身价值没有太大变化，其交易价值上涨越快，我们越要采取欣赏的策略，而不是贸然跟进。比如，某些创业板或ST上市公司的，基本面根本就无从谈起，公司1年的盈利不过几百元或干脆直接是亏损，其赚钱效应还不如某些民营企业。但是当它们和市场上某些虚构的题材沾上边之后，甚至还可能被美其名曰为成长性公司。对这些类似空中楼阁的品种，我们最好还是采取好好欣赏的策略。

这一节，我们将具体分析如何通过 F10 中的股东研究来判断主力逃顶的几点思路。

根据股东研究这栏，到底可以从哪几个方面来研判呢？

首先必须注意 3 点：股东总户数、新进与减持相对比、流通 A 股占百分比。

其次是对比"新进"与"减持"。所谓新进是新进来的主力。其实说白了，它就是在最新报表中刚刚露脸的机构或大户，这可以告诉你这些资金都是上一期最新报表期间介入进来的。我们重点是透过 F10 中的股东研究研判主力出逃思路，那为什么要关注"新进"？其实，通过研究"新进"，我们可以大致揣摩它们介入的成本，结合股价上涨的幅度，从而判断它们是否有可能在获利逃亡的价位阶段。面对主力减持，尤其是流通股东的重要股东减持，也就是在最新报表中公布的机构或者大户抛售大量的筹码，我们可以透过这个"减持"信号，揣测它们的意图。无论是什么意图，有一点我们可以确定的是，主力对其后市上涨的空间并不看好。大家都知道，虽然我们不能迷信市场，但是机构与大户无论是信息渠道还是研发实力都是不容我们轻视的，因此，很多时候，一只品种大规模往下跌前的征兆就是从其中主力机构或大户大规模地"减持"开始的。

最后是研究流通 A 股占比。也就是十大流通股东占据其流通盘的比重，这可以让你清楚地知道前十大流通股东的分量有多重。一般来说，要想感知主力在其中的运作动作，我们最好就是通过对比报表感知其中主力筹码的动向。如果对比上季度的流通 A 股所占百分比例，发现筹码出现明显的百分比大幅减少，这在某种意义上就给我们发出了一个清晰的信号：筹码有可能出现松动，主力控盘程度不高。请大家记住：大部分筹码在散户手中的品种，未来的上涨空间相对来说有限。

对比报表，可以让你更好地感知主力思维。如图 2-49 所示，从哈飞股份（自 2015 年 1 月 8 日起，该公司股票简称由"哈飞股份"变更为"中直股份"）2010 年第四季度报表及 2010 年第三季度报表的对比来看，2010 年第四季度"股东总户数"减少了，可见筹码在松散；基金与保险机构减持比较明显，随便拿一个来看，都是抛售得非常坚决。流通 A 股的占比明显减少了，这进一步说明筹码松动。图 2-50 中也有所体现。

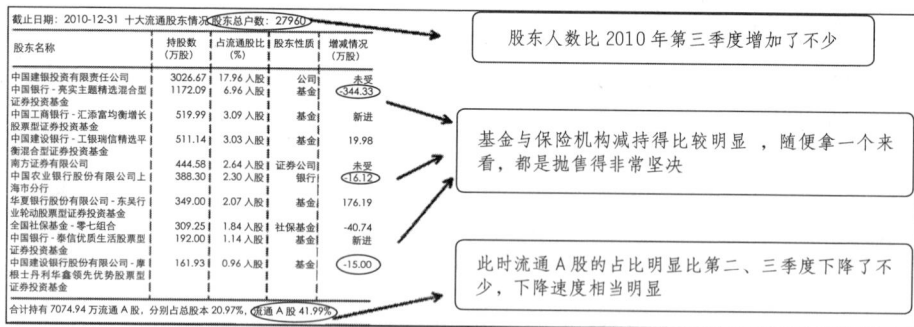

图 2-49　哈飞股份 2010 年第四季度与第三季度对比图

因此，从 2010 年第四季度的资料来看，该股未来的机会是在减少而不是在增加，当然，不排除整个大盘或行业板块出现阶段性调整机会。通过股东研究，再结合二级市场的形态、盘面特征等进行分析，无疑将会给你具体的操作带来支撑。在这里，你能找到更多的上涨或下跌的理由。最为重要的是，你能够从中感受到主力的运作思维，这对你的操作是非常有益的。

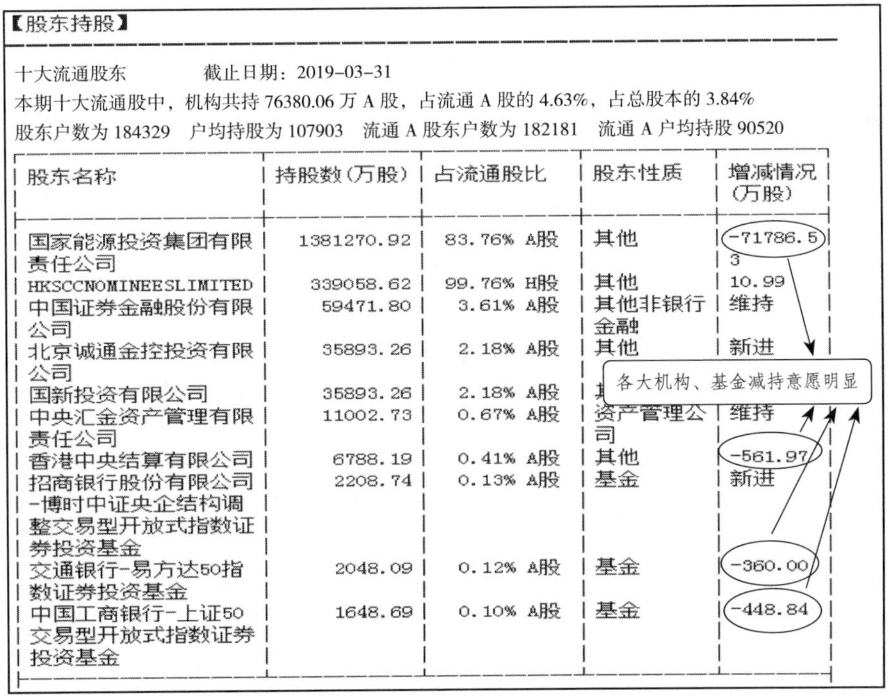

【股东持股】

十大流通股东　　　　截止日期：2019-03-31
本期十大流通股中，机构共持 76380.06 万 A 股，占流通 A 股的 4.63%，占总股本的 3.84%
股东户数为 184329　户均持股为 107903　流通 A 股股东户数为 182181　流通 A 户均持股 90520

股东名称	持股数(万股)	占流通股比	股东性质	增减情况(万股)
国家能源投资集团有限责任公司	1381270.92	83.76% A股	其他	-71786.53
HKSCC NOMINEES LIMITED	339058.62	99.76% H股	其他	10.99
中国证券金融股份有限公司	59471.80	3.61% A股	其他非银行金融	维持
北京诚通金控投资有限公司	35893.26	2.18% A股	其他	新进
国新投资有限公司	35893.26	2.18% A股	其他	
中央汇金资产管理有限责任公司	11002.73	0.67% A股	资产管理公司	维持
香港中央结算有限公司	6788.19	0.41% A股	其他	-561.97
招商银行股份有限公司-博时中证央企结构调整交易型开放式指数证券投资基金	2208.74	0.13% A股	基金	新进
交通银行-易方达50指数证券投资基金	2048.09	0.12% A股	基金	-360.00
中国工商银行-上证50交易型开放式指数证券投资基金	1648.69	0.10% A股	基金	-448.84

各大机构、基金减持意愿明显

图 2-50　中国神华 2019 年第一季度股东人数情况

透过股东研究感知股价波动

进行股东研究必须结合具体波动，才能让你对下一步策略更为清晰

要深入感知主力思维，在分析股东研究的过程中必须结合该股的

具体波动，这样才能做到具体问题具体分析。

而根据股价波动的状况，你也可以清晰地估算出一些"新进"资金的持仓成本；通过"新进"的成本，我们可以更好地把握主力资金的"底线"，这会让我们在日后主力拉升出逃阶段对行情把握得更加透彻。一般情况下，从主力资金的大致成本区域拉升到偏离其成本的一至两倍价格时，就应当要引起我们的警惕了，同时结合整个形态，再结合主力最新动向和一些盘面特征，我们发现的中期方向也将更明确。最重要的是，可以让你对下一步该怎么做，是走还是留更为清晰。

股东研究内容结合市场股价波动的具体研判思路

由于季报的公布时间会有一定的滞后性，很多人担心有机构会打时间差，在季报公布前与季报统计截止——12月31日之间，主力早已经套现出局，到头来才发现我们已经成了最后的接棒者。确实，要具体结合市场股价波动状况来进行研判，其实就是为了更好地判断一些主力的思维，可以更清楚地看清本质而已。

主力追踪

"主力追踪"的分量不轻

既然是"主力追踪"，那么，关于主力动态的很多信息基本都涵括在此。研究股票的波动，很多时候就是研究主力的思维，揣摩它们的动向，所以，你应该很清楚这个环节在整个 F10 体系里分量有多重。研究这里的信息就是为了让你更好地理解主力的思维，从而更好地把握主力的动向。如图 2-51 所示。

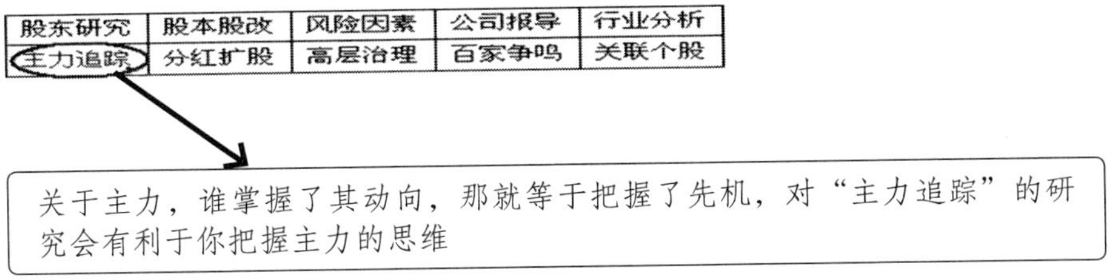

| 股东研究 | 股本股改 | 风险因素 | 公司报导 | 行业分析 |
| 主力追踪 | 分红扩股 | 高层治理 | 百家争鸣 | 关联个股 |

关于主力，谁掌握了其动向，那就等于把握了先机，对"主力追踪"的研究会有利于你把握主力的思维

图 2-51　主力追踪分析

熟悉的一眼带过，找到适合自己并且有价值的信息才是真

这里涉及的面较为广泛，"机构持股汇总""股东户数""持股明细"及"异动上榜"共四个小项目，不一定要面面俱到。对一些已经了解和自己较为熟悉的信息，可以采取一眼带过的方式，记住，研究并把握好 F10，很重要的一点就是看你能否找到适合自己并且有价值的信息。详细分析见图 2-52。

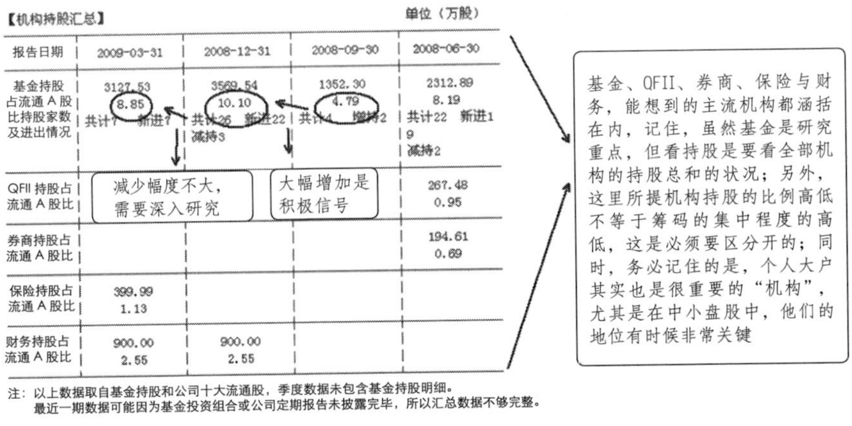

【机构持股汇总】				单位（万股）
报告日期	2009-03-31	2008-12-31	2008-09-30	2008-06-30
基金持股占流通A股比例及进出股家数及进出情况	3137.53　8.85　共计7　进7	3569.54　10.10　共计26　新进22　减持3	1352.30　4.79　共计4　增2	2312.89　8.19　共计22　新进19　减持2
QFII持股占流通A股比	减少幅度不大，需要深入研究	大幅增加是积极信号		267.48　0.95
券商持股占流通A股比				194.61　0.69
保险持股占流通A股比	399.99　1.13			
财务持股占流通A股比	900.00　2.55	900.00　2.55		

基金、QFII、券商、保险与财务，能想到的主流机构都涵括在内，记住，虽然基金是研究重点，但看持股是要看全部机构的持股总和的状况；另外，这里所提机构持股的比例高低不等于筹码的集中程度的高低，这是必须要区分开的；同时，务必记住的是，个人大户其实也是很重要的"机构"，尤其是在中小盘股中，他们的地位有时候非常关键

注：以上数据取自基金持股和公司十大流通股，季度数据未包含基金持股明细。
　　最近一期数据可能因为基金投资组合或公司定期报告未披露完毕，所以汇总数据不够完整。

图 2-52　机构持股汇总表分析

没有"一刀切"的分析方法，只有具体问题具体分析

仅仅是研究这里的信息，显然很难知道主力思维的全貌，必须跟具体的波动形态结合起来，具体问题具体分析，不存在"一刀切"的分析方法，这是作为操盘手必须清楚的一点。

市场博弈是非常激烈的，在这里，你不仅能够感受到一些主力的操盘手法，更能感觉到主力之间博弈的激烈。我们必须明白的是，最终赢家只有一个，或者是多方，或者是空方，你必须通过这里的信息与形态的结合来感知最终的赢家会倾向于哪一方，从而先人一步地把握市场的机会或回避市场的风险。

"主流机构汇总"分析需理性

在我们进行投资，对主力进行追踪之时，如果能够踏准主力节奏，那么所得到的收益将是十分喜人的，但是请记住：相反，一旦我们踏空，一不小心就会损失巨大。

"主流机构汇总"有很大参考价值，但千万别迷信

在"主流机构汇总"里，基金是一个最重要的角色，但不是绝对的唯一，其他机构的能量也是不可或缺的，一只品种能够走牛，基金并非唯一决定力量。所谓的机构基本上都是公募机构，很多私募包括个人大户（类机构）等并没有包含进去，这更多的是对主流机构的一种汇总解读，有很大的参考价值，但千万别迷信。

对"主流机构汇总"参考价值的具体把握方法

从图2-53中，我们可以很清楚地知道基金在江西铜业的持股比

例变动情况，基金从 2008 年第三季度的不到 5%，到 2008 年年底一下子突破 10% 的比例，增长幅度异常惊人，这样的状况能不爆发一波行情吗？答案显然是肯定的。

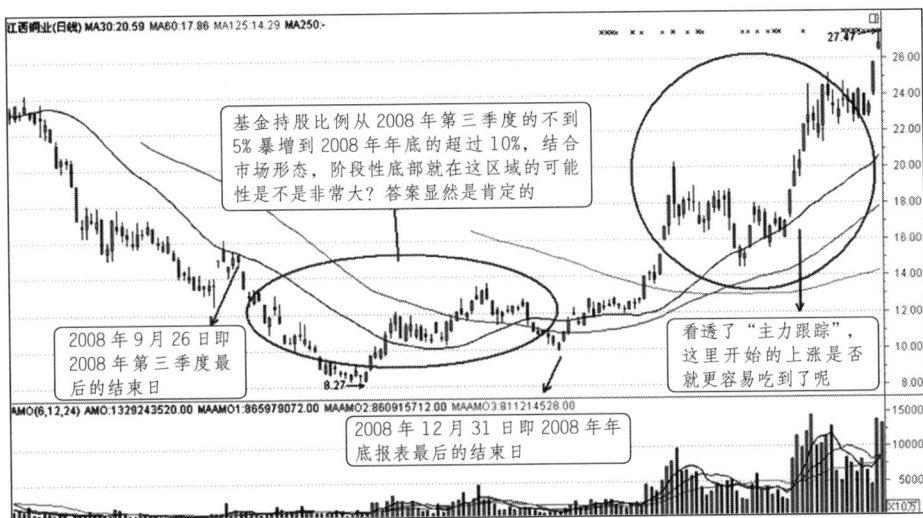

图 2-53　江西铜业 2008 年日线走势图

【学习延伸】

从图 2-54 白云机场的日 K 线图来看，整个过程并没有特别异常的动作，和其他个股差不多。初期的小阴小阳攀升，之后的中大阳并伴随涨停的上攻态势，尤其是初期的小阴小阳攀升的走势很容易使人忽略，但现在来看，相反呈现出了一种极其强势的格局。投资者稍微不细心，都很有可能会与这种长期的巨大涨幅失之交臂。

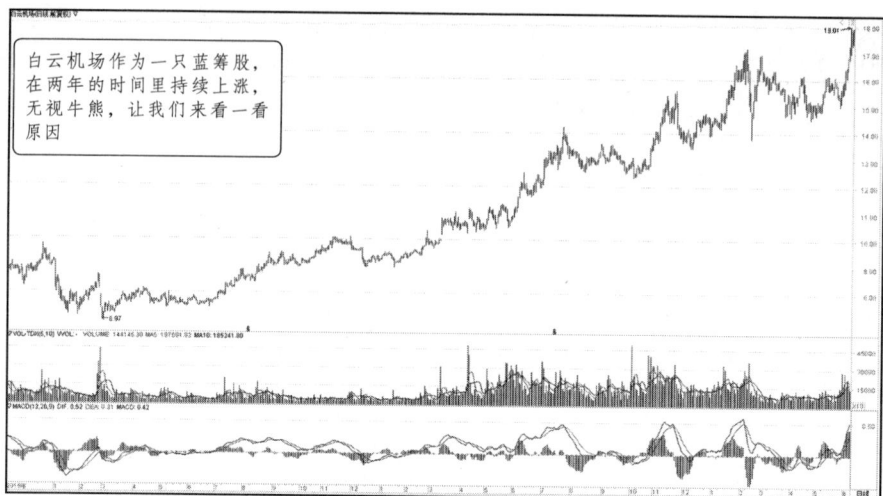

白云机场作为一只蓝筹股，在两年的时间里持续上涨，无视牛熊，让我们来看一看原因

图 2-54　白云机场 2015 年 12 月至 2018 年 6 月日线走势图

透过这里，我们更要清楚的是，如果市场一直在下跌，我们要判断具体什么时候才是真正的阶段性底部，除了其他分析手段之外，还可以从机构的最新动向去揣摩。至少，有了这个信息，我们在判断阶段性底部的过程中会更加胸有成竹。同时，我们要举一反三，在判断顶部的过程中，这里的数据倒过来看就可以了。

另外，这里要特别强调的是，如果在基金环节看不出太大端倪，我们就必须放大去看，也就是综合所有机构持股状况来对比。如图 2-55 所示，当 2008 年年底与 2009 年第一季度对比，江西铜业基金减少幅度不大时，把下面的机构数据都加起来看，就清楚其实 2009 年第一季度增加了 1.13% 的保险资金占比，实际上机构汇总的比例依然是非常接近的，这不能说明太多的问题，相反，仍可能蕴含相当的机会。这就是在此环节也必须把握的"综合汇总判断"方法。图 2-56 也可按此方法来读取信息。

截止日期	股东户数	户均持股	较上期变化	筹码集中度
2009-03-31	135678	12830	无明显变化	非常集中
2008-12-31	143688	12114	无明显变化	非常集中
2008-09-30	139467	11974	无明显变化	非常集中
2008-06-30	144390	11565	无明显变化	非常集中
2008-03-31	140115	11918	无明显变化	非常集中
2007-12-31	132911	12564	趋向分散	非常集中
2007-09-30	86136	19387	趋向集中	非常集中

筹码集中度有提高（标注于2008-12-31与2009-03-31的户均持股处）

大幅下降验证历史（标注于2007-12-31的户均持股处）

> 这里的数据其实在股东研究里已经能够知晓，所以如果已经心中有数的话，那这是可以一眼带过的地方；
> 不过，这里有个不一样的好处，那就是能够追溯到的历史时间比较长，更有利于验证一些过去的历史及做出对比；
> 筹码集中度很关键，这里将更容易让你知晓更深层次的信息，毕竟，有时候机构的持股数据的好坏未必就等于筹码集中度的好坏，你要知道，市场中除了一般意义的机构之外，还有更多潜伏的"机构"，如个人大户等

图 2-55　江西铜业股东持股比例分析图

【股东户数】

股东人数越少，户均持股越多，则代表筹码越集中，主力正在收集筹码

截止日期	股东人数	户均持股（股）	较上期变化	筹码集中度
2019-03-31	44588	46410	趋向集中	非常集中
2018-12-31	49306	41969	无明显变化	较集中
2018-09-30	46001	44984	无明显变化	较集中
2018-06-30	47496	43568	无明显变化	较集中
2018-03-31	45620	45360	趋向集中	非常集中
2017-12-31	55809	37079	趋向分散	较集中
2017-09-30	51871	39894	趋向分散	较集中
2017-06-30	43919	32494	趋向分散	非常集中
2017-03-31	32407	35684	无明显变化	非常集中
2016-12-31	32987	34864	无明显变化	非常集中
2016-09-30	33752	34073	无明显变化	非常集中
2016-06-30	38689	29724	无明显变化	非常集中
2016-03-31	39558	29071	无明显变化	非常集中
2015-12-31	39982	28763	无明显变化	非常集中
2015-09-30	41524	27695	趋向集中	非常集中
2015-06-30	47346	24289	趋向集中	较集中
2015-03-31	52791	21784	无明显变化	较集中
2015-03-24	52656	21840	趋向集中	较集中
2014-12-31	59297	19394	无明显变化	较分散
2014-09-30	56163	20476	趋向集中	较集中

股价持续上涨期间（左侧标注）

集中度明显提高（右侧标注）

图 2-56　白云机场股东持股比例分析图

千万别迷信"主流机构汇总"

要知道，其实市场存在着不少非主流机构重点品种但一样能走强

的个股，这是什么力量造成的呢？不就是私募或个人大户所造就的吗？所以，千万别片面认为主力就是上面所汇总的，潜伏的主力的力量其实并不弱，只是无法从这里汇总获悉而已。

因此，我们要辩证地看待这个小环节，如果有具体数据，而且充分，那么，可以利用之；如果没有，机构参与程度很低，也别太小看之，武断地下结论，我们应从更多的角度去解读、判断。这样才能最终形成一个比较正确的结论。

"股东户数"更能反映主力的运作动态

当"主流机构汇总"不能让你很容易地对主力的思路做出明确的判断时，或者是你想要更多确定的数据来支撑的时候，此时，不妨把眼光放到"股东户数"这里。

"股东户数"趋于分散或集中是更能反映主力等的运作动态的。道理不复杂，不管是主流机构还是非主流机构，只要你看好并想收集更多的筹码，那就必然会造成市场流通筹码趋于集中的状况；相反，则是趋于分散的状况，因此这是非常真实且有杀伤力的数据指标。

作为操盘手，看待"股东户数"的变动比看待"机构持股汇总"更要慎重，千万别被"机构持股汇总"迷惑，毕竟有些品种基本上是没有什么主流机构参与但筹码又相对趋于集中的，有时候这样的品种爆发性的可能更大。

观察对比图，学会从蛛丝马迹中感知主力的思路

在图 2-55 中，"股东户数"和"户均持股"数据里，我们很容易就可以发现，相比 2008 年年底，江西铜业 2009 年第一季度的筹码集

中趋势有所抬高。这样一分析，刚才因基金减少持仓但总的持仓汇总差不多带来的困惑就迎刃而解了。很显然，主力资金虽然有调整，但筹码呈现进一步集中的趋势，这充分说明主力资金的运作思路保持了较为激进的策略，没有退缩，反而有所进攻，其志显然不仅仅在此，而是在于更长远的目标。这样的思路从这里就可以感知到一些了。

这无疑会给自己判断江西铜业未来的进一步波动状况带来非常大的积极意义。可以说，来到这里，思路就变得更为清晰，至少可以感知到坚定做多的思路暂时比较可靠。

作为操盘手，如果你能从一些蛛丝马迹中感知到主力具体的运作思路，那么你离成功就不是特别远了。

追溯历史，可以让我们更好地研究过去

这里的不少数据其实在股东研究中就有所体现，如果有人已经在股东研究中对这些数据了然于胸的话，那么，这里是完全可以忽略的一部分。毕竟，我们把握好 F10 就是要找到适合自己且有价值的信息，而不是盲目地什么都去找，那样最终会让我们感到很混乱，思路务必清晰。

这里有个好处，就是能够追溯的历史比较长，从图 2-57 至图 2-62 我们可以略见一二。比如 2007 年第四季度 6000 多点见顶那段历史，针对当时江西铜业的"户均持股"，把 2007 年第三季度到 2007 年年底的数据一对比，你会发现，"户均持股"一下从 19387 下降到 12564，那绝对是暴跌的状况，验证了历史，但也告诉我们，那时如果能够看清这些数据，对中期绵绵下跌的判断就会更了然于胸了。

【机构持股明细】
截止日期：2009-03-31

股东名称	持股数(万股)	占流通股比(%)	股东性质	增减情况(万股)
三江航天集团财务有限责任公司	900.00	3.85	财务公司	未变
中国太平洋人寿保险股份有限公司 - 普通保险产品	300.99	1.13	保险公司	新进
博时价值增长证券投资基金	679.97	1.92	基金	新进
泰达商银市值优选股票型证券投资基金	650.00	1.84	基金	新进
泰达商银效率优选混合型证券投资基金	499.99	1.42	基金	新进
博时新兴成长股票型证券投资基金	499.99	1.42	基金	新进
泰达商银行业精选证券投资基金	389.66	1.10	基金	新进
博时价值增长贰号证券投资基金	337.92	0.96	基金	新进
泰达商银价值优化型周期类行业证券投资基金	70.00	0.20	基金	新进

> 发现没有，十大流通股东基金看似挺多，其实就是两大系（博时系跟泰达系）的不同基金产品

> 机构过多不好，过少也不好，但同一个系列下的产品不少都参与进来，这种联合作战，抱团取暖的方式，在短期内是更容易形成一致性行情的，机构太杂则容易导致冲突，有时候反而不利于行情的深入发展

图 2-57　机构持股明细表分析

【机构进出】

截止日期	前十大流通股东中机构持有公司股票说明
2019-03-31	QFII（1家）；基金（52家）；社保基金（3家）
2018-12-31	基金（161家）；QFII（1家）；社保基金（3家）
2018-09-30	QFII（1家）；基金（20家）；券商（1家）；社保基金（2家）
2018-06-30	基金（148家）；QFII（2家）；券商（1家）；社保基金（1家）
2018-03-31	基金（25家）；QFII（2家）；券商（1家）；社保基金（1家）

> 不难发现，在最后的上涨期间选择进场的基金数量明显增多

图 2-58　白云机场机构持股明细表分析

【2009-06-24】6 月 24 日日涨幅偏离值达到 7%
涨跌幅 %：8.99 成交量（万股）：3051.47 成交金额（万元）：96148.20
买入金额最大的前 5 名：

有对比才有发现

营业部名称	买入金额(元)	卖出金额(元)
东吴证券有限责任公司杭州文晖路证券营业部	123387088.14	
申银万国证券股份有限公司深圳金田路证券营业部	54799999.78	
招商证券股份有限公司深圳南山南油大道证券营业部	54145427.86	
国泰君安证券股份有限公司深圳益田路证券营业部	53468963.98	
申银万国证券股份有限公司湖北武汉中山路营业部	42424851.62	

著名的实力机构营业部，很多短线牛股都是其手笔

买盘上榜的最低额度上了 4000 万元，第一位更是达到上亿元

卖出金额最大的前 5 名

营业部名称	买入金额(元)	卖出金额(元)
招商证券股份有限公司广州天河北路证券营业部		15719996.68
申银万国证券股份有限公司上海新昌路营业部机构专用		13467461.02
		12960000.12
国信证券股份有限公司深圳泰然九路证券营业部		8972459.88
国泰君安证券股份有限公司台州临海证券营业部		8847983.12

机构专用，说明有机构抛售

卖盘的机构盘才 1000 多万元而已，第一位卖出上榜的额度也才 1500 多万元而已

图 2-59 异动上榜对比图

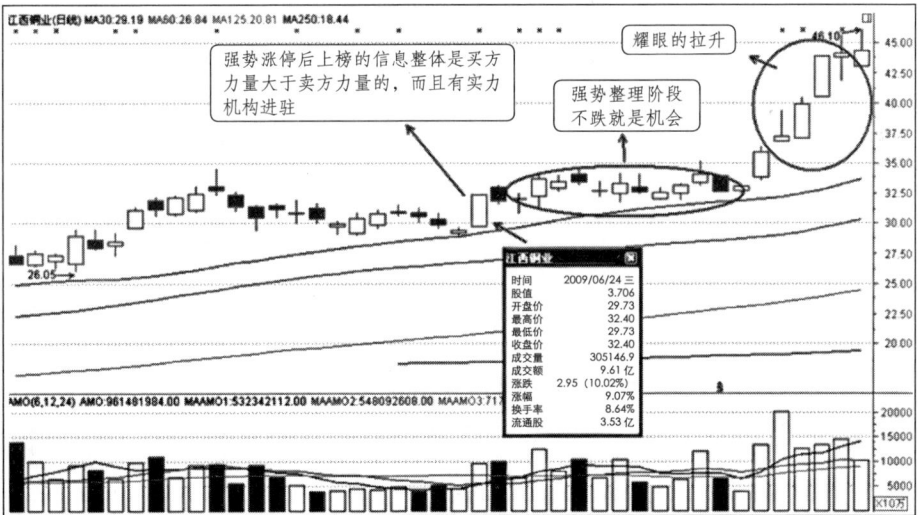

强势涨停后上榜的信息整体是买方力量大于卖方力量的，而且有实力机构进驻

强势整理阶段不跌就是机会

耀眼的拉升

江西铜业	
时间	2009/06/24 三
股值	3.706
开盘价	29.73
最高价	32.40
最低价	29.73
收盘价	32.40
成交量	305146.9
成交额	9.61 亿
涨跌	2.95 (10.02%)
涨幅	9.07%
换手率	8.64%
流通股	3.53 亿

图 2-60 江西铜业日线走势图

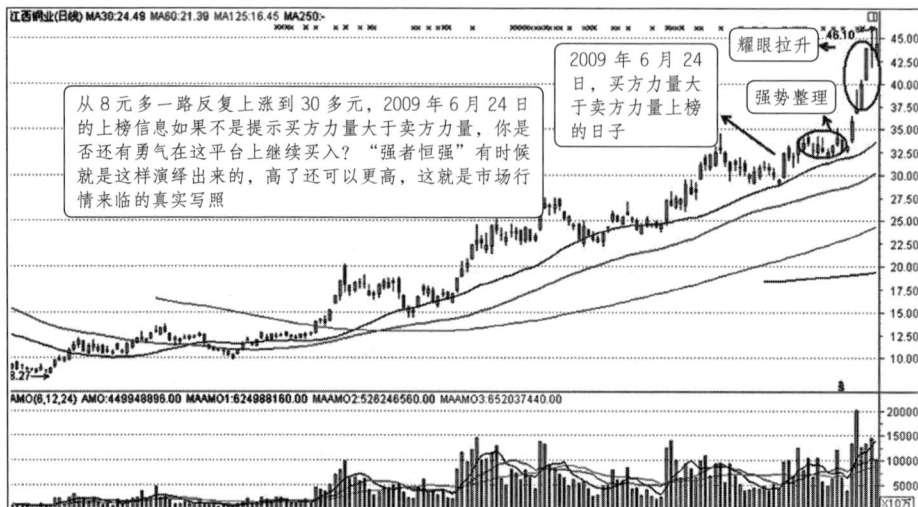

图 2-61　江西铜业上涨走势图

从 8 元多一路反复上涨到 30 多元，2009 年 6 月 24 日的上榜信息如果不是提示买方力量大于卖方力量，你是否还有勇气在这平台上继续买入？"强者恒强"有时候就是这样演绎出来的，高了还可以更高，这就是市场行情来临的真实写照

2009 年 6 月 24 日，买方力量大于卖方力量上榜的日子

耀眼拉升

强势整理

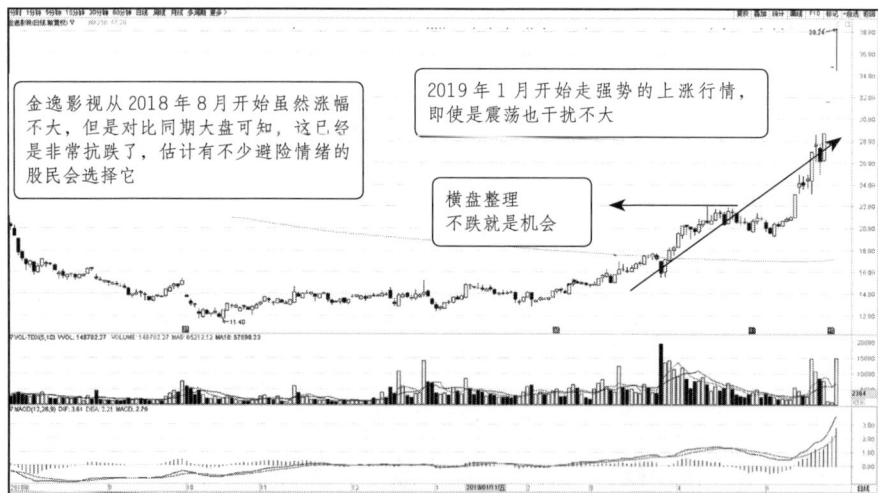

图 2-62　金逸影视上涨走势图

金逸影视从 2018 年 8 月开始虽然涨幅不大，但是对比同期大盘可知，这已经是非常抗跌了，估计有不少避险情绪的股民会选择它

2019 年 1 月开始走强势的上涨行情，即使是震荡也干扰不大

横盘整理
不跌就是机会

总之，这些给我们提供了几点宝贵的启迪。

◇用"物极必反"的眼光去看待主力

在一只个股里，如果主力太多，大家步调不一致，很多时候波动就会显得很反复很僵持，最终必须有主力主动退出，才能变得顺畅起来。任何事物都是要从两方面去看待的，对待主力品种也是如此，物极必反，这是验证了的真理，切记。

◇两个"学会"：学会总结机构的派系与学会感知机构的气势

"机构持股明细"里的信息，其实我们在很多地方都可以看到，如果你已经了然于胸，一目带过就是。这里需要特别注意的是，在研究这些机构的过程中，你要懂得总结。基金虽然很多，但其实很多基金品种都隶属于一个体系，虽然产品不同，但步伐往往都较为一致，至少利益上互相之间不存在什么冲突，都是自己人，肯定不会自相残杀。因此，当你归纳一下，你会发现那么多基金仅仅是两个"系"里的基金品种，说白了，是这两大"系"把持了相当的筹码，这至少说明机构不是太杂，而是比较少而精，而且这两大"系"都派各自产品的重兵进驻，从气势上难道你会看不出其志在必得的姿态吗？作为操盘手，透过具体机构股东的持股状况，你要学会感知到其中的气势，这将有利于你在具体的操盘过程中的果断决策。

◇来者不善，透过机构性格去看未来运作

基金中能够成"系"的机构，都是大机构，大机构敢于派重兵进驻，善者不来，来者不善，这句话是需要好好体会的。

所以，一旦发现有大机构进驻，你除了要感知到其气势之外，同时也要去研究其大本营，确认其到底是什么样的实力机构，以及其过去的运作风格，这将很有利于你对该股未来波动的把握。

人都是有性格的，机构是由人把持的，因此也必然是有性格的，所以当你了解了机构的性格之后，不就可以很好地揣摩其未来运作的方式，从而大大有利于你的具体博弈策略。

操盘手记

股票人生：漫说"起伏"

很多东西看似不经意，却是冥冥之中注定的，偶然的背后藏着必然的因素。

好比股票的波动一般，疯狂拉升看似来得很偶然，但其背后是众多量变因素促成的必然质变。能否看透之，关键是你有无意识并发现量变的过程。

又好比人生的起伏，有人突然崛起闪烁着灿烂的光芒，可以说，此时该人已经进入人生的"起"之阶段，看似有点偶然，其实背后却有必然的因素。一个人会有什么样的成就，其实，从其平时的一举一动，点点滴滴，已经可见一斑，只不过真正的质变之前需要有量变的过程，而量变的过程最突出的特征就是要经历一段时间。这时间有长有短，因人而异。

人生的"起"需要时间，人生的"伏"同样需要时间，这时间也就是量变的过程，量变发生的阶段则是人在"起"后开始忘乎所以的时候。人生起起伏伏是常态，这起伏过程中大轨迹的方向决定了具体的结果。很多人一生起起伏伏后，才发现原来自己是在区间震荡，原地踏步。

好比股票的波动，不论经历几个轮回几个起伏，最终大的波动轨迹才是其内在的价值，是"上"是"下"或是"横"，这需要我们用睿智的眼光看待平时的量变，才能发现真轨迹。

有些人总想着"起"，而不愿正视"伏"。若持这样的心态，量变的结果可能与预期完全相反。就好像很多人都喜欢在资本市场上赚钱，却不愿意输钱，这种只准赢不准输的心态导致的结果必然是输得一塌糊涂，本质上就是心态没端正。试问输不起的人面对波动剧烈的市场能赢吗？概率实在是太低，除非运气异常好。

"伏"并不可怕，只要内心坚定，能量积蓄充沛，总能到达"起"的时候，那时就是一飞冲天超越过去的时候，此时的"起"就是一个新的腾飞。

"起"了后"伏"，只要再"起"的高度超越过去，就是一个良性循环的"起伏"，最后的结果必然是进入一个大的上升轨迹之中。

不论是人生还是股票，只要进入了良性的大上升轨迹之中，那么很多东西就会不经意地来临。那时候，一切都会显得多么美好啊！

股票人生：升降不惊

人生的轨迹，有升必有降，有起必有伏，一如资本市场的形态波动。

人生正当顺境的时候，犹如市场走强时的强势波动，往往强者恒强，顺了还可以更顺。因此，当我们身处顺境之时，不要松懈，不要错失，抓住它，利用它，这是我们为自己所做的好事。把握得好，人生会迎来强势震荡后的再突破，进入一个新的上升空间。

但在春风得意的时候，也不要以为万事皆会"从此顺"，一如股票，上涨过程中也许会伴随突然的急跌，但莫慌，只要大格局不改变，趋势终将明朗。在人生顺境之中，或因骄傲，或因疏忽，或因其他外在因素，也许我们会突然遭遇挫折，麻烦有时来得很突然，但只要前期的顺境已经奠定了足够坚实的基础，就算短期受到冲击了，只要好好休整，懂得再次蓄势，坚定信心，那么，最终将会再次回到跌倒前的位置，并走得更高、更远。人生难免会犯错，也难免会有失败，但只要大格局积极向上，上升基础依然存在，那么一切都可以弥补。这就好像一个曾经辉煌过的明星，沉寂了一段时间后，只要各方面把握得好，再次回到辉煌并最终超越过去，也是完全有可能的。

人生如同股票的走势，在最疯狂的时候往往会见到阶段性巅峰，犹如一只个股在被疯狂拉抬过后，市场预期还要更疯狂时，实际上却已在构筑顶部的行情，主力资金已在暗中套现出局，等你恍然大悟的时候，大势已去，股价早已不是疯狂之时的境地了。此时蓦然回首才发现，原来，过去的价格居然变得那么高了。如果一个人不能在最疯狂的时候保持相对清醒的头脑，那么，他就很可能成为在最高位接盘站岗的散户，当发现市场已经不行了的时候，可能后悔已没什么意义了。

人生轨迹也一样，最疯狂的时候往往是最需要懂得急流勇退之时。我们并不否认有长期走牛的个股，但毕竟是凤毛麟角，如同人生一路高歌，永不失败的人毕竟是少数一样。对大多数人来说，在人生阶段性疯狂的时候不急流勇退，至少也要懂得暂时休息一下。

没有只涨不跌的市场，同样地，也不会有永远一帆风顺的人生轨迹，该休息就休息，让上涨幅度不要过分倾斜，这对别人，对自己，其实都是好事。人一下子走得太高了，没控制好，摔下来就会伤得更重。所以，珍惜自己，就从疯狂过后的休息开始。

谈了上升的人生轨迹，也该谈谈下跌的人生轨迹了。

既然强者恒强，那么相应地，也就有弱者恒弱，这犹如形态的波动一样，当整体已经走弱时，在强大的趋势力量面前，最终往往很可能再下一个台阶。所以，当发现自己已经进入一个相对不顺利的人生阶段时，必须懂得停下脚步，好好反思一下，或者出去游玩散心冷静一下，如果继续在原地折腾，事态不见得会有好转，反而有可能演变成更为恶劣的状况。

即使处于低谷，我们也不要悲观。股票跌到一定程度的时候，市场往往也就酝酿着一定的反转可能。换成人生轨迹来看，当走霉运到一定程度的时候，也会有转机。这时你一定不能丧失信心和对未来美好的信念，就好像在雪地中你很想睡觉一样，那时千万不能闭眼，一旦闭眼就可能永远醒不来了。挺过最黑暗的时期，那么，真正的光明就会到来。

人生轨迹看似在上升与下跌中交替进行，但事实上，上升也好，下跌也罢，每一次都会有所不同，每一次的具体细节都值得好好回味，人生就是因为细小处的伟大而伟大。

细微之处窥见主力出逃的狐狸尾巴

成交量

大盘放巨量：阶段性调整概率大

大盘放巨量，后市出现调整的概率大，这一点从量能的运行趋势方面来解释不难理解，即上述所说的当量能处于相对高位时，接下来很有可能就是出现量能的萎缩，一旦量能出现萎缩也就代表着股价阶段性拐点将要到来，即此时出现调整的可能性极大，而放巨量无疑就代表着该天所放出的量能为短期内的峰值，按照量能呈趋势运动的特征，接下来量能的趋势将是由大向小的方向发展，即量能将出现萎缩，调整将至。

从图 2-63 中，我们清楚可见大盘放出巨量后，接下来都出现了不容乐观的走势。图 2-64 中大盘的情形也是如此。这一点是值得我们深思的。前面我们探讨过，即有量的行情才能走得更远，不论是 2007 年

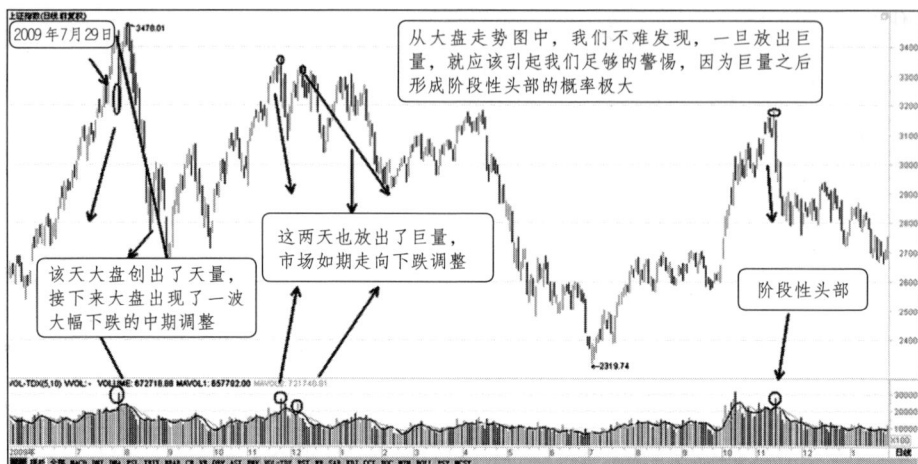

图 2-63　大盘放巨量走势图

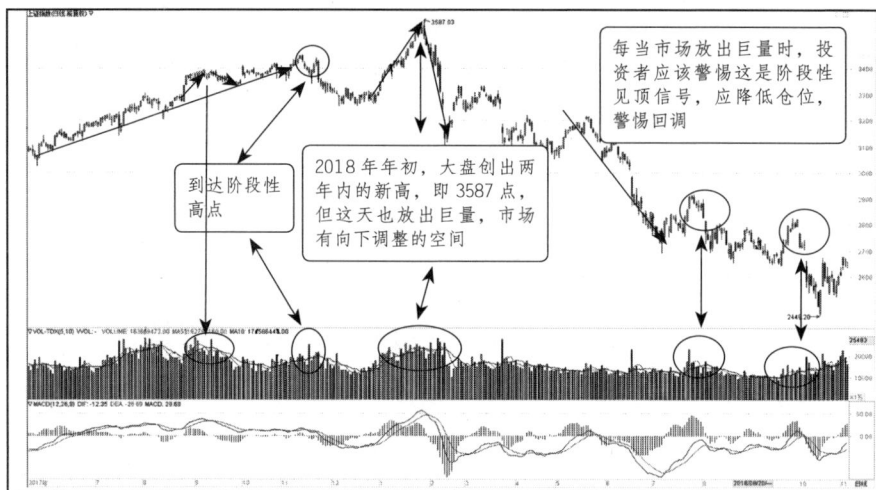

图 2-64　2017 年 1 月至 2018 年 12 月大盘放巨量走势图

的大牛市还是 2009 年的小牛市，都呈现放量上涨的行情；相反，2008
年的大熊市和 2010 年的小熊市则都出现了价跌量缩的情形。世间万
物就是如此，乐极生悲，否极泰来，处于一个大的轮回中。量能的变

化也是如此，处于放量—缩量的轮回当中，同样遵循着物极必反的运行规律。量能的规律既适合大盘，也适合个股，下面我们具体来看一下个股的走势，你会发现它们有惊人的相似之处。

个股放巨量：主力出货的信号

量能除了在大盘的运用中发挥着重要的作用之外，在个股的实战操作中的指导作用也闪烁着耀眼的光芒。量能在大盘上的运用方式是否适用于个股，答案是肯定的，毕竟大盘就是个股综合反映的结果，大盘上的运行规律自然也适用于个股。在大盘上量能的轮回特征清晰可见，至于在个股身上，由于其盘子较小，对外界刺激的应激性将远远大于大盘。众所周知，大型飞机的安全性一般高于小型飞机，这是因为大型飞机由于质量、大小等本身的原因使其具有更好的抵抗外界干扰的能力，其中让人感受最深的是，当遇到强气流时你会感受到大型飞机的颠簸程度明显小于小型飞机。个股也是如此，由于其盘子不大，其股价运行、量能的变化容易受到外界条件的干扰，我们会发现量能在个股上的表现并不会像在大盘上那样表现得井然有序，出现了明显的大小轮回特征，更多的时候是杂乱无章的态势。面对量能的瞬息万变、杂乱无章，量能的指导作用在此是否就表现得苍白无力了呢？说实话，很多时候确实如此，运用量能去捕捉其中的战机也会具有一定的局限性，但总体来说，盘中出现的具体量能特征还是能够给我们带来操作上的提示的。这节我们重点来研判量能在个股主力出逃时的具体特征。

从图 2-65 独一味（自 2014 年 1 月 3 日起,该公司股票简称由"独一味"变更为"恒康医疗"）的走势图中我们不难发现，一旦盘中放出天量，就应该引起我们足够的重视，甚至要毫不犹豫地抛售手中的全部筹码，因为天量之后，一般来说，可以确定是阶段性头部，之后出现阶段性调整的概率较大。在我看来，高位出现巨量，可以看作是主力出逃的一个十分重要的标志。为什么这样说？其实道理并不复杂，不知道大家有没有发现，一般情况下，天量不会一下子放出，前期都有一个慢慢积累的过程，也就是一波最后疯狂的过程，其实这也不难理解，这是主力最后的一个明显的诱多过程，为其最后出逃做好掩护。因此，最后的天量就是我们最后逃命的机会。

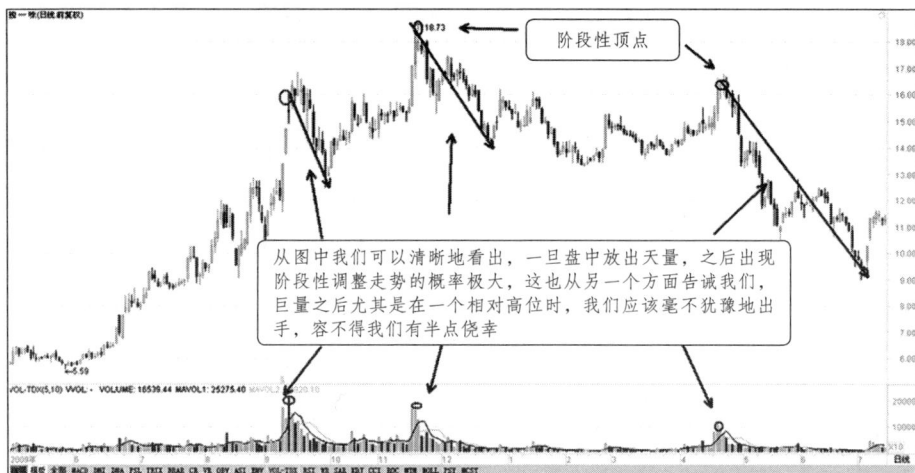

图 2-65　独一味日线走势图

均线

基础认识

均线指标实际上是移动平均线指标的简称。由于该指标是反映价格运行趋势的重要指标，其运行趋势一旦形成，将在一段时间内继续保持，趋势运行所形成的高点或低点又分别具有阻挡或支撑作用，因此均线指标所在的点位往往是十分重要的支撑或阻力位，这就为买进或卖出提供了有利时机，均线系统的价值也正在于此。

均线的概念想必大家都不陌生，在盘面上我们经常运用的有 5 日均线、10 日均线、20 日均线、30 日均线、60 日均线、125 日均线和 250 日均线等。

均线运用的基础

何谓均线的多头排列、空头排列？何谓死叉、金叉？

均线的多头排列或空头排列容易理解，而且大多数投资者对此的认识都是正确的。均线的特点分多头排列和空头排列，市场趋势强势上升时，均线在 5—10—20—30—60K 线下支撑排列向上为多头排列。均线多头排列趋势为强势上升时，操作思维为多头思维。

那什么是均线的空头排列呢？短期均线运行在下，中、长期均线依时间顺序运行在上为均线空头排列，表示市场呈弱势特征。

对于均线的多头排列和空头排列，众多投资者的理解是正确的，但对于死叉、金叉的认识，可能众多投资者的认识有失偏颇。很多人认为：短期均线上穿长期均线，即形成了金叉；而短期均线下穿长期均线，即形成了死叉。其实不然，这种短期均线与长期均线的上穿与下穿，形成的只能算作交叉，而不能称为金叉或死叉。金叉必然是一个很好的买入点，同样死叉必然是一个很好的卖出点，但上述所说的短期均线上穿长期均线后，不一定就是很好的买入点，短期均线下穿长期均线形成的交叉同理可能不是好的卖出点，所以上述所说的金叉、死叉的概念并不完全正确。那么真正意义上的金叉、死叉又是什么呢？金叉是指，短期均线上穿长期均线，并且两者都有抬头的趋势，此时交叉的点就是一个很好的买入点；同理，短期均线下穿长期均线，并且两者都开始向下扭头，此时交叉的点才是真正意义上的死叉，是一个很好的卖出点。

常用均线

在交易软件中一般有两套均线系统，一种是6条的均线系统，一种是4条的均线系统，这两套均线系统其实大同小异，只是一种多2条，一种少2条而已。相信对于均线参数的设置，因人而异，各有各的撒手锏，也不能说谁的好，谁的不好，我觉得适合自己的，自己拿手的就是最好的。虽均线参数设置因人而异，但均线所代表的意义却不因人而异，均线的意义、支撑大小、阻力大小等对所有人都是一样的，所以我们在此要弄清楚的是均线的实战作用及相关组合给我们带来的指导。当然，均线的设置不同，确实可能会带来不一样的判断效果，这是不可否认的。

运用重要的均线——年线研判大盘底部

对于均线的运用，相信大家都不陌生，想了解短期趋势看短期均线，想了解中长期趋势看中长期均线。在指数的运行过程中，均线很大程度上代表着趋势，均线呈多头排列后市上涨的可能性大，趋势为向上；均线呈空头排列后市下跌的可能性大，趋势为向下。对于这些基本的运用在此不再详谈，我们需要懂得的是均线所代表的特别意义，尤其是在重要转折点，均线能否发挥先行性指标的作用，提前做出反应，这些特征才是我们需要研究或总结的重点。

年线作为长期均线，其对趋势的指示作用不言而喻，但有时候由于其周期太长，也会出现一定的滞后性，而且在不同的周期，存在着不同的运用方式。在此我们先来看看大盘日K线图上年线带给我们的一些重要指导作用。

纵观历史走势，股指在相对高位跌破年线时后市几乎都出现转熊的走势，这往往意味着大跌的开始。以史为鉴，对于此种情形，我们不得不高度警惕。从概率的角度来说，这是一个大概率事件，既然如此，不管结果怎样，阶段性就有回避的需要了。我们来看看历次大的顶部图形、股价相对年线的运行关系。

从1992年11月开始上证指数出现了一波小牛市行情，1993年2月16日达到阶段性高点（1558点），随后便开始震荡走低。图2-66、图2-67圈中部分为上证指数有效跌破年线的区间，第一次有效跌破后开始一路下跌，随后出现挣扎，有向年线攻击的欲望和动作，但都没能有效站上，之后一去不复返，展开漫漫熊途，直到1994年8月1日下探到325点才止跌企稳。从图2-68中我们可以清晰地看到，在年线上方指数还是区间震荡的走势，随后跌破年线后一直在年线下方横盘挣扎，最终还是没能成功站上年线，真正进入了下降通道。图2-69中，上证指数情况与此类同。

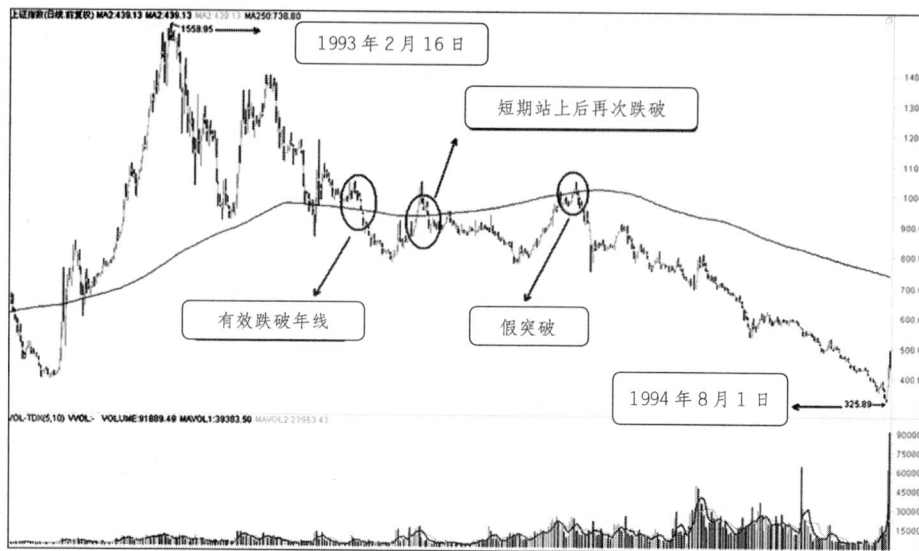

图 2-66　上证指数 1992 年 11 月至 1994 年 8 月走势图

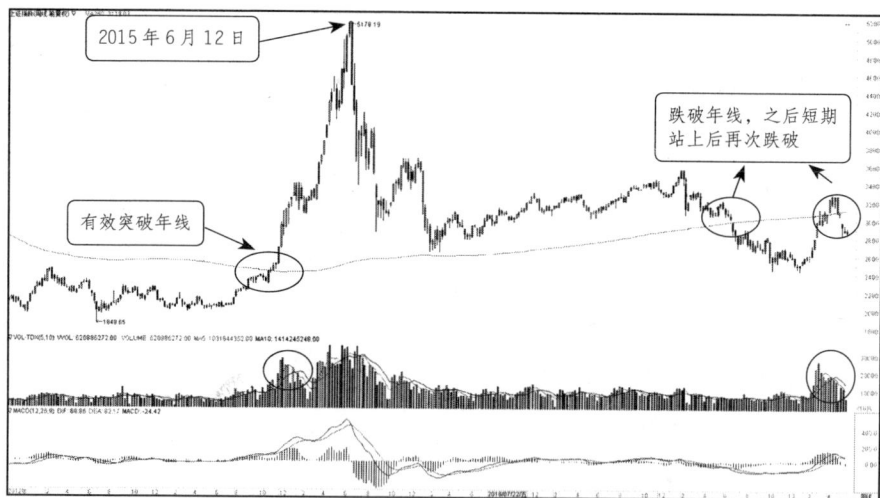

图 2-67　上证指数 2012 年至 2019 年周线走势图

　　年线的作用在此显露无遗，此时我们可以将其看作行情的分水岭，当真正跌破，无望站上后，其结果就是深跌的开始。

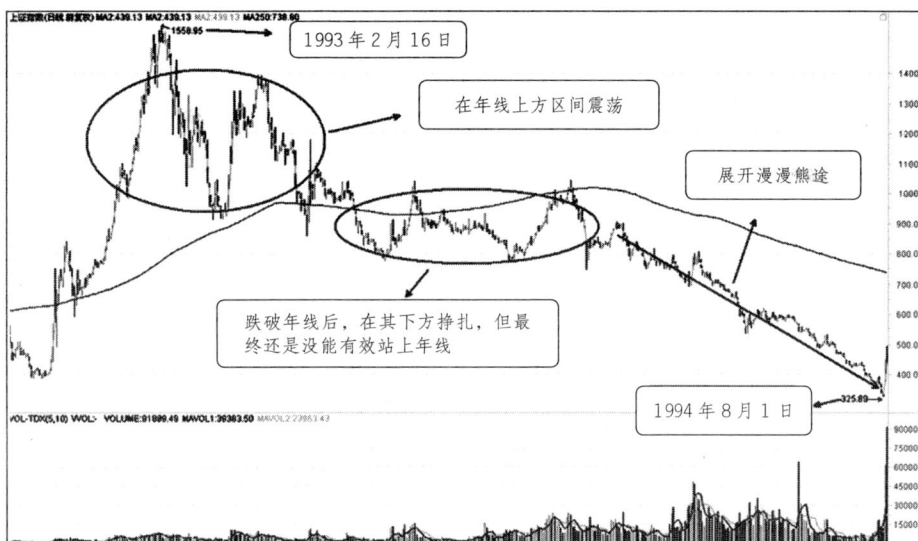

图 2-68　上证指数 1993 年 2 月 16 日至 1994 年 8 月 1 日走势图

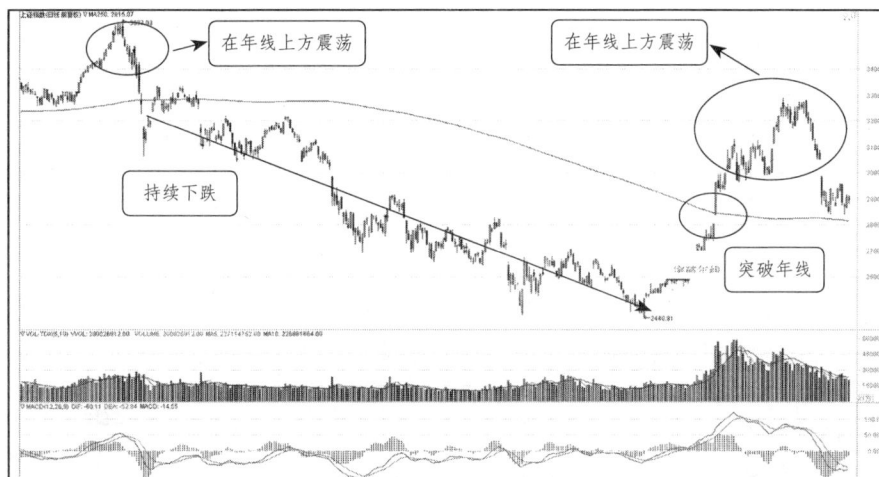

图 2-69　上证指数 2017 年 12 月至 2019 年 5 月走势图

　　当然，要发挥年线的这种分水岭作用要满足两个条件：其一，股价处于相对高位，最好为一波牛市之后；其二，要实现有效跌破，如不是有效跌破，行情还有可能出现起死回生的走势。

【学习延伸】

　　年线也就是250日均线，因为一年平均有250个交易日。250日均线是某只股票在市场上往前250天的平均收盘价格，其意义在于它反映了这只股票250天的平均成本。在许多战法中，250日均线还有另外一个称呼：牛熊走势的分界线。

　　图2-70为1996—2005年的一个牛熊轮回过程，其中1996—2001年为牛市阶段，2001年6月至2005年6月为熊市阶段。图2-71与此情形类同。我们来看看牛市转熊市过程中，年线发挥的重要指示作用，具体如图2-72、图2-73所示。

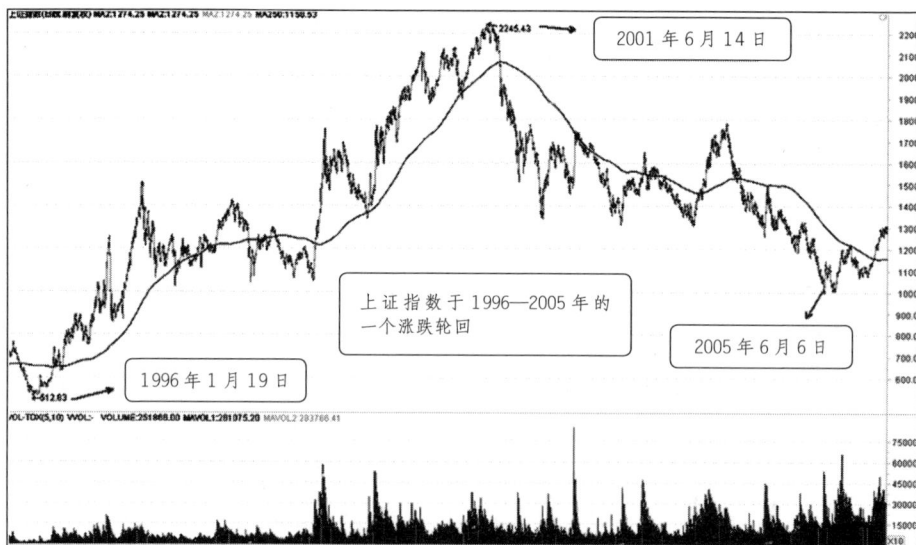

图2-70　上证指数1996年1月19日至2005年6月6日走势图（一）

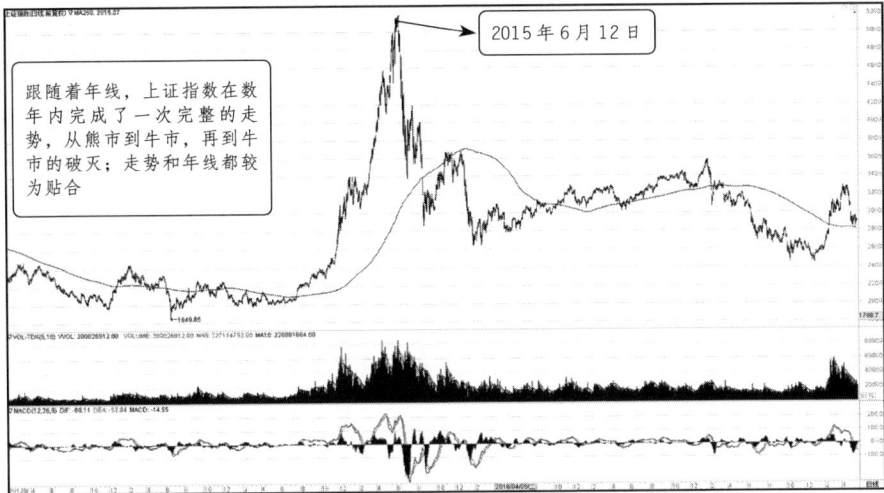

图 2-71　上证指数 2012 年 2 月至 2019 年 4 月走势图

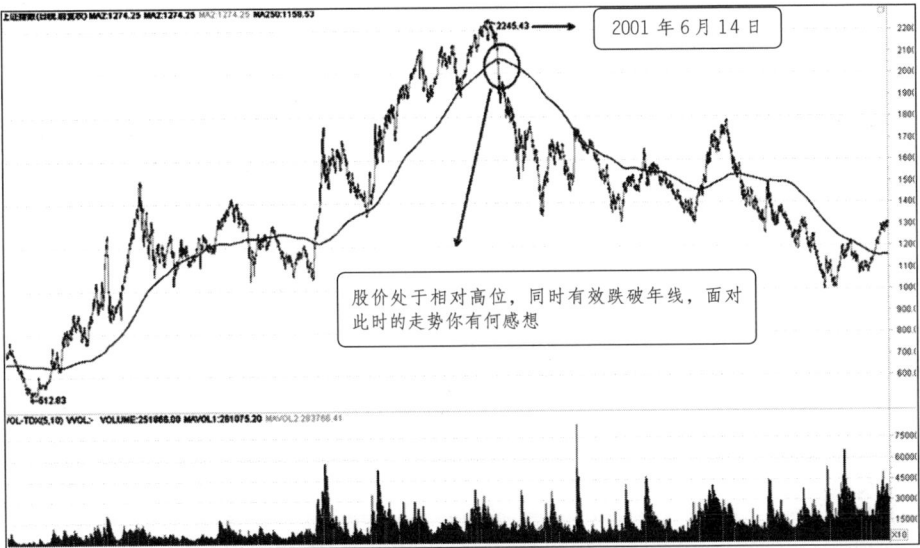

图 2-72　上证指数 1996 年 1 月 19 日至 2005 年 6 月 6 日走势图（二）

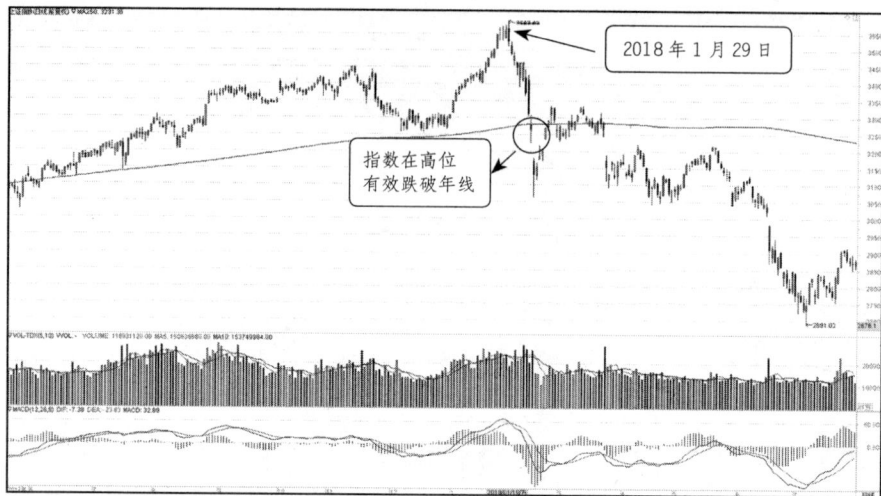

图 2-73 上证指数 2017 年 5 月至 2018 年 7 月走势图

【学习延伸】

在实际操作中，中大盘股的走势往往于 250 日均线的作用大，于其他的均线作用比较小，而且处于上升状态的 250 日均线对股价有支撑作用。同样地，若是处于下降状态的 250 日均线对个股的走势就会产生压力作用，至于什么时候突破，就要看成交量、换手率和资金面的配合程度了。

如图 2-74 所示，年线的牛熊分水岭作用再次显露无遗，股指在 2001 年 6 月 14 日上涨到阶段性高点 2245 点以后开始下挫，同时击穿了年线的支撑，接下来的走势无疑印证了股价在相对高位跌破年线意味着牛转熊的结论。图 2-75 与此类同。

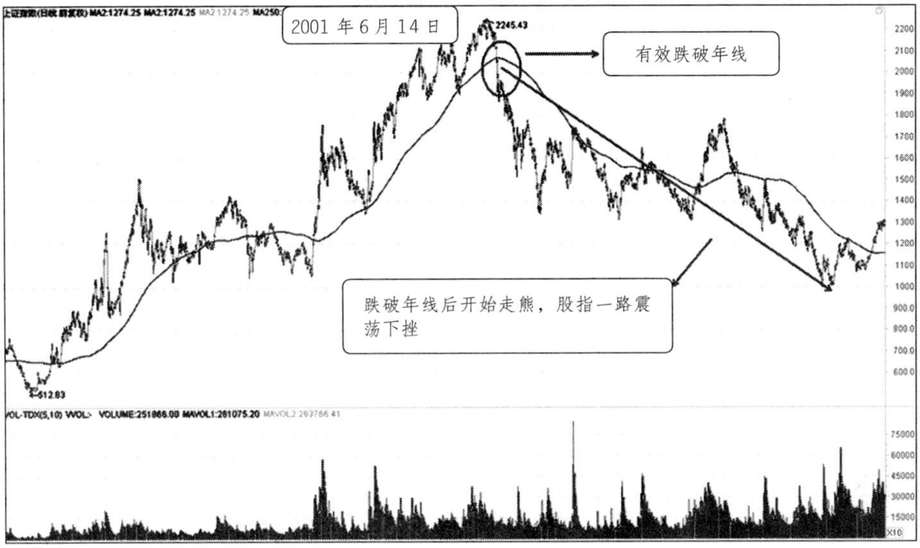

图 2-74　上证指数 1996 年 1 月 19 日至 2005 年 6 月 6 日走势图（三）

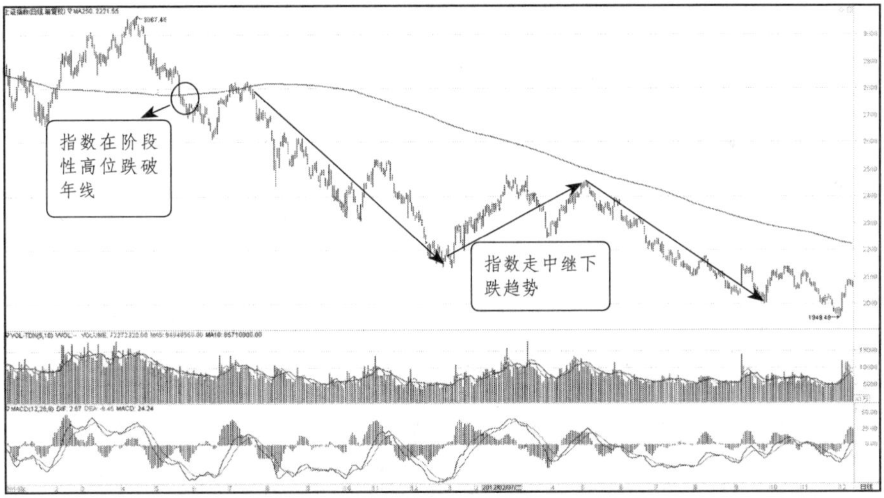

图 2-75　上证指数 2010 年 12 月至 2012 年 11 月走势图

　　跌破年线后，股指确实宣告牛市的结束，后市进入了熊市阶段，这个相信大家没有太大的疑问，但有的投资者可能会提出另一个疑问，经过一轮下跌后，如果股指接下来站上了年线，是否意味着熊市的结束，行情开始好转呢？对于这一点需具体问题具体分析，当前期趋势为下跌趋势时，很有可能在一波下跌后的休整过程中站上年线。

从图2-76可以看到，股指经过一轮下跌后进入了横盘震荡的阶段，在此过程中，股指曾有效站上了年线，但最终还是跌破年线，继续进入下跌阶段。然而这里有一点值得我们重点关注。假如前期趋势为下跌趋势，当进入横盘震荡阶段且在震荡过程中股指站上了年线，此时，我们需多一分思考，股指在此过程中站上年线并不意味着行情将出现好转，因为在此过程可以站上，同样也可以跌破（见图2-77），所以此时不是我们憧憬的时候，而需重点关注接下来的走势。久盘后市场总会谋变，也就是会选择方向，向上或向下，如果股指在站上年线后，后市打破原有横盘震荡格局选择了向上突破，则可以保持相对乐观。如果站上年线后，没有选择向上突破，仍处于区间震荡格局，当再次跌破年线时就需高度警惕了，该横盘震荡阶段很有可能是下跌中继的一个小停顿而已，后市仍将延续跌势。如图2-78所示。

同样，这里衍生出一个问题，当股指前期趋势为上涨趋势，上涨后进入横盘震荡格局时，股指可能会跌破年线，有效跌破年线后是否意味着后市将进入熊市？在此也需具体问题具体分析，但不管怎样，如果上涨后横盘震荡阶段跌破年线，我们必须保持高度的警惕，此时宜保持熊市的思维，直到情况进一步明朗。如图2-79、图2-80所示。

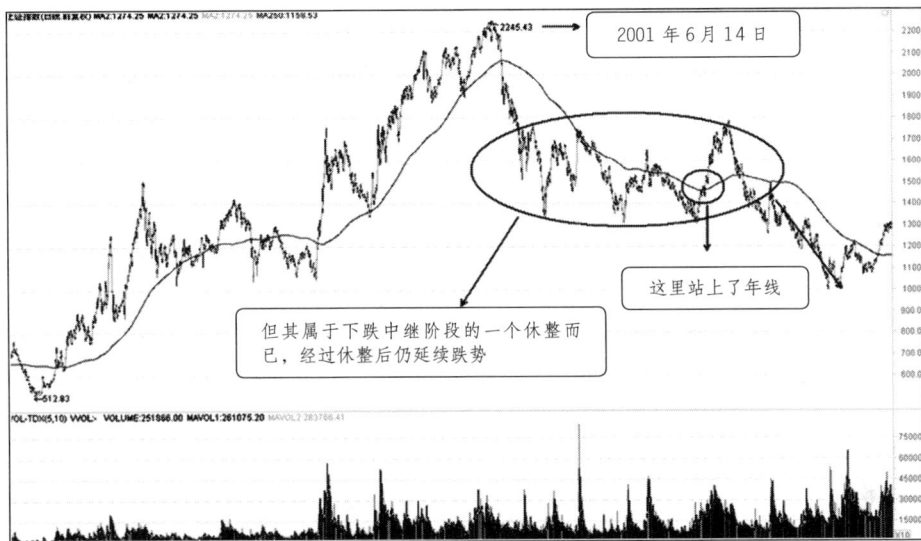

2001 年 6 月 14 日

这里站上了年线

但其属于下跌中继阶段的一个休整而已，经过休整后仍延续跌势

图 2-76 上证指数 1996 年 1 月 19 日至 2005 年 6 月 6 日走势图（四）

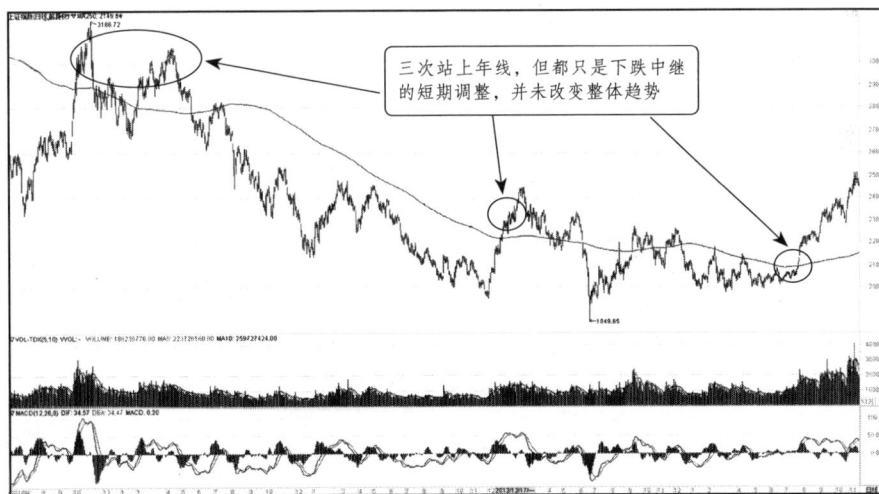

三次站上年线，但都只是下跌中继的短期调整，并未改变整体趋势

图 2-77 上证指数 2010 年 6 月至 2014 年 10 月走势图

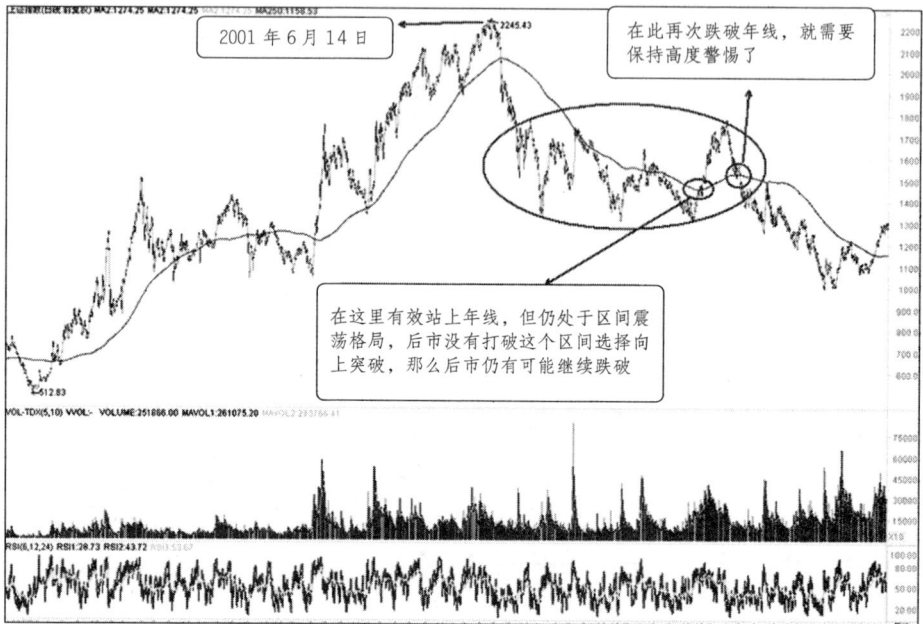

图 2-78　上证指数 1996 年 1 月 19 日至 2005 年 6 月 6 日走势图（五）

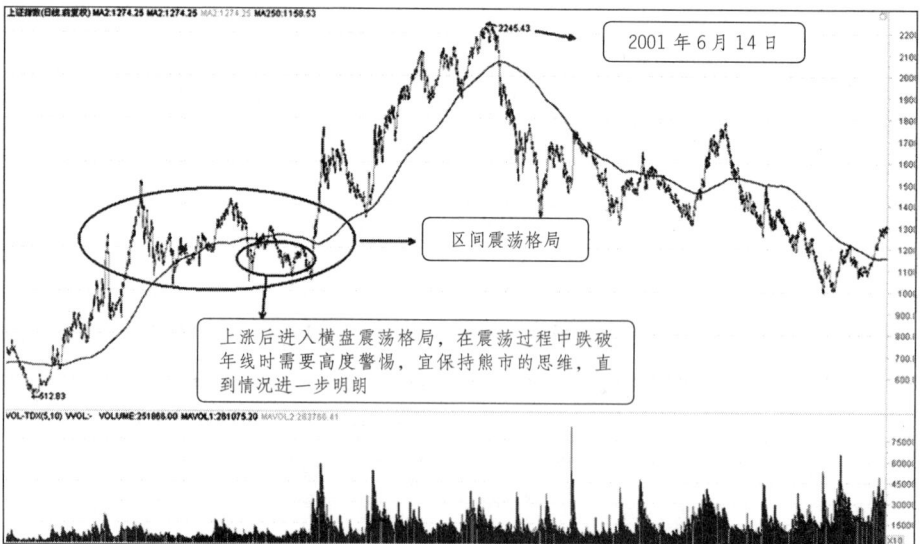

图 2-79　上证指数 1996 年 1 月 19 日至 2005 年 6 月 6 日走势图（六）

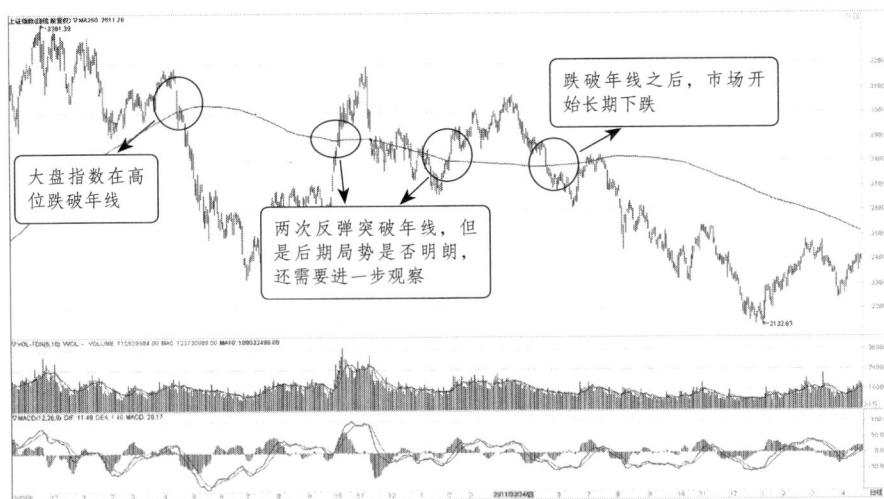

图 2-80　上证指数 2009 年 10 月至 2012 年 10 月走势图

后市研判方法：

首先，上涨进入横盘震荡阶段后，此时的横盘震荡有可能会演变成顶部形态，也可能演变成上涨中继阶段的一个休整阶段。

其次，不管怎样，在这个横盘震荡过程中跌破年线，宜先出局观望，静候情况的进一步明朗。

最后，当行情仍处于横盘区间震荡格局，在此区间跌破年线后再次站上年线，并打破原有横盘震荡格局选择向上突破时，基本可以断定，这个区间震荡为上涨中继的一个休整阶段。如图 2-81 所示。

在上述区间震荡过程中，股指曾一度跌破年线，在年线下方盘整了不少时间，在此期间一般而言宜清仓出局，毕竟对于变幻莫测的股市，谁也不敢保证股指将走向何方。其继续往下探，则横盘区间就会演变成顶部形态；其重回区间震荡并往上突破则会演变成上涨中继形态。见机行事，具体问题具体分析方不失为明智之举。

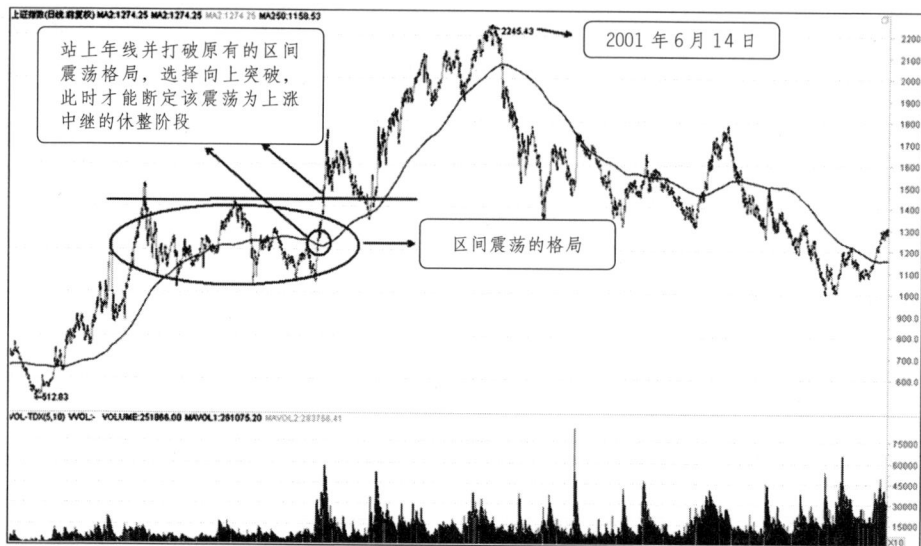

图 2-81　上证指数 1996 年 1 月 19 日至 2005 年 6 月 6 日走势图（七）

如果股指重新回到区间震荡格局，并成功站上年线，此时可以解除安全警报，同时可以采取适当建仓的策略。真正要大举建仓，积极做多，宜以股指打破区间震荡有效站上箱体震荡的上轨为准。

图 2-82 体现了 2005—2008 年牛熊轮回的过程，我们来看看在此次牛熊转折过程中年线在其中发挥的重要作用。

从图 2-82 我们可以看到，跌破年线时指数处于 4500 点的水平，相对前期高点 6124 点跌幅还不大，如果我们懂得年线的运用，在此位选择清仓离场，也就能很好地避免后市的深跌。从图 2-82 清晰可见，跌破年线后，股指一路下跌，直到 2008 年 10 月 28 日下探到 1664 点才止跌企稳，如果在 4500 点有效跌破年线时懂得止损或止盈，试问，你是何等的幸运！

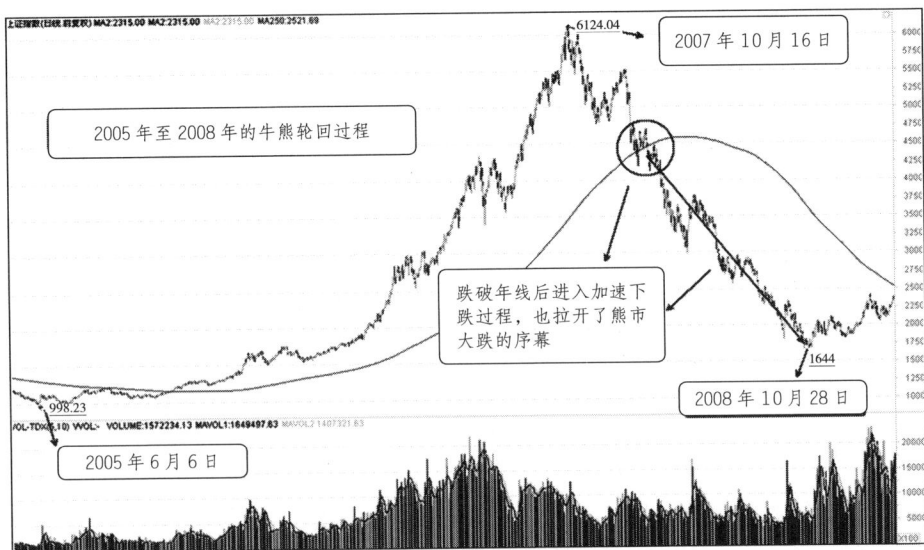

图 2-82　上证指数 2005 年 6 月 6 日至 2008 年 10 月 28 日走势图

当然，我们现在回头去看，一切都显得很简单，但当局者迷，身在其中的时候，往往就不知道方向了。不过，通过对年线的学习，我们至少可以在往后面对类似的波动时多一分思考，有时候，多一分思考，深入一点，可能一切就往最优方向发展了，市场如此，世界也如此。

历史会重演，从中国股市诞生至今，几乎每次的历史大顶，年线都起着很好的指导作用和警示作用，可是又有几人能真正严格按照规律操作，避免每次大跌呢？

涨时幻想着每天都涨，跌时幻想着不会深跌，最终的结局就是深度套牢，就算运气好搭上了牛市快车，但最终也会驶回原地，甚至走向不归路。由此可知，单靠幻想而不去深思股市的实质规律，单靠运气而不去思索更本质性的东西，最终可能会惨淡收场。所以，对股市投资者来说，研究规律才是王道。那么，既然年线有如此重要的指示意义，我们为何不纳入自身的盈利系统呢？有判断工具总比整天幻想要好。很多人每天看到涨了就乐观，看到跌了就悲观，很大程度上是没有自身的一套研判系统所致，这样很容易被市场牵着鼻子走。

我们再来看看 2009—2010 年的小牛熊市轮回过程，看看年线是否一如既往地发挥重要的警示作用。

如图 2-83 所示，在 2008—2010 年小牛熊轮回过程中，年线的警示作用再次得到淋漓尽致的体现，当时刚跌破年线，股指处于 3000 点附近，有效跌破后一路下探，一波急跌一直跌到 2319 点，才出现一波像样的反弹，相信当时的悲壮不少人至今仍心有余悸。历史会重演，下一次大跌你能否成功避免，通过这里的学习，相信投资者在遇到同样的情况时会多一分思考和警惕。

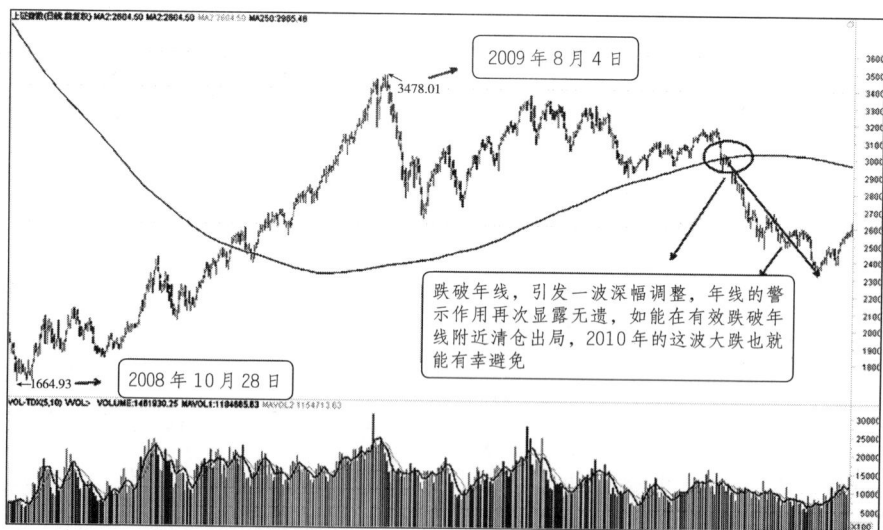

图 2-83　上证指数 2008—2010 年小牛熊市轮回走势图

通过换手率研判顶部

换手率的基础认识

换手率也称周转率，是指在一定时间范围内，市场中股票累计成交的手数与其上市流通股的总数之比，是反映股票流通性强弱的指标之一。其计算公式为：换手率 = 某一段时期内的成交量 / 可流通总股数 ×100%。

打个比方：某只股票在 1 个月内成交了 1 亿股，而该股票的总股本为 10 亿股，则该股票在这个月的换手率为 10%；同样如果该股某日的成交量为 2000 万股，那么其日换手率为 2%。

◇ 热门股与冷门股

股票的换手率越高，意味着该只股票的交投越活跃，人们购买该只股票的意愿越高，该股票就属于热门股；反之，股票的换手率越低，则表明该只股票越少人关注，属于冷门股。

◇ 高换手率的意义

换手率高一般意味着股票流通性好，进出市场比较容易，不会出现想买买不到、想卖卖不出的现象，具有较强的变现能力。然而值得注意的是，换手率较高的股票，往往也是短线资金追逐的对象，投机性较强，股价起伏较大，风险也相对较大。

◇ 换手率与股价走势

将换手率与股价走势相结合，可以对未来的股价做出一定的预测和判断。某只股票的换手率突然上升，成交量放大，可能意味着有投资者在大量买进，股价可能会随之上扬。如果某只股票持续上涨了一个时期后，换手率又迅速上升，则可能意味着一些获利者要套现，股价可能会下跌。

一般而言，新兴市场的换手率要高于成熟市场的换手率。其根本原因在于新兴市场规模扩张快，新上市股票较多，使新兴市场交投较活跃。换手率的高低还取决于以下几方面的因素。

（1）交易方式。

证券市场的交易方式经历了口头唱报、上板竞价、微机撮合、大型电脑集中撮合等从人工到电脑的各个阶段。随着技术手段的日益进步、技术功能的日益强大，市场容量、交易潜力日益得到拓展，换手率也随之有较大提高。

（2）交收期。

一般而言，交收期越短，换手率越高。

（3）投资者结构。

以个人投资者为主体的证券市场，换手率往往较高；以基金等机构投资者为主体的证券市场，换手率相对较低。

◇中国国情

世界各国主要证券市场的换手率各不相同，相差甚远，相比之下，中国股市的换手率位于各国前列。

以上是关于换手率通俗的解释，应当引起我们的重视，因为这些都是我们下面进行研判的基础。下面我们重点来分析一下高换手率给我们带来的一些思考。

第一，要观察其换手率能否维持较长时间，因为较长时间的高换手率说明资金进出量大，持续性强，增量资金充足，这样的个股才具有可操作性；而仅仅是一两天换手率突然放大，其后便恢复平静，这样的个股操作难度相当大，并容易遭遇骗线。

第二，要注意产生高换手率的位置。高换手率既可说明资金流入，亦可能为资金流出。一般来说，股价在高位出现高换手率则要引起持股者的重视，这很大可能是主力出货（当然也可能是主力拉高建仓）；而在股价底部出现高换手率则说明资金大规模建仓的可能性较大，特别是在基本面转好或者有利好预期的情况下。

投资者操作时可关注近期一直保持较高换手率，而股价涨幅有限（均线如能多头排列则更佳）的个股。根据量比价先行的规律，成交量先行放大，股价通常很快跟上量的步伐，即短期换手率高，表明短期上行能量充足。形态上选择圆弧底、双底或者多重底，横盘打底时间比较长，主力有足够的建仓时间，如配合各项技术指标支撑，则应该引起我们的密切关注。

高换手率结合巨量：主力出逃迹象更加确定

对大盘当日放巨量的情形，上文已有讨论，当日放巨量的情形给我们带来很多启迪，这里我们可结合其启迪对主力出逃再进行一次更深入的确认。"巨量＋高换手率"，假如符合这样的盘面特征，那么我们可研判其中前期出现的主力正在出货或已经做完一波阶段性的获利了结的概率极大。之后阶段性调整将不可避免，这样的例子举不胜举。图 2-84、图 2-86 为科达股份日线走势图，图 2-85 为中钢天源 2016

年 11 月至 2017 年 11 月日线走势图，图 2-87 为格林美 2010 年 4 月
26 日前后日线走势图，图 2-88 为华丽家族 2019 年 4 月 22 日前后日
线走势图。

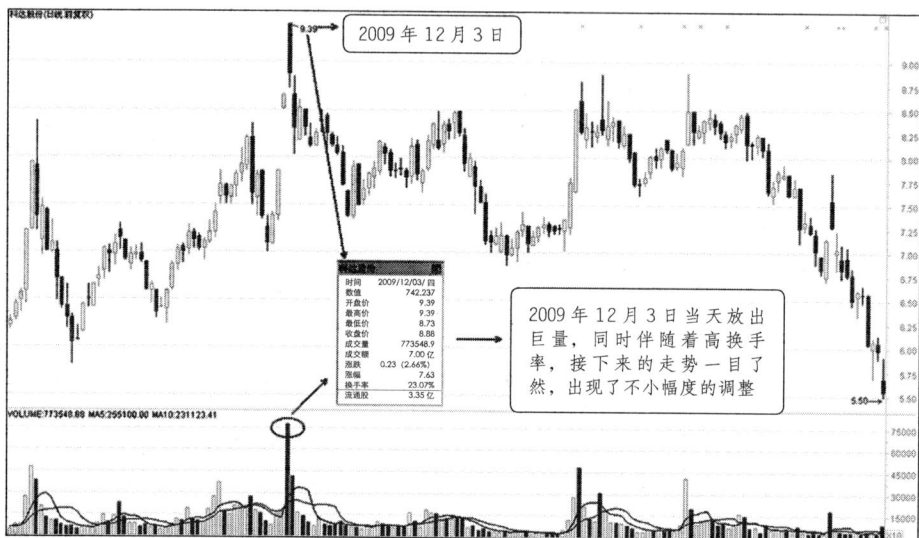

2009 年 12 月 3 日

时间	2009/12/03/四
数值	742.237
开盘价	9.39
最高价	9.39
最低价	8.73
收盘价	8.88
成交量	773548.9
成交额	7.00 亿
涨跌	0.23 (2.66%)
涨幅	7.63
换手率	23.07%
流通股	3.35 亿

2009 年 12 月 3 日当天放出
巨量，同时伴随着高换手
率，接下来的走势一目了
然，出现了不小幅度的调整

图 2-84　科达股份 2009 年 12 月 3 日前后日线走势图

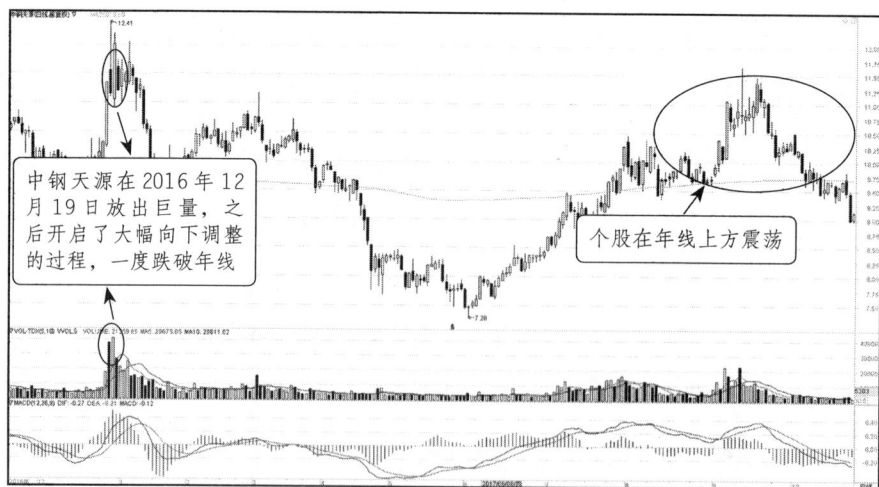

中钢天源在 2016 年 12
月 19 日放出巨量，之
后开启了大幅向下调整
的过程，一度跌破年线

个股在年线上方震荡

图 2-85　中钢天源 2016 年 11 月至 2017 年 11 月日线走势图

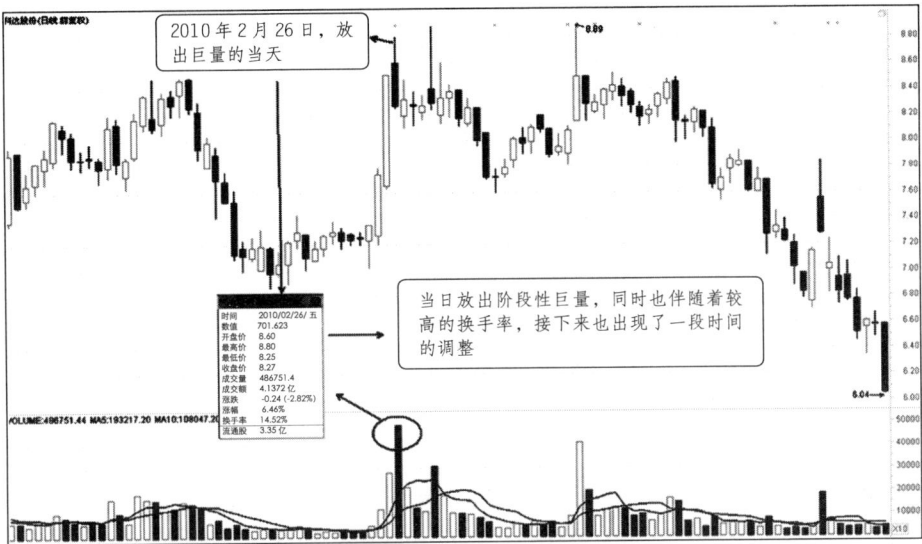

2010 年 2 月 26 日，放出巨量的当天

当日放出阶段性巨量，同时也伴随着较高的换手率，接下来也出现了一段时间的调整

时间	2010/02/26/ 五
数值	701.623
开盘价	8.60
最高价	8.80
最低价	8.25
收盘价	8.27
成交量	486751.4
成交额	4.1372亿
涨跌	-0.24 (-2.82%)
涨幅	6.46%
换手率	14.52%
流通股	3.35亿

图 2-86　科达股份 2010 年 2 月 26 日前后日线走势图

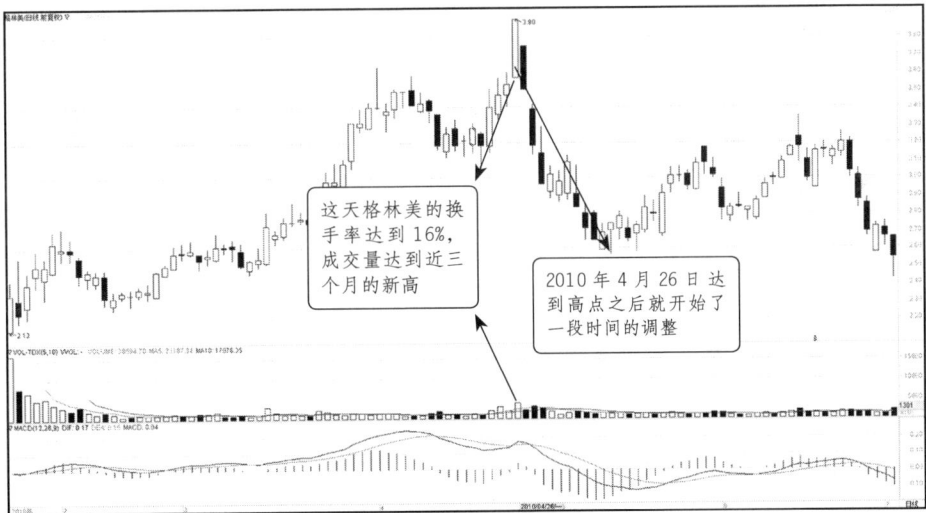

这天格林美的换手率达到 16%，成交量达到近三个月的新高

2010 年 4 月 26 日达到高点之后就开始了一段时间的调整

图 2-87　格林美 2010 年 4 月 26 日前后日线走势图

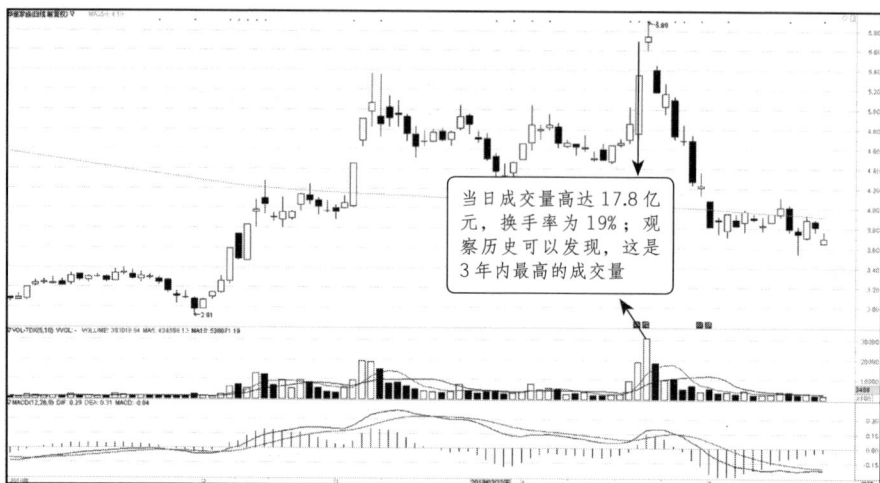

当日成交量高达 17.8 亿元，换手率为 19%；观察历史可以发现，这是 3 年内最高的成交量

图 2-88　华丽家族 2019 年 4 月 22 日前后日线走势图

【学习重点提炼】

当一只股票出现高换手率和巨大的成交量的时候，投资者应该引起警惕，因为这说明前期的资金开始有离场动作，之后更是容易造成踩踏事件。

从以上诸图中我们可以清楚地看到，当日放巨量并伴随着高换手率的情形出现时，接下来的行情都出现了不容乐观的走势。我们看到科达股份在 2009 年 12 月 3 日和 2010 年 2 月 26 日都出现了放巨量并伴随着高换手率的情形，还有华丽家族在 2019 年 4 月 22 日也是同样出现了放巨量，但之后却开始调整的走势；同时还有一个重要特征，就是当日 K 线为中长阴线，面对这样的情形，基本可以断定接下来的调整是板上钉钉的事了。很多时候，就算没有这样的 K 线特征，也很难打破调整的魔咒。2010 年 4 月 26 日格林美的走势就是一个很好的例子，当日虽封死了涨停，但接下来的调整仍如期而至，两者组合后背后的杀伤力可见一斑。

缘何该魔咒难以打破？我们不妨从更深层次的原因——资金博弈的角度去研究。首先股价波动，根本原因在于资金的进出，放量并伴随着高换手率的情形出现后，接下来股价的走势为何会像断了线的风筝，一路下挫，深入思考一下就可以知道，股价之所以会向下急挫，很大原因在于下方的承接力不够，多方已溃不成军，就像战场上征战的士兵，假如出现群龙无首的情形，你可想象一下结果将会怎样。股票市场也是如此，股票市场很大程度上就是一个活生生的战场，这里虽然不会出现刀光剑影、血流成河的情形，但其本质都是人与人之间的博弈。一只股票中的主力资金就相当于带兵打仗的将军，其中小投资者就相当于战场上的士兵，当支撑整个军心的将军怯场潜逃或被对方置之死地后，试问接下来的局面会如何演绎？在股票市场上，当主力资金出逃后，中小投资者最终的结局要不就是缴械投降坐以待毙，要不就是落荒而逃，割肉离场，多方命运也就只能以失败告终了。

看到这里，想必绝大部分投资者已明白，为何巨量上涨并伴随着高换手率的情形出现后，个股难逃下跌的命运，这其实与主力资金已出逃（概率较大）或无力回天有很大的关系。之所以会放巨量是因为在当天资金进出量非常之大，同时高换手率说明，前期进驻的资金很大部分开始套现离场，种种迹象不就是表明主力资金已开始退场了吗？接下来群龙无首的中小投资者也就六神无主，无所适从了。

操
盘
手
记

不同世界，相同道理

甲：听说台风要登陆，而且是三股台风同时袭击，真是够猛的。

乙：确实，不过不是同时袭击同一地方，而是有所侧重，但都是中国的沿海重要城市，影响较为广泛。

甲：天有不测风云，说来就来，不过，也见怪不怪了，就像资本市场的博弈一样，一旦多方主力或空方主力要来个猛烈袭击，往往也是异常凶猛，四处开花，多地发力登陆。

乙：嗯，此时能做的就是躲在房间里，望着窗外的风云，耐心等待阳光灿烂的日子再来临，毕竟风雨终会过去的，对吧？

甲：哈哈，对，只是不一定躲在房间里，也可以藏在汽车里哦！

乙：汽车相对不安全，高高的楼盘上的房间安全些，也比较自由舒适。

甲：哈哈，台风来了，还讲究那么多呀？

乙：没条件没办法，但有条件还是要多讲究点的，那样心情也不一样。

甲：没错，这就好像具体操盘一样，如果操盘的环境太杂乱，那么，就很容易增加失误的概率，道理很简单，因为那时注意力相对不会那么集中，最重要的是在那样的环境中，心情不会处于最好状态，那么，操盘的状态也就无法达到最佳。

乙：确实呀，操盘的状态如果有比较大的差别，对结果的影响确实是天壤之别的呀！

甲：环境很重要，道理也在于此。

乙：从台风猛烈袭击可以想那么多，真是不简单。

甲：哈哈，启迪就是从很多生活细节中来的。

台风，在沿海城市很常见；资本市场猛烈波动，更是普通。但两者之间的联系，却只有有心人才能发现。

透过不同的现象去发现相同的道理，这是人的特长，也是人类得以发展的一个因素。

尝试着去做，你就会发现很多。

请勇敢释放自己的情绪

甲：看到很多过去不起眼的人物突然成为大人物了，什么感觉？

乙：感觉这世界的变化就是快，只要敢追求，一切皆有可能。

甲：对比你自己现在还是小人物的状况，辛酸吗？妒忌吗？痛苦吗？

乙：还好啦，每个人都有属于自己的活法，不是每个小人物都一定要成为大人物的，只要开心，小人物也挺好的。

甲：是自我催眠还是阿Q精神呢？

乙：呵呵，那样何尝不好呢？

甲：你想做大人物吗？

乙：想。

甲：呵呵，那现在就是自我催眠或阿Q精神。

乙：是的，让自己积极面对，难道不好吗？

甲：挺好的，不过，我倒觉得你可以把内心的一些情绪充分释放出来，这样你就能更乐观，积极面对一切。

乙：……

甲：无语代表你已经默认了。

乙：是的，我不想做小人物，我要成为大人物，我要奋斗，我一定要成功。

甲：挺好呀，就是这样，把内心的情绪发泄出来。

乙：啊！

甲：喊得好！

乙：感觉好多了，内心情绪被充分释放出来后，再笑一笑，真的感觉不错。

甲：就是要这样，我其实是希望你能早日成功的！

乙：谢谢你！

甲：不客气，因为我也是这样走过来的呀。

很多时候，没有必要刻意隐瞒自己的情绪，要敢于把自己真正的情绪释放出来，只有充分释放负面情绪后，你才能更积极地面对自己，面对一切，那才真正是充满能量的时候，也才真正有机会把握好自己未来的人生。

隐藏，只会让事情最终适得其反，人因坦然而成长起来，所以，一定要勇敢释放自己的情绪，尤其是负面情绪。

03

获利心经

股市"真理"不复杂

再好的股票主力也有套现的欲望

在拉升阶段，主力的意图就是利用自身的增量资金借势推动股价脱离自身的成本区域，而为了让自身有足够的获利空间进行出货，主力往往会在选择全身而退之前让市场氛围陷入彻底疯狂。关键的是，市场的情绪往往会在持续上涨中由原来的不关注转为极度关注但不敢跟进，由不敢跟进踏空而变得渐渐懊恼，再由懊恼进一步演变为患得患失的焦虑，接着就是抱着侥幸心理进行轻仓尝试，尝到一点甜头后继而信心大增，最后就是奋不顾身地重仓杀进。主力资金就是希望能够达到这样的拉升效果，让市场对其操作的个股抱有无限的希望和激情，这样就为其出货铺下了很好的基础。

我们换个角度，可从本身价值和交易价值的关系深刻理解股价涨跌的本质。当交易价值体现，就意味着市场处于让股价开始进入疯狂状态的阶段。连续涨停的情况就是一个典型的信号，出现涨停的原因：一是由于看重其本身价值的资金的抢筹；二是由于市场资金太多，交易价值让不少人根本耐不住慢慢吃筹码的寂寞，干脆就猛烈上攻封涨停，而且连续涨停，这样至少能保证在之后冲高震荡的过程中会有相当多的筹码自动交出来，因为市场中很多人看到短期有十几二十几个点的收益还是非常满足的，也会非常愿意交出筹码，这正中主力资金攻涨停者的下怀。

当交易价值开始体现出来后，逼空推进会慢慢进入一个常态，因此，一旦开始得到交易价值支撑，股价就进入一个"资金为王"的时代。只要资金足够充沛，就可以让股价涨了再涨，让人不敢相信，直到最后大部分人都受不了诱惑，蜂拥而入，而那时这波行情也就快到尾声了。

主力资金对待股价持续飙升的眼光不同于一般大众，就在于其十分清楚什么是个股的本身价值，什么是交易价值。当交易价值发展到巅峰之时，主力资金的套现欲望其实往往已经悄然而至。那么有什么样的工具可以帮助我们认识交易价值达到最高峰阶段的状态呢？

"市梦率"就是其中一个很有实战价值的指标。所谓"市梦率"，就是突破一般人想象的市盈率。比如目前市场比较合理的市盈率是30倍，那么，40倍算吗？不算，这一般人还能想象。50倍呢？也还能想象，虽然感觉有点泡沫。60倍呢？这感觉已经有点夸张。对，就是要这种已经有点夸张的感觉，就是这种感觉一来就突破了一般人想象的市盈率。在30倍的合理市盈率基础上再翻1倍的市盈率，即60倍，其实就可以说进入"市梦率"的境界了。一旦进入"市梦率"，就很可能出现 100 倍、200 倍仿佛都不再是天方夜谭的市盈率，因为此时很多人都不再看指标，看重的更多是题材，还有未来无限放大的憧憬。最后，大家看重的可能也就仅仅是价格本身。只要便宜或者说不够高，就依然有空间。那是一种相对疯狂的状况，而且很多时候是无法阻挡的。此时，很多人忘却了风险，想得更多的是机会。事实证明，这时候其实就是最危险的时刻，作为操盘手，一定要看清当下的形势，如果出现交易价值过于疯狂而无法把握时，宁可选择放弃，否则会"一失足成千古恨"。

涨与跌的辩证关系：暴涨或暴跌中看"轮回"

当投资者碰到暴涨或暴跌的时候会怎么样呢？

空仓

投资者面对暴涨时，作为空仓者将难免失落、后悔，心情是复杂的。接下来的具体策略要不就是跟进，要不就是继续踏空。有人可能选择继续空仓，理由很简单，宁愿错失行情也不愿意冒风险。有人则可能选择跟进，理由也很充分，及时认错总比一直踏空错下去要好。你会选择什么呢？

投资者面对暴跌时，作为空仓者将难免有点幸灾乐祸，内心会很高兴，希望再跌多点，自己好在适当的时候抄个漂亮底。接下来的策略要不就是在继续下跌过程中趁机抄底，要不就是继续耐心等待市场明朗再进入。选择趁机抄底者，理由很简单，人弃我取，机会就在疯狂暴跌后。选择继续耐心等待市场明朗再进入者，理由也很充分，不冒无谓的险，宁愿失点机会，也要交易更稳妥。你会选择什么呢？

在其中

投资者面对暴涨时，作为"在其中"者，无疑是开心的，那种享受上涨带来的快感一旦到达高潮，几乎就可以忘却人世间所有的烦恼。接下来的具体策略要不就是选择时机套现出局，要不就是任由其疯狂涨下去。选择时机套现出局者，理由很简单，不贪心，见好就收，疯涨就是出局的好机会。选择任由其疯狂涨下去者，理由也很充分，趋势形成，一切皆有可能，要吃就吃个彻底，做个大赢家。你会选择什么呢？总之，不管选择什么，如果选择了趁机套现出局后，市场继续疯狂暴涨，那么，这部分投资者就会变成踏空者，进入第一种情况之中。发现没有，"轮回"就在其中。

投资者面对暴跌时，作为"在其中"者，无疑是有点担心恐惧的，那种疯狂下跌带来的恐慌一旦达到高潮，几乎可以让人彻底崩溃。接下来的具体策略要不就是壮士断臂坚决出局，要不就是任由其疯狂跌下去。选择壮士断臂坚决出局者，理由很简单，不侥幸，形势不对坚决逃跑，此时认错总比一直错下去好。选择任由其疯狂跌下去者，理由也很充分，没有只跌不涨的市场，暴跌过后往往暴涨，坚决不想死在黎明前。你会选择什么呢？总之，如果选择了壮士断臂坚决出局后，市场继续疯狂下跌，那么，这部分投资者就会变成踏空者，回到第一种情况之中。大家发现没有，"轮回"也在其中。

不论是面对暴涨，还是面对暴跌，都有两种情况："空仓"或"在其中"。而每一种情况都有两种不同的策略："继续"或"有所动作"。

根据策略的不同又会有不一样的局面，而一旦采取"有所动作"，就会进入一个"轮回"之中。所谓"轮回"，就是"空仓"—"在其中"—"空仓"，如此不断反复，只不过在暴涨或暴跌的不同环境下有不一样的意义而已。所以最终不论选择什么，其实我们都是在一个"轮回"的过程之中，这个"轮回"就市场而言，可能仅仅是一个小"轮回"而已，但必不可少。通过这暴涨或暴跌带来的选择策略上的分析，以及"轮回"的启迪，你是否有一些感悟与收获呢？

操
盘
手
记

自信是种良性循环

不知道你有没有这样的经历，某一天，你预计当天某品种会出现大涨，在盘中突然有个电话找你，你抛开盘面出去讲电话，回来一看，大涨已经很现实地摆在眼前。不经意出去一下，预计中的状况就成为现实，此时此刻，你是否感到异常惊喜与不能自已？

是的，情绪难免会有大的波动，你甚至会觉得，这就是上天刻意安排的一种模式，让人在不经意中感知到自己的存在，在不经意的状态下感受到突来的机会。

人都是情绪化的动物，面对预期中的惊喜，除了喜悦，还有一个很重要的作用，那就是增强了自信心。你发现了吗，在资本市场，人的自信心都是在不断赢的过程中累积壮大起来的。

所以，战前多思考，好好预估一下状况，这并不是要让自己成为神算，而是让自己能够更好地感知这市场，更大概率地赢得市场机会。一旦你赢了，自信心增强了，很多东西就进入一种良性循环的状态。

当量变达到质变的时候，脱胎换骨成为真正意义上的少数大赢家也就是顺理成章的事情了。

散户为何叫散户？散户为何是弱势群体？其实，本质上跟他们老是输有极大的关系，输多了，自信心不断受到打击，恶性循环之下不成为散户都很难。

一分付出一分收获，只要自己多付出，战前从真正意义上去思考，不断积累自信心，脱离散户，脱离弱势群体，就并非痴人说梦。记住，这里说的散户跟资本大小没有任何关系。

当自身的状态达到质变的时候，你说，是否"不经意"的机会就会多起来了呢？当不经意的机会多起来，变成常态的时候，你会发现，生活真美好！

这时，你是否已经发现，生活真美好的前提就是让自己质变。

反省过去，把握未来

我曾经一度做空让本金获利超过一倍；后来，由于过度看空，没及时锁定利润，导致一个反攻逼空突破向上，让自己措手不及的同时还把全部利润吐出，直至忍到最后的底线，仅仅剩下本金的四分之一时，才彻底认错出局。

本来，当回到本金的时候就应该是最后底线了，可是不服输及不切实际的憧憬让自己的最后底线放宽了，直到剩下本金的四分之一才幡然醒悟，全面认输出局。

认输出局后，全面反省后继续作战，反手做多铜，同时也参与了其他期货品种的交易，很快地，资金恢复到本金的一半，此时，回头去看看期货铜的价格，比起止损出局时的价格又高了一大截，如果空单一直持有现金，现在都不知道还要填多少保证金进去呢。

对比现在拥有本金的一半，我只能说，虽然总体输了，但值得，至少我的账户还活着，未来还有机会。

如果当时降到本金的底线能够全面认错出局，再反手做多，此时应该也有一倍利润了，但这些都仅仅是假设。

失去的，就不可能再回来，能做的，就是更好地把握未来而已。

末日轮并不那么可怕

博傻行情：如何应对末日轮

所谓末日轮，就是指上升周期的最后一个阶段和转向顶部区域的过程，其特点就是最让人为之疯狂，持续逼空的火爆行情使得几乎所有投资者都认为"只要能杀进，就一定能赚钱"。但是，使市场绝大部分投资者一败涂地的往往也是末日轮。面对末日轮，我们应该以什么样的策略和心态对待才是上上策？

从个股行情分析末日轮——博傻三点思路

◇博傻行情是行情发展到一定阶段的必然产物

一旦市场的钱多起来，"市梦率"出现后，交易价值开始被市场充分体现出来时，一切过于理性的分析都将变得苍白无力，市场将进入一个相对博傻阶段。对于这个过程，我们没有必要去回避它。相反，我们更要好好地迎接它，毕竟这是行情发展到一定阶段必然产生的状况，是一种质变，这质变将给投资者带来疯狂的获利机会。

◇基本面的非理性分析将成为助推股价的题材

交易价值一旦形成，所有基本面可以暂时不必太过纠缠，基本面理性层面的分析在这里将显得毫无用处，有用的是非理性基本面分析。什么是非理性分析？就是放大，把一些很平常的利好无限放大，使之成为助推股价的题材。

◇交易价值一旦形成，务必记住3点思路

一是必须遵从技术面的指引，这是操作原则；二是技术面优于基本面，基本面更多的是提供想象空间；三是顺应趋势并牢记"强者恒强"。为何如此？道理不复杂,最关键的就是在交易价值波动的过程中，一切皆有可能，可以比较好操控且有重要意义的武器就是技术分析。

从大盘行情分析末日轮

如果我们把目光移向整个大盘的末日轮现象，则可以从以下3点进行思考，我称之为政策与技术分析的结合。

◇一旦发现形势不对，不可太过恋战，否则极可能付出惨痛代价

交易价值何时结束，这是个非常重要但又不容易把握的问题。既然交易价值最终都是昙花一现，那就意味着风险是巨大的。因此，在具体博弈过程中，一旦形势不对，是不能够太过恋战的。太过恋战最终的结果极有可能是深陷进去而不能自拔，那无疑是需要付出惨痛代价的。

◇流动性与交易价值成因果关系，密切留意信贷政策导向

既然交易价值是由于钱多造成的，那么，要让交易价值结束，必

然是要钱少才能实现。也就是说，流动性充沛结束才有可能让交易价值结束，两者显然是互为因果的关系，一荣俱荣，一损俱损。那具体如何把握流动性的动向呢？想提前感知到流动性充沛结束与否，信贷政策是否依旧宽松等政策性导向信号是需要留意的。一旦有风吹草动，就将可能对流动性状况造成深远影响，从而最终改变市场的格局。

◇ 从形态与成交量这两点去研判市场的流动性动向

除了密切留意信贷政策上的导向之外，具体到市场而言，要想感知到流动性的未来动向，需要关注两个比较重要的技术指标：一是形态；二是成交量。形态是看日线上是否有形成顶部形态的趋势，成交量则是看日线上阶段性是否有过于放大套现的嫌疑。这两点就要回到形态与盘面分析上了，在此不具体阐述。

攻防有序：末日轮大周期下的机会

任何事物都是具有相对性的。既然涨起来可以很疯狂，同样地，一旦失去涨的基础，就完全可能被打回原形，甚至更为惨烈。在具体操盘的过程中，你不仅要看到涨的前景，还要想到跌的未来。操盘的本质就是低吸高抛，话虽简单，但具体过程则充满了智慧与艺术。

一旦一个品种从过去涨的大升浪转变为跌的大趋势，请务必记住，不论是时间还是空间上，都绝对不会一步到位。从波浪的角度来说，至少也要经历三浪下跌。因此，一旦出局，请务必要有充分的耐心，等待真正的建仓区域。当然，在这过程中，每每暴跌向下的阶段性波动过程中都会伴随一定的反弹，那是机会，可以考虑在较为有把握的前提下适当运作，但不可恋战，或投入过多兵力，因为一旦出现无法控制的非常走势，你就完全可能被套进去，那就得不偿失了。在大的下跌浪中，总的一个思路就是好好欣赏，偶尔轻仓做点反弹，但绝对要有止损意识。

交易价值回归至零，本身价值迷茫直至价格低于价值甚至低很多，这是下跌的必然走势。只有当市场的价值体系被彻底打乱了，市场真正的大机会才会蕴含其中。就如在涨的过程中，只有当其本身价值也被彻底打乱了，才能够真正进入疯狂阶段，真正的大风险也就暗含其中了。跌就让人崩溃、涨则让人疯狂的价值体系，就是本身价值与交易价值都往一个方向达到极致带来的结果。

末日轮形成中的操盘思路

◇股价疯狂时的思路

股价疯狂的过程，也就是交易价值极度泡沫的过程，此时，要做的就是顺应趋势，任由它疯狂。只是要记住一点，在特别狂热阶段可以适当减仓，如果判断不出哪里是特别狂热阶段，而又想要最终全身而退的话，那么最好的方法就是紧盯大趋势线下轨，即较近的那根长期均线。一旦出现破均线，回调新低出现，那么，你要非常明确的是：交易价值已经开始变弱，这是转势的信号，接下来你要做的就是千方百计尽可能地全部清仓。如果信号又得到进一步确认的话，那么，根本不用考虑，清仓休息，因为大跌的序幕即将拉开了。

◇"回光返照"时的思路

交易价值初期开始减弱，往往还有强弩之末的威力，换句话说，仍会有资金不甘认输，进行反扑，但一旦交易价值开始发生微妙变化，就意味着运作主力开始坚定出局了，此时，很多反扑动作最终都会演变为"回光返照"。对于运作主力而言，最后阶段也会尽可能配合"回光返照"的动作，因为这样可以最大限度地把筹码出在相对高点。真正操盘得当的主力，最终往往是可以在相对高位的"回光返照"过程中把仓位全部清掉的。

◇ 交易价值破灭时的思路

股票开始脱离主力资金的关照，甚至大面积地出货清仓，这就意味着交易价值开始破灭。没有强烈流动性支撑的股价，就如断了线的风筝一样，摇摇欲坠，有时候伴随急速的下滑，杀伤力显露无遗。这个阶段绝对不是做反弹的时候，别去接落下来的刀口，太快太锋利很容易伤到自己，耐心欣赏是此时的最好策略。记住，交易价值一旦出现转折，除了出局保住果实，其他的就不要幻想了。

末日轮形成后的操盘思路

◇ 保住果实

疯狂过后总是要经历沉静，什么时候最为疯狂判断不了，那就盯紧大趋势线下轨，一旦破位，切记，要保住果实，走人休息是接下来唯一的选择。这是因为交易价值破灭后，市场会有个漫漫熊途的过程，此时必然是跌多涨少，重心不断下移。当然，跌多了自然会有一定反弹，而且力度有时候会比较激烈。但请记住，一定要看清大趋势，就算有涨停，大下降通道依然没有任何改变，此时只有波段的交易性机会，绝没有真正意义上的投资机会。

◇抓住最后的逃命机会

"回光返照"阶段是你最后的逃命机会。切记：别贪婪。那些最后的晚餐是给喜欢幻想的人吃的，做个冷静之人，在"回光返照"阶段一定要耐得住寂寞。因为一旦继续，步入下跌过程之中，大涨拓展开来的空间很容易就被持续下跌的回归价值动作覆盖，反弹都是昙花一现，低了还可更低是这个阶段的特征，具体操盘上切记不可恋战，速战速决，设好止损。

◇别轻易做反弹

交易价值一旦破灭，杀伤力是非常惊人的，在初期阶段下跌过程中，千万别去做反弹，因为此时整体的价格区间也仅仅是大下跌浪的开始，一不小心就可能陷入恐怖的深渊之中，不值得。一旦下跌趋势形成，你就别想着市场会很快见底了。此时，本身价值也会因悲观的情绪而大打折扣。很多时候，从什么地方开始就回到什么地方去。当然，那里也并不一定就能支撑得住，但至少那里曾是起点，具有相当的价值低谷特征（前提是上市公司本身比起过去的起点没有太大的负面转变）。

末日轮演绎完全后的操盘思路

◇观察速度

当市场不断反复下跌，看不清楚到底跌到什么地方才真正具备阶段性见底的时候，你需要观察的是，看看下跌的速度有没有降低。如果下跌的速度从较为急速开始变成较为缓和，长期而言，这是个积极信号，但记住，它不是马上见阶段性底的时候。市场失去价值支撑的时候，会经历一段磨人的阶段，只有把大部分人都筛除了，市场真正的大机会才有可能重新诞生。

◇ 耐心等待

当末日轮的下跌威力逐渐显现，此时个股的股价或许已经被拦腰斩半还不止，为何还会继续疯狂跌呢？道理跟涨了还涨是一样的，只是这里变成了跌了还跌而已。千万不要贪便宜，在大的下降趋势面前，一切低价都可能仅仅是暂时的，市场完全有可能产生更低的股价，所以此时最好的操盘策略就是耐心等待。

◇ 横盘震荡时的机会

由于磨人阶段可供交易的机会并不多，能做的就是耐心等待市场从缓和下跌逐渐转变为横盘震荡，也只有股价开始进入横盘震荡阶段，才说明多空双方达到一定的平衡。充分换手后，横久了才具备再起较大波澜的基础与机会。

◇ 开始贪婪

磨人阶段到了尾声，你会发现市场可能进入一个崩溃的状态，股价击穿上波价格的起点，那是对人内心的一种摧残，人此时会变得极为脆弱，恐惧的心理将会占据全身，把基本的本身价值也忘却后，可能只想到未来股价会变成更低廉的、没有底部一般的价格（只会想到风险而没有一丝机会的意识）。这时，记住，你要开始贪婪了，别人恐惧就是你贪婪的时候，即此时是具备较大阶段性波段投资机会的时候了。

◇开始兴奋，小心试探

很多人往往都没能在股价开始回暖的黎明前坚持住，因此，你要切记的是，当市场进入一个恐慌下跌、磨人的状态时，你反倒要开始兴奋起来了。因为慢慢会有很多廉价的筹码疯狂抛售给你，这个最后抛售浪潮过后，阳光将会重新降临世界。缓和下跌的尾声开始进入恐慌抛售阶段的时候，记住，那就是你开始大胆建仓而且逐步加重仓位准备大赚一笔的时候了。不过需要提醒的是，这个阶段虽然可以开始逐步建仓，却不是可以一下子把仓位全部建好的时候，这时只是试探性建仓的时机，更多的时机仍需要耐心等待进入横盘震荡区域。别太急，欲速则不达，操盘也是如此！

操
盘
手
记

"人靠衣装"与"政策市"

人靠衣装，这话还真有几分道理。

当你要去参加一个重要宴会，把自己打扮得比平时庄重帅气或漂亮好几分的时候，你是否发现，心情会随外在的变化而发生微妙的转变，一种喜悦的感觉油然而生？

外在促使内在发生变化，生活中类似这样的例子比比皆是。有时候，人确实需要外在的变化来促使内在潜意识提升，从而最终改变自己的内在。

但对于资本市场来说呢，是否道理亦如此？其实资本市场中类似的例子也比比皆是，"政策市"就是一个最经典而又众所周知的实例。

既然人们可以通过外在变化最终达到改变内在的效果，那么，"政策市"何尝不能达到改变内在的效果呢？

很多人会说，"政策市"带来的虚假繁荣难以持续，确实，这是建立在基本面无法跟进的前提下，但是，如果"政策市"带来的虚假繁荣达到一定程度的时候，基本面也会大踏步地跟进过来吗？

那么，结果便很微妙了，最终可能演变成真真假假、假假真真，无从分辨。虚假繁荣变成真的繁荣，这或许是政策市带来的最理想效果，不是没可能，只不过资本市场更多地体现了残酷的一面，也就是最终很难真正达到理想状态。

其实，再反过来想想人本身，也是一样的道理。外在改变促使内在变化的例子确实比比皆是，但是，这内在的变化是长久的变化还是一时的变化呢？不妨想想宴会结束，华衣卸下，珠宝褪去，第二天醒来，是否那内在的变化仅仅停留在昨天的宴会之中，一切又开始回归过去了呢？你还别说，这可是最常见的一种状况，也就是说，内在的变化仅仅是昙花一现，难以持久，这不跟资本市场的虚假繁荣是一样的道理吗？

所以，要想真正改变内在，长久改变内在，要不就是天天有宴会，也就是天天有政策；要不就是真正意识到问题所在，潜下心来好好面对现实，从"心"开始！

天下没有不散的宴席，"政策市"也终是难以持久的。从"根"开始，从"心"开始，从一点一滴开始，虽然要达到最终目的的时间有点漫长，但这样的内在变化是可以持久的，你不觉得这"漫长的过程"也就有点值得了吗？

涨到没感觉

如果你卖了一只个股不久，它不但不跌，反而大涨超过15%，此时的你是否会心痛不已？确实很难不心痛，那种后悔，那种踏空的感觉，有时甚至让人不能自已。

只是，此时的你是否想到当时为何卖，那时不就是看到了风险才卖的吗？本来就没有人能够卖到最高点，这道理或许你也懂，现在你的心痛，说白了，只是因为这大涨是发生在你卖出后不久而已。

假设你卖出去的价格是 5 元，卖出去后一段时间股价也没怎么涨，过了大半年后，你再看那只个股，却发现其价格已不知在此后的哪些日子里疯狂地涨到了 15 元，比当时你卖的时候翻了两倍。这时，你心里也许会不好受，但我敢肯定，你的"心痛"不会比上面的"心痛"要厉害，为何？因为上面是发生在相当短的时间里，虽然大涨的幅度远不及后者，但那短期给人带来的后悔等感觉，其心理冲击力比后者来得更为猛烈。而后者的情况，当你发现时，虽然也后悔，但毕竟卖出去的一段时间里确实没大涨，而且都已经大半年了，市场一切皆有可能，你心中会给一些理由让自己更坦然地接受这样可惜的结果。

这里其实就如"跌到没感觉"的相反版本，那就是"涨到没感觉"了，初期卖了马上涨会心痛后悔，但时间一长，就算涨得更为疯狂，心痛的感觉也未必会有，因为已经涨到超出想象空间，无话可说了，也就没感觉了。

如果说"跌到没感觉"是一种无奈的话，那么，这里的"涨到没感觉"何尝不也是一种无奈呢？

股市中的势能与股价的涨跌规律

从"龟波气功"看股价的上攻与自由落体

自从把股市与期市两者结合起来去感悟与把握之后，我发现自己越来越灵敏，越来越进入佳境，内在的能量似乎由此得到极大的充实与扩延。

现在有一点感悟可以与大家分享：技术分析虽然看上去复杂，但去繁就简之后也就是看势的问题了，商品也好，股票也好，外汇也好，甚至一切有趋势波动的物体或事件等，都可以利用"势"来阐述和分析把握。

就拿技术分析中的上涨矩形或上涨旗形来说，为何它们都是看涨形态，那就是"势"的问题。上涨一段时间后保持一种强势横盘的运行格局，从而形成矩形或旗形等，这时其实形态并不重要，重要的是那种"势"，强的"势"就表明背后有股力量在推动着，等各种力量达到一定共鸣状态之时，接"势"再上一层楼也就顺理成章了。

不过"势"也有物极必反的状况，如果你仔细观察，会发现疯狂上涨或疯狂下跌后，总是容易出现相反的短期剧烈波动，那就是阶段性力量衰歇，即"势"用完带来的反效果了。这里的反效果是要好好注意的，尤其是在期货市场上，有时候奋力突破关键点位之时，出现反效果的概率会非常大。

那么，"势"到底是什么？这里就拿动漫《七龙珠》中的龟波气功的产生、持续、突破与结束来做比喻吧。龟波气功，是孙悟空最常用的一种攻击方式，我们可以将这种武功与股市中"势"的全过程做对比。

首先，产生。在正式打出气功波之前，需要做的是"积蓄能量，摆出架势"，这就如同一只股票在正式大推升前，总有一些异常的放量及特别的波动形态展示出来一样，毕竟没有这些量能与形态的支撑，就贸然启动大推升的话，不论是气势还是内在，都会大打折扣，从而影响到杀伤力。再回到龟波气功，你会发现，正式发出前的时间越长，能量积蓄越充分，架势越有力量，最终推出的气功波就越有杀伤力。在股票市场中，底部或顶部积蓄的能量越大，构筑形态的时间越长，最终转势带给市场的杀伤力也就越大，两者异曲同工。

其次，持续。气功波发出去以后，对方也会同样发出气功波，两股力量的气功波会撞击在一起。这正如在资本市场波动的过程中，当做多力量爆发开来，价格就会随之出现急促上涨，但同时上方也很快就会出现一股做空的力量，与这股做多力量迎面碰撞在一起，价格会呈现区间震荡的状态，同时成交量会急剧放大。成交量的急剧放大正好说明多空双方博弈得非常激烈，很多时候，这两股力量都会出现阶段性的平衡。在动漫世界中，两股冲击波也就形成了一种相持状况。此时，决定最终胜负的，就是各自持续赶来的能量的较量，如果其中一方后续的能量更为强大或更为持久，那么，胜利的天平就会往那一方倾斜。此时，反映在动漫冲击波的抗衡过程中，就是胜利一方的冲击波会逐渐吞噬力量较弱的一方，冲击波越发逼近对方本人。

再次，突破。当阶段性平衡开始被打破，力量明显往另一方倾斜，就是"突破"之时。这里的"势"在某种程度上跟"产生"的状况类似，不同的是，"产生"的势是对自身的突破，而"突破"的势是针对对手攻击波的胜利。我们可以发现，一旦平衡被打破，力量开始呈现一面提升之时，那时出现的势如破竹的推进态势，往往把股价推入疯狂演绎逼空的阶段，这时候，非常凶悍，非常暴力。在动漫世界中，你很容易发现，当有一方的力量在阶段性平衡后取得胜利，气功波将呈现出逐步吞噬对手的气势，并随后加速推向对方，此时，于对方而言，生死也就到了命悬一线的阶段了。

最后，结束。其中一方气功波取得了压倒性胜利，波球逼近对方，并即将取得最后胜利，一旦对手被气功波完全吞噬，那么，也就是宣告战斗正式结束，那时，一切都将会重新恢复平静。

在资本市场中，我们可以发现，当股价打破平衡进入疯狂状态，一方取得决定性胜利后，股价向上的波动会突然在一个高潮过后戛然而止，进入滞涨或者马上回落的态势。为何？道理就跟冲击波结束后一样，高潮过后一切都会回归平静，当最后的能量都已经使出来了，虽然对方或许是被消灭了，但自身此时的力量也被极大地消耗，股价继续向上冲的动力将会消失，能不停顿或自由落体吗？如果说什么时候能再次疯狂，那也只有等能量再次储备好之后了。

因此，最后的结束阶段虽然精彩，但往往都是昙花一现，可以说是强弩之末。不过无论如何，毕竟其中一方已经取得了决定性的胜利，那么大的方向将不会改变。当然，有时候也有例外，那就是明明已经突破，却是对手的诱敌策略，当我们以为已经成功准备松懈下来时，对手马上给你来个措手不及，一股更强大的力量出现，迅速反攻，直至消灭对手，这就是所谓的"假突破"了。

产生—持续—突破—结束，在上攻过程中的"势"如此，其实反过来，下跌过程也是一样的。把动漫的世界跟市场波动的一些具体动作联系起来，不仅可以大大加深对波动的理解，还能够带来不一样的乐趣，何乐而不为呢？生活，需要多点乐趣，学习其实也是一样的，只要我们懂得联想，深入思考联系，一切也就是顺理成章的事情了。

通过把动漫世界中的龟波气功与资本市场的波动联系起来，我们更深刻地体会到，无论是上升途中还是下跌过程中，股价的自由落体现象都是客观存在的。不过，同样是暴跌或者暴涨，如果其发生的大环境不同，那么其内在的本质也会有所不同，这是操盘手必须清楚认识到的。

不同阶段区别对待价格的暴跌暴涨

看似相同的大跌或大涨，如果内在的构成因素不一样，那么，其接下来的结果也就必然不一样。我们千万不要犯经验主义的错误，只看外在，而忽略了内在，这是最容易被市场欺骗的。牛市中会有回调意味的暴跌，熊市中则有加速下滑的暴跌，股价的自由落体现象在不同阶段都有不同的内在性质，因此我们要学会从盘面上的一些特点去区分暴跌或者暴涨背后的本质。

具体而言，比如市场暴跌，此时恐慌是正常的，但是我们要看到这暴跌的具体盘面如何。一般会有两种不同情况。第一种情况：大面积普跌，跌停一大片。这种状况毫无疑问是空头占据了绝对优势，空头在疯狂宣泄，接下来，继续下探是很正常的，这个时候千万别贸然抄底，任何的冲动行为都有可能带来损失。第二种情况：大部分权重品种跌幅惊人，引领下挫，不过跌停品种不算多，同时不少非权重品种较为活跃。这种状况在暴跌中也常见，如果说第一种是真暴跌的话，那么，现在这种暴跌很有可能就是假动作，暴跌过后则有可能演变为短期洗盘。

道理不复杂，因为跌停品种不算多，同时有非权重品种活跃，就说明做多资金存在，市场人气局部活跃，这对接下来的市场是有利的。至于权重股大跌，有可能是基金的一种调仓或适当减持动作，并不意味着行情的结束，空头看上去占据了绝对优势，但在局部地区显然不是，只不过在权重股暴跌的引领下，市场不得不低下头。

上面两种情况，前者是要继续下挫的盘面特征，这个暴跌具有很大的杀伤力，什么时候能够见阶段性反弹，关键要看盘面有没明显做多的痕迹及特征，或者说要耐心等待空头充分宣泄后。后者是接下来有可能进入区间反复震荡的盘面特征，这个暴跌看上去有杀伤力，但内在的做多能量依然存在，空头要充分消灭多头，至少要进行一定的拉锯消耗才有可能实现，若想一步到位把多头消灭，难度很大。所以，一旦出现暴跌且盘中局部有做多痕迹及特征，就不必太过担忧，相反，倒是可以积极去把握一些局部机会。

暴跌如此，那么暴涨呢？其实原理是类似的。暴涨一般也会有两种不同情况。第一种情况：大面积普涨，涨停一大片。这种状况毫无疑问，是多方占据了绝对优势，多方在疯狂宣泄，接下来，继续上攻是很正常的，这个时候可以积极采取加仓或追进的策略，赢的概率相当大。第二种情况：大部分权重品种涨幅惊人，引领上涨，不过涨停品种不算多，同时不少非权重品种的走势远比市场弱或逆市下跌。这种状况在暴涨中也常见，如果说第一种是真暴涨的话，那么，现在这种暴涨就很有可能是假动作，暴涨过后则有可能演变为震荡回落。因为涨停品种不算多，同时非权重品种低迷，就说明做空资金存在，市场人气局部低迷，这对接下来的市场是不利的。至于权重股大涨，有可能是主力资金为掩护其他品种出货的策略，并不意味着行情能够进一步向上发展，至少短期是这样的，多头只是看上去占据了绝对优势，但在局部地区显然不是，只不过在权重股暴涨的引领下，市场不得不抬起头。

上面两种情况，前者是继续上涨的盘面特征，这个暴涨具有很大的冲击力，什么时候能够见阶段性顶，关键要看盘面有没明显做空的痕迹及特征，或者说要耐心等待多头充分宣泄后。后者是接下来有可能进入反复回落的盘面特征，这个暴涨看上去有冲击力，但内在的做空能量依然存在，多方要充分消灭空方，至少要进行一定的拉锯消耗才有可能实现，若想一步到位把空头消灭，难度很大。所以，一旦出现暴涨且盘中有做空痕迹及特征，就需要多点警惕了，此时倒是要积极把握反弹高点，减持回避局部风险。

暴跌或暴涨都有两种重要的不同情况，每种情况都有相应的策略应对，虽然不能说绝对正确，但很多时候都是正确的。所以，参考的价值是比较大的，不妨好好理解并融会贯通。

有所为有所不为，才是生存之道

在资本市场进行博弈，是一门讲究取舍的艺术。我常常强调，要有所为有所不为，这是我面对机会和风险时的态度。为什么把握取舍如此重要？原因就在于资本市场存在着不确定性，没有人能够一辈子都精准地把握住每一次波动，因此要想在这个市场上长久地生存和成为最后的赢家，就要懂得做到能承受小概率的输，争取大概率的赢。为何资本市场会具有不确定性？这跟博弈有直接联系，更跟很多事情的本质往往不是如表面所看那么简单有关。参透牛熊途中的一些本质和规律，对于读者掌握有所为有所不为这门艺术，相信有极大的益处。

当爆发金融危机，大环境异常严峻之时，任何大动作刺激经济政策的背后，都是未来仍有一段黑暗期要走的征兆。换句话说，资本市场往往会在刺激经济政策出台后先抑后扬，反复探底，其间伴随着经济进一步恶化的消息出台，市场不时会演绎出恐慌性跳水的好戏。大部分人容易受情绪所感染，是比较短视的。当一个政策具有利好效应之时，往往都会把注意力集中在短期影响，把心思放到好的方面，而忽略了大格局、大环境。这时候，如果市场本身已经提前消化了消息的话，那么，往往就有可能出现"利好出尽是利空"的走势。大环境向下，每一次利好带来的刺激都只能看作反弹。

当然，相反，如果大环境向上，每一次利空带来的刺激也都只能看作回抽。大趋势的判断很重要，大的趋势看懂了，那么，我们就可以坦然地面对很多小的浪花了。要特别注意的是，在牛市中，调整往往都会以短时间内急剧大幅下跌一次性完成。同理，在熊市中，反弹也往往都会以短时间内急剧大幅上扬一次性完成。

为何如此？从心理层面分析，道理也不复杂。在牛市运行过程中，由于市场常以连续稳步上扬的姿态展开，对于很多获利丰厚的投资者而言，一旦出现跳水等风吹草动，就很容易引发羊群效应式的卖出，从而导致急剧的调整，具有比较强的脉冲式杀伤力。也正因为如此，在牛市运行过程中，这样的调整就很容易被一些投资者看成是转折点。但实际上，对于那些看透大趋势的做多投资者而言，这无疑是对空头投资者最好的洗盘方式，也是坚定做多的投资者进一步加仓的机会。

相反，在熊市运行过程中，由于市场常以连续下跌的姿态展开，对于很多亏损累累的投资者而言，一旦反攻有风吹草动，就很容易引发羊群效应式的买进补仓行为，从而导致急剧的上扬，具有比较强的脉冲式冲击力。也正因为如此，在熊市运行过程中，这样的上扬就很容易被一些投资者看成转折点。但实际上，对于那些看透大趋势的做空投资者而言，无疑是对多头投资者最好的诱多方式，也是坚定做空的投资者进一步卖出的机会。

综合上面两种环境下的特点，我们可以发现，在牛市运行格局中，要想更好地获取收益，就是要坚定做大波段的思路，否则随时有可能被市场的急剧调整洗掉。

另外，在熊市运行格局中，要想获取收益，就要学会打游击战，市场一旦有风吹草动，可采取跟随动作，以快进快出做反弹的思路来面对。有时候，由于熊市的反弹会显得比较有冲击力，阶段性的机会并不会比牛市相同时间内的机会少。当然，由于熊市大的方向是向下，对于资金比较庞大的投资者而言，耐得住寂寞是最重要的。熊市反弹的可操作性更多的是针对那些比较容易转向的资金，也就是那些中小资金，毕竟一旦反弹结束，更猛烈的下跌还是会到来的，大资金进去容易但出来难，没有必要为了一时的反弹快感而把自己给毁了。在熊市，最终比的是谁能够更好地活下来！

操
盘
手
记

把握稍纵即逝的机会

机会稍纵即逝，这点在权证盘中的剧烈波动中表现得尤为突出。

如何才能把握稍纵即逝的机会呢？这是个需要好好思考的问题。为何机会没把握住？为何看到了机会却没行动？

看到了机会却没行动可能是心理问题。这心理问题发生的背景要不就是空仓资金等待机会，要不就是持有其他品种面临是否换股的局面。

第一，空仓资金等待机会背景下看到了机会却没行动概率不大。

空仓资金等待机会的背景下，如果看到了机会却没有行动，更多的是担心犹豫或者是想等待更低的位置介入造成的。但很多时候，在这样的背景下，投资者本身具有比较大的参与市场机会的欲望，因此，看到了却没行动的概率不大，问题只在于这行动是否够及时到位而已。

第二，持有其他品种面临是否换股的背景下失去机会，关键是内心放不下手中品种。

在持有其他品种面临是否换股的背景下，最容易出现看到了机会却没行动的状况，道理很简单，很多人都不愿意放弃手中已有的品种，内心总是认为手中持有的品种处于随时爆发的状态，或者担心一旦换过去，原先品种爆发起来自己会后悔，总之，看到了机会却没行动最根本的原因就是手中的品种在内心产生了极大的阻碍。当然，同时也是因为对看到机会的品种觉得把握不大或者信心不足，难以做到真正割舍过去追逐当下。

所以，面对这种状态，我们是否要思考一下，如何才能克服这样的心态呢？通过自身的实际体验与感悟，我想，如果把下面两点做好了，应该就能够克服了。

第一，交易前一天晚上做好细致的研究部署工作。

对看到机会的品种要研究透彻，而不仅仅是直觉而已。最好的方式，是在交易的前一天晚上就已做了细致的研究部署工作，已经大概预测到其有可能出现的状况，市场一旦出现机会，也是验证了自己的判断而已。如果前一天做过细致的研究部署工作的话，那么，面对这预料中的机会，就完全能够做到多一分果断，少一分犹豫，哪怕最终错了，也无悔。

第二，以游戏的心态面对交易品种。

我们来到这个市场，目的很简单，就是获取差价，让利润最大化。既然如此，那么，当自己手中品种的机会明显要弱于研究的新品种之时，尤其是在做短线的过程中，是必须要有所觉悟，有所取舍的。我们抱的应该是游戏的心态，这样或许就能放松很多，就会排除一些不必要的干扰，自然也就能够轻松面对一些值得把握的机会。

我们要认真对待的是研究与操盘，而不是对交易品种本身的执着，那仅仅是一个媒介而已，通过媒介我们要达到进入市场的目的。当然，我们也并非要对交易品种"绝情"，我们可以圈定一定的范围作为自己交易的区域，选些自己喜欢、已经熟悉的品种，不断反复交易，如果你对某一品种特别有信心特别钟爱，那么，在短线交易过后，再买回之前股数也不失为一个比较好的操盘策略。只是在这个过程中，要有亏股数的心理准备。

市场很有趣，有时有趣的不是交易的品种，而恰恰是交易者本身。

看到了机会却把握不住，说起来挺可笑，实际上却是非常现实的普遍问题，要克服并不容易，但并非毫无办法。

让瓶颈不再成为瓶颈

每个人到了一定阶段都难免出现瓶颈，一时无法突破，不论是思想上还是事业上。这就好比一只个股到了一个特定的高度就会遇到强大阻力，一时无法突破。

当个股遇到强大阻力无法突破时，采取什么样的策略才能最终突破过去呢？

有人说直接奋力突破上去，是可以的，但你发现没有，这就等于贸然强攻，虽然初期好像挺厉害，也确实攻破过去了，但很快会发现后续能量不足，最终还是折回，而且由于耗尽了能量，在原来发起攻击的起点处都无法站稳，最终在恐慌的羊群效应下"飞流直下三千尺"般跌到不知道哪里去了。具体盘面其实就是强势上行后再暴涨，然后见顶并最终转熊暴跌。

其实这里有两个盘面策略值得借鉴：

一是采取时间换空间的策略。在瓶颈附近采取长期区间横盘震荡达到消化获利盘并积蓄强大能量的目的，等最终时机成熟了有效突破上去，真正再上一个台阶，具体盘面表现就是在相对高位长期区间横盘震荡后爆发行情。

二是采取以退为进的策略。既然瓶颈一时无法有效突破过去，那么不如撤退，好好养精蓄锐，等自身能量达到时再发起攻击，具体盘面表现就是遇阻回落后形成阶段性底部形态，最终完成形态展开新一轮行情。

总结下来，个股遇强阻要突破要么就是采取"时间换空间"的策略，要么就是采取"以退为进"的策略，千万别贸然强攻，否则会摔得很惨。

那么，回到人身上，遇到瓶颈的时候，是否也可以如个股一样呢？道理其实是相通的！当发现自己的思想或事业出现瓶颈时，此时，至少你要懂得休息或者放弃一些东西，如果不懂得休息或者收缩拳头，硬是要让自己冲上去的话，那么，很有可能最终的结果就是出大洋相，遭遇到大失败。人在关键时刻，最重要的就是要认清自己，盲目的自信带来的结果往往都是致命的。

要想升华自己的思想，要想让事业走得更远，请跳出那条条框框的思路，走出那忙忙碌碌的世界，去旅游，去接触大自然，好好放松，好好感悟世界，回来后找个寂静的地方，好好沉思，好好思考，等待时机成熟重整旗鼓。

虽然可能因此失去一些实在的东西，但能够收获到让自己质变的东西；这东西的能量异常巨大，等你再回到原先的环境的时候，一切瓶颈也就不再是瓶颈了。

04

主力获利出货操盘实例

——如何看透主力出货真相

不做主力最后的接盘者

在实际操作中我们不时看到一匹匹黑马从底部崛起，不论是在强势行情还是在弱势行情，这样的现象屡屡发生。市场出现这样的现象并不是什么新奇事，尤其是在投机氛围比较浓厚的中国市场，好赌的天性在此得到淋漓尽致的表现。这种现象并不是我国市场所独有，在国际其他市场也同样存在，只是在我国发生的频率高一点而已，毕竟才走过 20 个年头，我国资本市场还是有一些不成熟的地方，扎根于这个市场的投资者自然也就有些不成熟的表现。相信随着我国资本市场的不断成熟，制度的不断完善，投资者结构的不断转变，这种不成熟的表现将得到很大的改观。虽然这种现象迟早会得到很大的改观，但现阶段来说还难以改变，毕竟积重难返，积累了十几年的投资习惯要想短时期内改变谈何容易，也就是说，这种现象在今后很长一段时间内还将延续，我们身在其中，也就不得不适应这种环境，找到问题的应对办法才是权宜之计。

要想找到问题的答案，首先我们必须认清楚问题的表象，透过现象看到本质后，我们的问题自然也就迎刃而解了。不知你是否有过这样的经历，在实战操作中，我们看到很多个股异军突起，连续几个涨停板长空直入，可惜在畏惧心理的作用下，不敢追涨杀入，心想还是先看看吧。在这种先看看的心态下，该股却不改常态，仍然走势强劲，此时看着股价狂飙，我们可能会后悔当初没有及时大胆买进，现在不能再丢失接下来的机会了，于是不顾一切，一股脑儿地杀进。很多人可能认为现在买进才傻呢，你可不要这样认为，很多时候事实就是这样子，开始涨，你不进，我还涨，你还是不进，我再涨，你可能就招架不住了，俯首称臣，大胆地买进。此时的结果可想而知，在前期的犹豫中机会都已流失了大半，你要么获得蝇头小利，搞不好很可能就是顶部套牢。这种现象事后谁都可能看得清楚，可是身处其中，却被浮云遮望眼，看不到其中的蹊跷。现在你回头看可能很明白，但等你真正沉浸在市场的波动中时，这个教训可能早已被你抛诸脑后了。

此处给我们的启迪是，做事情不要犹犹豫豫，前怕狼后怕虎的心理只会让机会眼睁睁地溜走，果断出击的重要性不言而喻，不然剩下给你的就只有鱼尾了，刺多肉少。可能很多人都会说，要从头吃到尾很难，能从鱼身吃到尾就很不错了，甚至能吃到一点后获利出局就已满足了。是啊，在现实中，能做到赢了之后全身而退的人确实很少，人性的弱点中贪婪仍旧是我们战胜自我最大的敌人，谁不想赚了还多赚一点，可惜事与愿违，越是贪婪，结果很有可能越不理想，然而获利后完胜出局就真的这么难以企及吗？要说不难吧，可能与实际不符，因为亏的人不在少数，要说难吧，如果能够透过现象看到背后的本质其实也不难。问题就在于你是否看得透，看透了自然就简单了，看不透说不难肯定不现实，毕竟事实摆在面前不信也不行。

不知你看到以下几只个股的走势有何感想？如图4-1至图4-5所示。

通过对比图中的走势，你会发现它们如此惊人的相似，没错，这就是规律。面对扑朔迷离的市场，很多人会觉得无所适从，但如果你看清了波动背后的本质，找出其中的规律，复杂的问题也就不再复杂了。

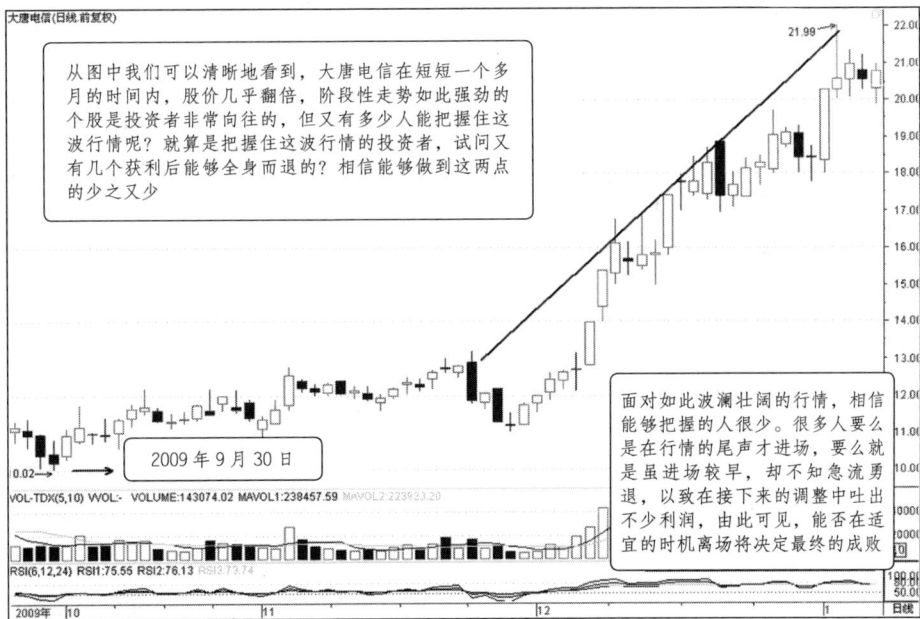

图4-1 大唐电信上涨走势图

襄阳轴承在 100 多个交易日内的上涨幅
度达到了 137%，股价从 4.72 元上涨到了
11.2 元，实现了翻倍；但是在经历这种涨
幅之后又有几个人能够功成身退呢

2018 年 10 月 31 日

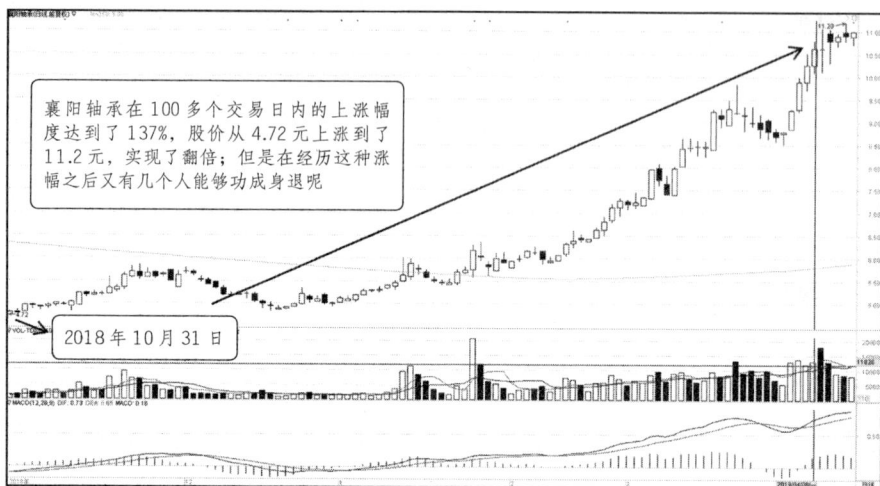

图 4-2　襄阳轴承上涨走势图

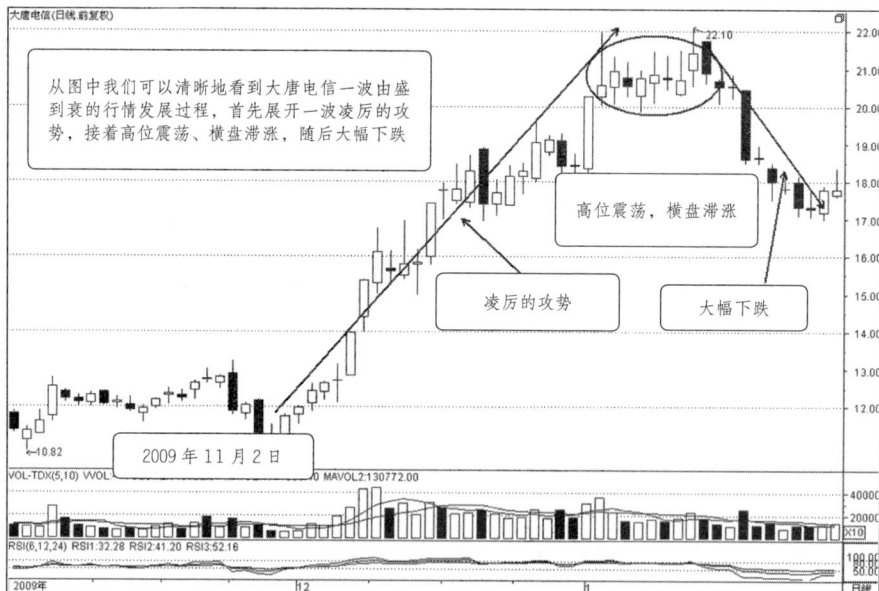

从图中我们可以清晰地看到大唐电信一波由盛
到衰的行情发展过程，首先展开一波凌厉的攻
势，接着高位震荡、横盘滞涨，随后大幅下跌

高位震荡，横盘滞涨

凌厉的攻势

大幅下跌

2009 年 11 月 2 日

图 4-3　大唐电信由盛入衰走势图

【学习重点提炼】

"趋势"是股市盈利的关键所在，而只要市场存在，在多空双方的斗争中，就没有能够完全消灭另外一方。当一方占据优势的时候就会走出趋势行情，即多方占优势走上升趋势，空方占优势走下降趋势。我们必须把握好这个趋势，毕竟"趋势"是有尽头的，在上升趋势里最终的结局就是变成下降趋势。

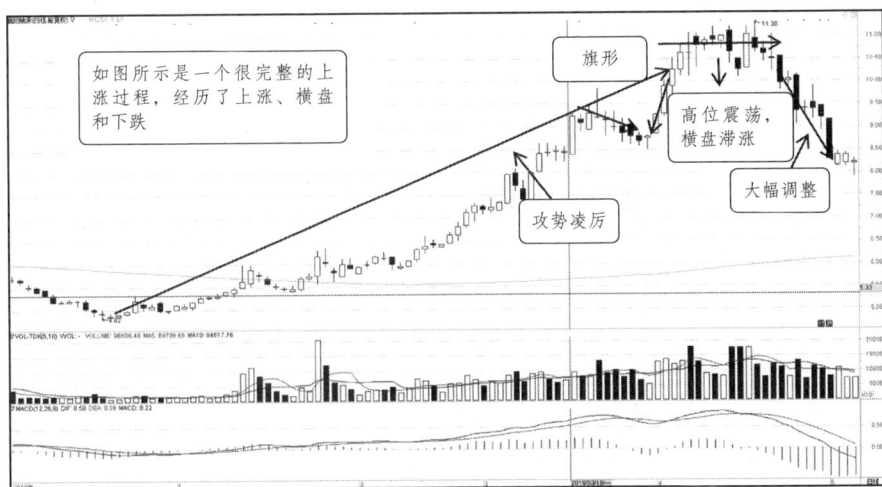

图4-4　襄阳轴承由盛入衰走势图

【学习延伸】

从襄阳轴承的K线图上看，我们能发现在一轮大的上涨过程中，上涨旗形出现的概率很大。原因很简单，上涨过程中总会伴随着阶段性调整，那就是三角形或是旗形形成的过程。

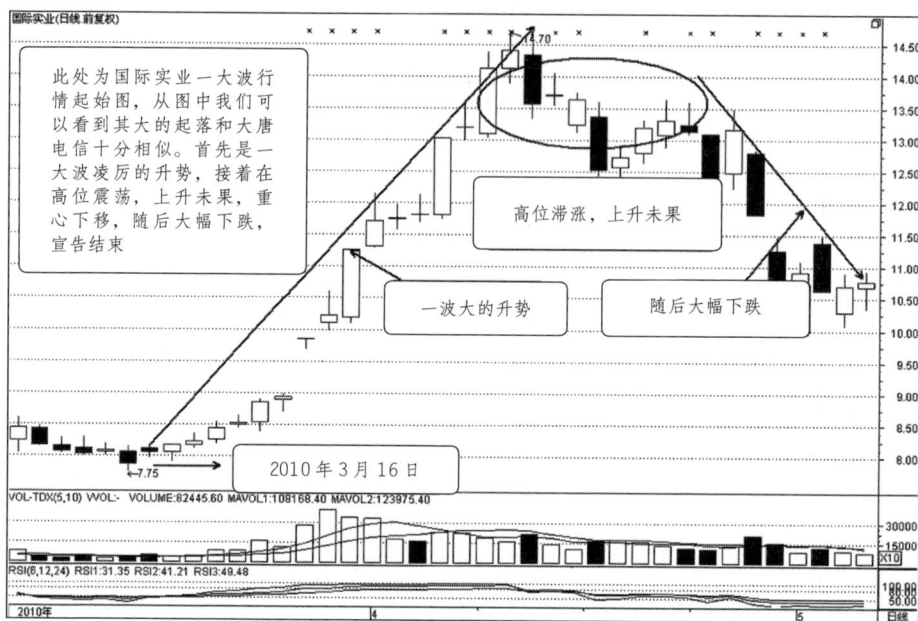

国际实业(日线,前复权)

此处为国际实业一大波行情起始图，从图中我们可以看到其大的起落和大唐电信十分相似。首先是一大波凌厉的升势，接着在高位震荡，上升未果，重心下移，随后大幅下跌，宣告结束

高位滞涨，上升未果

一波大的升势

随后大幅下跌

2010 年 3 月 16 日

图 4-5　国际实业由盛入衰走势图

　　首先我们必须懂得，在极短的时间内之所以能走出一波波澜壮阔的行情，很大程度上是因为里面有一些资金在运作，也就是参与该股的主力资金导演了这场戏，知道这点后对上述行情发展过程中的 3 个阶段（上升阶段、横盘阶段、下跌阶段）也就好理解了。

　　第一阶段，也就是一波大的上升阶段。主力在此阶段前期一般建仓完毕，有时也会在上涨初期逐步建仓，这样可以起到推动股价上涨而吸引更多的资金进场的作用，这就是在上涨过程中量能会得到很大程度放大的原因（主力资金和被吸引资金纷纷进场的结果）。如此强劲的上升阶段，看起来很壮观，毕竟在如此短的时间内几乎就可以使资产翻番，这是众多投资者所向往的。但真正能把握这种主升浪行情的人少之又少。不能很好把握的缘由，上文已经分析过了：一是犹豫，没行情时急切地向往，当行情真正来了的时候，却又不敢进场了；二是贪婪，赚了还想大赚，不知急流勇退，最终结果是坐了一趟过山车，从哪里来回到哪里去。但说到底，之所以会犹豫、贪婪，从根本上说还是由于看不懂行情发展的规律，犹豫是因为觉得行情快要结束了，不敢进场，贪婪是因为不懂得行情已经结束了，不知道什么时候出场，所以说最根本的原因还是看不懂行情发展规律，看不清主力运作的手法。不急，看完第二阶段、第三阶段行情的运行规律，你会觉得上述的犹豫和贪婪都不是问题了。

第二阶段，也就是高位滞涨、横盘震荡的阶段。这是一个非常重要的阶段，理解这个阶段的意图，你会觉得第一阶段的犹豫和贪婪是完全没有必要的。这个阶段可以告诉我们什么？首先我们从这个阶段的走势来分析。这个阶段的特征：处于相对高位，横盘震荡，不再像第一阶段那样屡创新高，即上涨乏力，欲上攻而不能。从这种表现来看，其实就是一种上涨动能基本衰竭的表现，这在技术上来说是一种警惕信号，预示着阶段性顶部的到来。其次从主力资金运作的意图来看，此处是一个缓冲阶段，一般主力资金在主升浪行情的后期，即最后疯狂的时候会选择套现派发筹码，但这个筹码的派发过程不可能一步到位，即有个过程，所以此处的横盘震荡区间也就是主力必须做到的为稳定大局从而全身而退所制造的掩护场，毕竟庞大的资金要是没有接盘者，没有对手盘就无法顺利退出，所以你会看到很多这样的现象，很多个股在一波强势拉升后不会马上进入疯狂的下跌阶段，而是要经过一段时间的横盘震荡才出现后来的大幅下挫阶段。看到这里你是否觉得第一阶段的犹豫是完全没有必要的呢？对，事实就是这样子，一般行情经过一轮大幅上涨后不会立马出现大幅下挫的走势，知道这一点，我们也就没必要因害怕下跌而犹豫，不敢进场，因为横盘平台还没出现前，还有继续上涨的空间，大跌的可能性就更小了，毕竟主力资金还没撤退呢，此时我们不必犹豫，可以果断地杀入，就算是在行情的尾声阶段进入问题也不大，在横盘阶段我们还可以全身而退。同时，看清了横盘震荡背后主力的阴谋，你也就不会这么贪婪，因为此时你懂得了横盘过后，主力资金差不多出仓完毕时，暴风雨即将来临。

第三阶段，也就是一波行情退潮的阶段。在此阶段之前主力资金几乎已全身而退，就算还有也只是冰山一角了，掩护大军撤退后，接下来就可以不惜代价砸盘出局了，所以在行情的退潮阶段跌幅还是比较恐怖的，不懂得退却的投资者一不小心就会被套。相信有不少投资者都有过这样的经历，即涨时不买，买进去之后就被套，他们很可能就是在第二阶段买的。

通过上述对 3 个阶段的分析，你是否会对今后的操作多一分感悟呢？事实就是这样，虽然资本市场变幻莫测，但其中有些规律还是可以把握的。有时候你会疑惑，为什么有人盘感那么好，进去之后其买的股票就能涨，出来之后就猛跌，这是因为他们掌握了部分个股运行的规律。其实很多人都能做到这一点，就在于是否用心去做了。对于整天追涨杀跌的投资者来说，想必也没有时间去思考，去探寻其中的规律，自然日复一日，年复一年都没有大的进步。资本市场如此，人生也是如此，曾经看到过一句话我很欣赏：做人生的思考者，思想的支配者，幸福的缔造者，悲剧的终结者。在此与大家共勉。

沃华医药：在"市梦率"的温柔乡中顺利出局

上涨行情到了尾声，往往是大众疯狂的高峰。我们也许无法判断人心到了哪个位置才是疯狂的极限，但是我们可以借助不带感情色彩的价值准绳——市盈率来认清机会与风险。沃华医药从 2008 年 12 月开始到 2009 年 7 月结束的上涨周期，就是一个不断吸引大众进入最后疯狂的好例子。

再好的股票也有套现的欲望。短短半年时间，沃华医药的股价翻两番的表现的确让人眼前一亮，但是仍在准备追高甚至继续加仓的人是否注意到其背后风险的存在呢？也许你还在犹豫，主力资金在这个阶段就会瞄准大众的这个弱点，在拉升的末端突然打破之前温和的上涨节奏，采取脉冲式的上攻。道理很简单，因为对于主力资金而言，这是使市场陷入最后疯狂的必杀技。多少怀着美好愿望不顾一切杀进的资金就此开始了漫长而痛苦的下跌旅程。如图 4-6、图 4-7 所示。

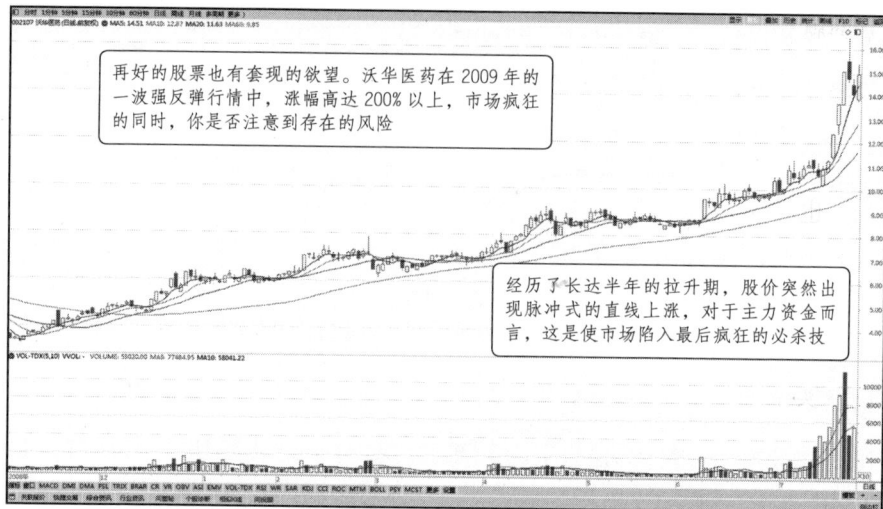

再好的股票也有套现的欲望。沃华医药在2009年的一波强反弹行情中，涨幅高达200%以上，市场疯狂的同时，你是否注意到存在的风险

经历了长达半年的拉升期，股价突然出现脉冲式的直线上涨，对于主力资金而言，这是使市场陷入最后疯狂的必杀技

图4-6　沃华医药2008年12月至2009年7月上涨走势图

| 维赛特 港澳 | 最新提示 | 公司概况 | 财务分析 | 股东研究 | 股本股改 | 风险因素 | 公司报道 |
| | 公司大事 | 港澳分析 | 经营分析 | 主力追踪 | 分红扩股 | 高层治理 | 业内点评 |

财务指标(单位)	2010-03-31	2009-12-31	2009-09-30	2009-06-30
每股收益(元)	0.0600	0.3200	0.2000	0.2400
每股收益扣除(元)	0.0600	0.2300	0.2000	0.2400
每股净资产(元)	4.2600	4.2000	4.0900	8.2700
调整后每股净资产(元)	-	-	-	-
净资产收益率(%)	1.3617	7.6073	4.9300	5.8900
每股资本公积金(元)	2.0155	2.0155	2.0155	5.0311
每股未分配利润(元)	1.0838	1.0258	0.9514	1.9857
主营业务收入(万元)	2903.48	17219.55	12193.65	10720.49
主营业务利润(万元)	-	-	-	-
投资收益(万元)	-	-	-	-
净利润(万元)	950.46	5237.31	3311.17	3991.32

每股收益在0.2元左右，对比20元的股价，就是100倍市盈率，如果是30元，就是150倍市盈率。面对不断上涨的股价，你是否开始陷入迷茫？不妨静下心来看看你面对的是否已经是"市梦率"下的博傻行情

图4-7　沃华医药博傻行情分析图

那么如何才能摆脱疯狂情绪的诱惑，清醒面对不断上涨的股价呢？市盈率是一个相对客观的价值准绳，在图4-7中我们可以看到，沃华医药2009年每股收益在0.2元左右，说白了，如果股价达到20元，市

盈率就是 100 倍，股价达到 30 元，市盈率就是 150 倍。换句话说，假如按照沃华医药现有的发展速度，你需要花 100 年、150 年才能收回成本。这已经不是市盈率，而是"市梦率"了！这不是博弈，而是博傻了！

也许来自企业价值基本面的警告还不能摇醒部分对技术面痴迷的投资者。主力资金也希望最后的接盘者能够再晚一点清醒，再多一些筹码。在技术面上留些悬念就是留给潜在套牢者一些美好的幻想。然而事实上，沃华医药在最后脉冲式的上涨中已经暴露了主力资金的急切心态，连续向上缺口就是一个明证，只不过此时市场已经陷入疯狂，对这一风险视而不见罢了。另外，沃华医药长达半年拉升期的生命线——20 日均线其实也已经被有效击穿，上涨趋势的逆转势头进一步加强。如图 4-8 所示。

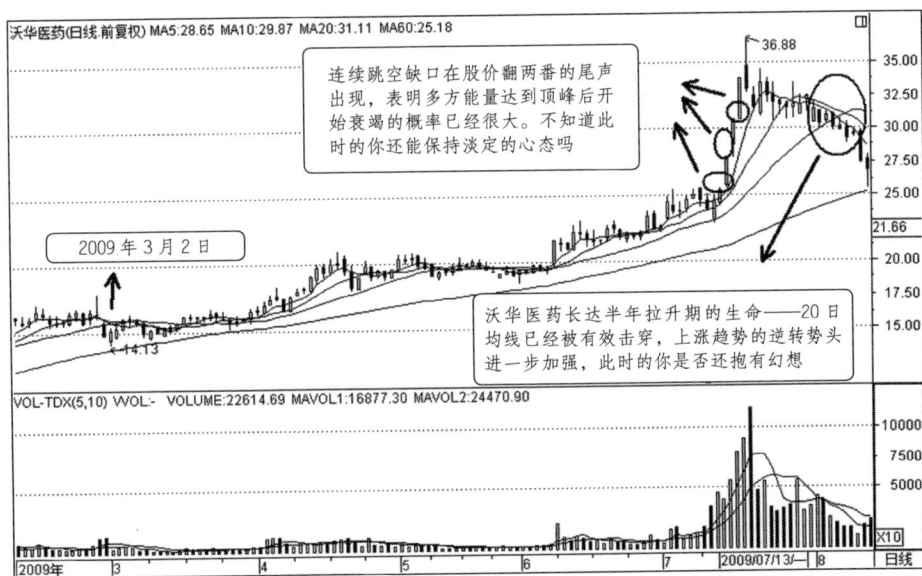

图 4-8　沃华医药 2009 年衰竭走势图

图 4-9 为沃华医药触摸 60 日均线后的走势图。可以说，60 日均线就是主力资金留给接盘者的技术悬念。尤其是在第一次冲击 60 日均线时，更是出现了暴涨暴跌的诡异行情，其实这就是主力资金为最后出局所做的掩护动作。不敢相信？不愿相信？好好回顾一下之前的"市梦率"分析和主力资金套现的欲望，也许你会多一分清醒和冷静。

在不断围绕 60 日均线的区间震荡中，成交量却保持着持续放大。这从另一个侧面说明主力资金其实已经逐渐完成了出局，大部分投资者就在这"市梦率"的温柔乡中成了迷茫的被套牢者。如图 4-9 所示。

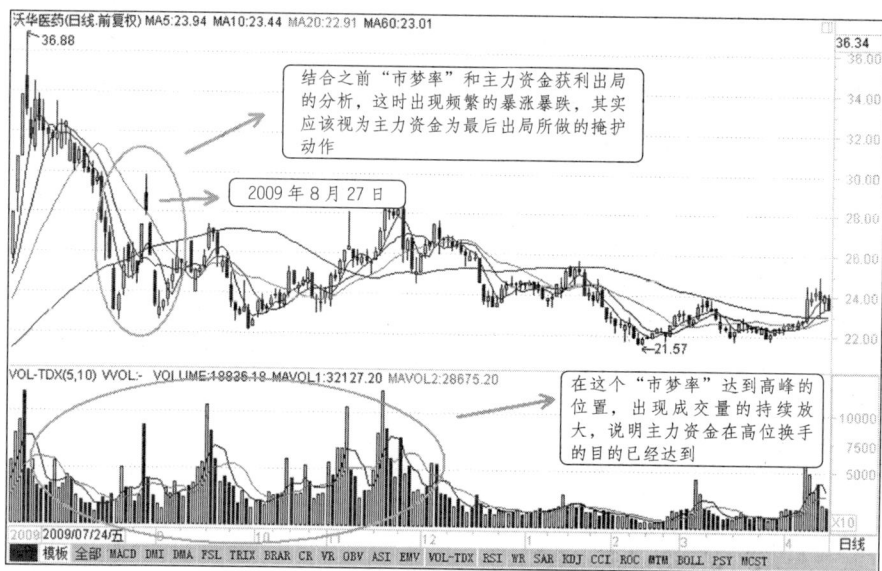

图 4-9　沃华医药触摸 60 日均线后走势图

【学习小总结】

我们可以给市盈率水平定一个大概的范围：

市盈率水平小于 0: 指该公司盈利为负（由于盈利为负，计算显得没有意义，所以一般软件显示为"-"）。0—13：价值被低估。14—20：正常水平。21—28：价值被高估。28以上：反映股市出现泡沫。

2009年8月至2010年2月，成交量已经从持续活跃转变为逐渐低迷。近乎半年的区间震荡，其实已经为主力资金的出局提供了非常充裕的空间和时间。20元到28元的区间震荡，是否说明股价已经到底？别忘了在沃华医药基本面没有超预期好转的情况下，20元以上的股价对应的市盈率就是100倍以上的"市梦率"阶段。价值回归就是此时沃华医药最大的风险。

2010年4月，在大盘的一波下跌中，沃华医药终归逃不出价值回归的宿命，股价最低跌至15元以下。如图4-10所示。曲终人散的结局也许酝酿着新的开始，但是历史的教训能否警醒世人呢？希望读者能从这个案例分析中得到一些启示和感悟，少走一些弯路。

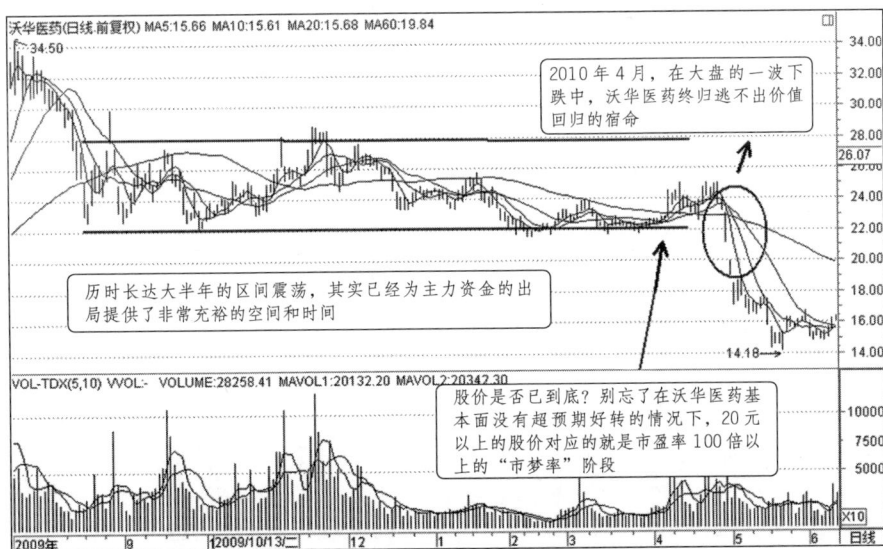

图 4-10　沃华医药 2009 年价值回归走势图

思源电气：业绩持续恶化也能造成"市梦率"

有时某些个股的上涨形态看上去很"美"，使人产生一种感觉，觉得它会一直涨，一直涨。这种只盯着股价波动的做法其实忽视了上市公司内在价值的变化，如果仅仅从图形上来对个股进行研判，恐怕很难发现其中的风险。思源电气就是一个典型的例子，它说明在业绩持续恶化的背景下，股价涨了还可以再涨（虽然最终跌了还要再跌），市盈率也能变成"市梦率"。

从 2008 年年底开始到 2010 年 4 月，思源电气沿着 60 日均线一路上扬，俨然一个大牛股的姿态。如图 4-11 所示。

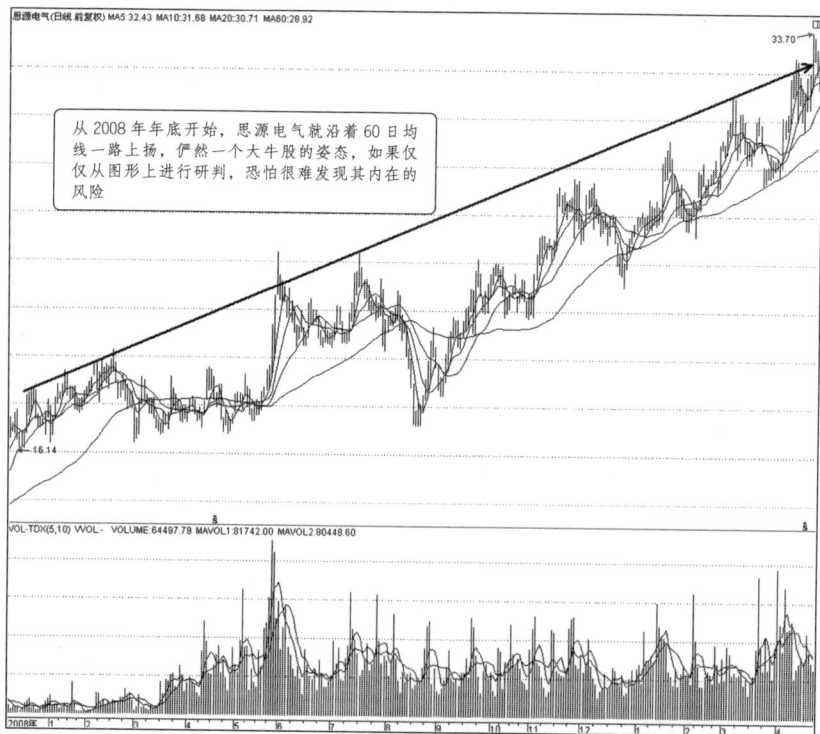

图 4-11 思源电气 2008 年年底至 2010 年 4 月走势图

　　但是别忘了，再好的股票也有套现的欲望。除非你能确认投资标的是一个成长型、业绩佳的好公司，否则在股价不断上涨的时候，其隐含的风险也越来越大，因为市盈率在每股收益加速减小的情况下将会变得十分高。

　　思源电气股价一路上涨，可是当我们翻开 F10 的财务分析栏目，却发现该公司在 2010 年 3 月份公布的 2009 年年报数据中，每股收益在扣除前后有着巨大的差异，即每股收益在扣除前为 2.16 元，但在扣除后只有 0.72 元，如图 4-12 所示。换句话说，在扣除非经常性收益后，其实该公司的业绩非但没有实现有效增长，反而还出现了较大幅度的下滑。

| 维塞特 | | | 最新提示 | 公司概况 | 财务分析 | 股东研究 | 股本股改 | 风险因素 | 公司报道 | 行业分析 | 退 |
| 港澳 | | | 公司大事 | 港澳分析 | 经营分析 | 主力追踪 | 分红扩股 | 高层治理 | 业内点评 | 关联个股 | |

财务指标(单位)	2010-03-31	2009-12-31	2009-09-30	2009-06-30
每股收益(元)	0.3300	2.1600	0.7900	0.4600
每股收益扣除(元)	0.1400	0.7200	0.4500	0.2100
每股净资产(元)	6.7100	6.5100	6.3000	5.6500
调整后每股净资产(元)	-	-	-	-
净资产收益率(%)	4.9700	33.1900	12.5300	8.0900
每股资本公积金(元)	1.3877	1.5221	2.6842	2.3692
每股未分配利润(元)	4.1193	3.7859	2.4878	2.1556
主营业务收入(万元)	36263.91	188860.62	123129.68	72870.57
主营业务利润(万元)	-	-	-	-
投资收益(万元)	9863.22	71107.25	17335.75	12392.72
净利润(万元)	14659.42	95018.24	34725.93	20118.88

2009 年年末，思源电气每股收益在扣除前为 2.16 元，但在扣除后只有 0.72 元。换句话说，在扣除非经常性收益后，其实该公司的业绩并不出色。无论是财务状况还是市盈率，都很有可能隐藏水分和风险。因此我们应该通过财务报表进一步挖掘

【每股指标】

财务指标(单位)	2011-03-31	2010-12-31	2009-12-31	2008-12-31
审计意见		标准无保留意见	标准无保留意见	标准无保留意见
每股收益(元)	0.0500	1.2600	2.1600	1.2600
每股收益扣除(元)	0.0000	0.5300	0.7200	0.9600
每股净资产(元)	6.8400	6.8300	6.5100	7.8200
每股资本公积金(元)	0.7377	0.7830	1.5221	3.6990
每股未分配利润(元)	4.7352	4.6847	3.7859	2.9168
每股经营活动现金流量(元)	-0.5000	0.3900	0.9600	0.6937
每股现金流量(元)	-0.7542	0.2419	2.3187	-0.4500

更让人担忧的是，从 2008 年开始到 2010 年，思源电气每股收益扣除后的收益呈现逐渐下滑的趋势。如果没有发现扣除前后的问题，很有可能就会被迷惑

图 4-12　思源电气 F10 财务分析表

为了进一步分析思源电气财务数据的蹊跷之处，我们不妨查看其
2009 年年报。从报告期内可供出售金融资产的情况栏目中发现，原来
在 2009 年中，思源电气出售其持有的平高电气股份获得近 7 亿元的
收益，占该年净利润的 73.32%。然后在这次抛售了平高电气近 9% 的
股份后，思源电气只剩下平高电气 6.22% 的股份了。换句话说，如果
2010 年业绩仍然不振，即使出售这部分股份也无法再掩盖其经营情况
的困境。如图 4-13 所示。

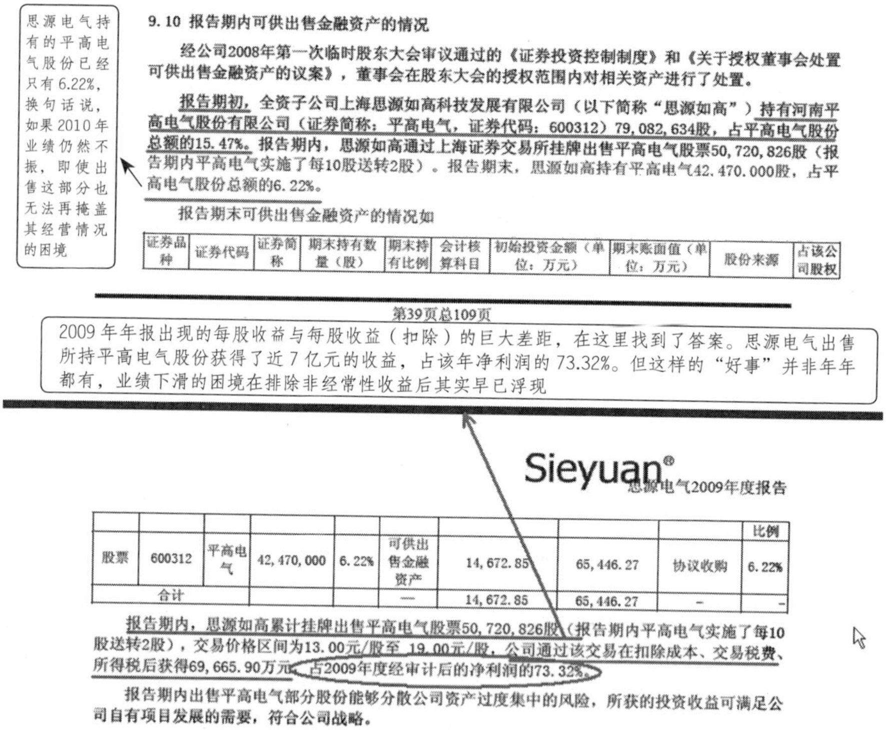

图 4-13　思源电气 2009 年年报截图

再看 2008 年年报，我们惊讶地发现，原来思源电气早已经有通过

抛售平高电气股份来"粉饰"报表的前科。只不过当时抛售的股份不多，只占当年利润的 20.29%。如图 4-14 所示。

不过这样的一个发现已经足够提醒我们思源电气潜在的风险，即业绩的不断恶化，使得股价不能再受到内在价值的支撑。因为当前 30 元的股价，是在思源电气大量抛售平高电气股份获得非经常性收益的情况下勉强维持的。这种虚假的繁荣随着时间的推移和业绩的恶化，将会逐渐释放出风险。这一切都是仅仅依靠技术分析难以得到的信息。

9.9 报告期内公司证券投资情况

9.9.1 报告期证券投资概述

经公司2008年第一次临时股东大会审议通过的《证券投资控制制度》和《关于授权董事会处置可供出售金融资产的议案》，董事会在股东大会的授权范围内对相关资产进行了处置。

报告期初，全资子公司上海思源如高科技发展有限公司（以下简称"思源如高"）持有河南平高电气股份有限公司（证券简称：平高电气，证券代码：600312）60,289,265股，占平高电气股份总额的16.51%。报告期内，思源如高通过上海证券交易所挂牌出售平高电气股票3,801,669股，留存56,487,596股。2008年5月15日，平高电气实施2007年度分红派息及资本公积金转增股本方案，每10股转增4股。报告期末，思源如高持有平高电气79,082,634股，占平高电气股份总额的15.47%。

报告期内从事证券投资情况（单位：万元）：

证券品种	证券代码	证券简称	期末持有数量（股）	期末持有比例	会计核算科目	初始投资金额	期末账面值
股票	600312	平高电气	79,082,634	15.47%	可供出售金融资产	32,811.63	104,424.33
合计			—	—	—	32,811.63	104,424.33

9.9.2 报告期证券投资交易对净利润影响

报告期内，思源如高通过上海证券交易所累计挂牌出售平高电气情况详见下表：

日期	交易股数	留存股数	交易价格区间（元/股）	交易产生的利润（万元）	占最近一个会计年度（2008年度）经审计净利润比例
报告期初	/	60,289,265	/	/	/
2008年2月18日至2008年3月3日	-3,801,669	56,487,596	22.20～25.25	7,029.11	20.29%

自2008年2月18日至2008年3月3日的交易期间内，思源如高通过上海证券交易所累计挂牌出售平高电气股票3,801,669股，交易价格区间为22.20元/股至25.25元/股，公司通过该交易在扣除成本、交易税费后获得7,029.11万元，占最近一个经审计会计年度（2008年度）净利润的20.29%。

图 4-14 思源电气 2008 年年报截图

结合对每股收益扣除前后的深度分析，我们可以得知在 30 元左右
的股价，思源电气的静态市盈率已经高达 40 倍以上，而如果业绩下滑
的趋势得不到改善，那么其动态市盈率将高达 60 倍以上。因为可出售
的平高电气股份越来越少了，思源电气"裸泳"的日子不远了。如图 4-15
所示。

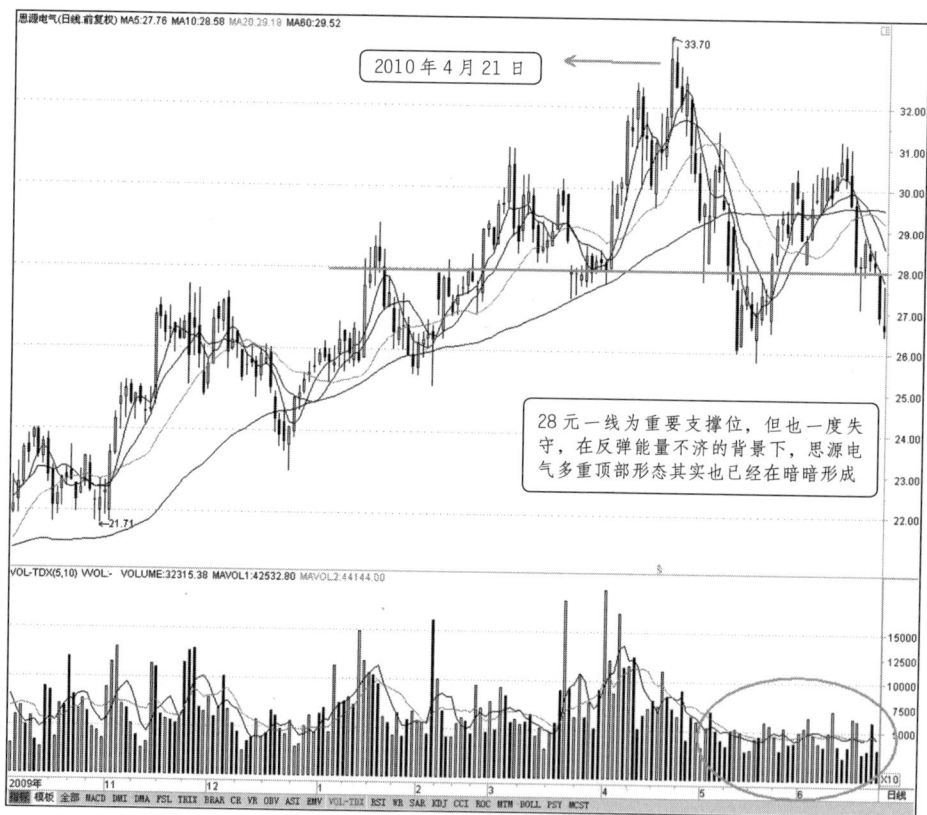

图 4-15　思源电气 2010 年反弹走势图

在 2010 年 4 月 21 日创出历史新高后，思源电气的股价一度跌破
其近一年来的上升生命线——60 日均线，而 28 元一线则是其重要支

撑位，但也一度失守。之后的反弹能量不济，其实已经在暗示思源电气的多重顶部形态正在悄然形成，此时的反弹将是重要的出逃时机。

如图 4-16 所示，反弹不久后，思源电气的股价再次跌破 28 元这一重要的颈线位，多重顶部形态已经完成的事实必须客观面对。2010年 10 月，整个大盘都出现了脉冲式的反弹，但是思源电气仍然显得软弱无力。更值得注意的是，在这个区间震荡的过程中，成交量却持续放大。结合思源电气基本面的恶化和资金获利出局的分析，其实这时主力资金已经几乎完成了在相对高位高换手全身而退的任务。

图 4-16 思源电气 2010 年 10 月区间震荡走势图

【思考练习】

（1）如何确定颈线位？

（2）成交量在颈线位突破时会起到什么样的作用？

2011年2月25日，思源电气发布业绩快报，基本每股收益同比下降近40%，验证了其业绩持续不振的事实。此时仍蒙在鼓里的投资者若还幻想着它会有补涨行情，恐怕难逃最后市场风险集体释放的厄运。如图4-17所示。

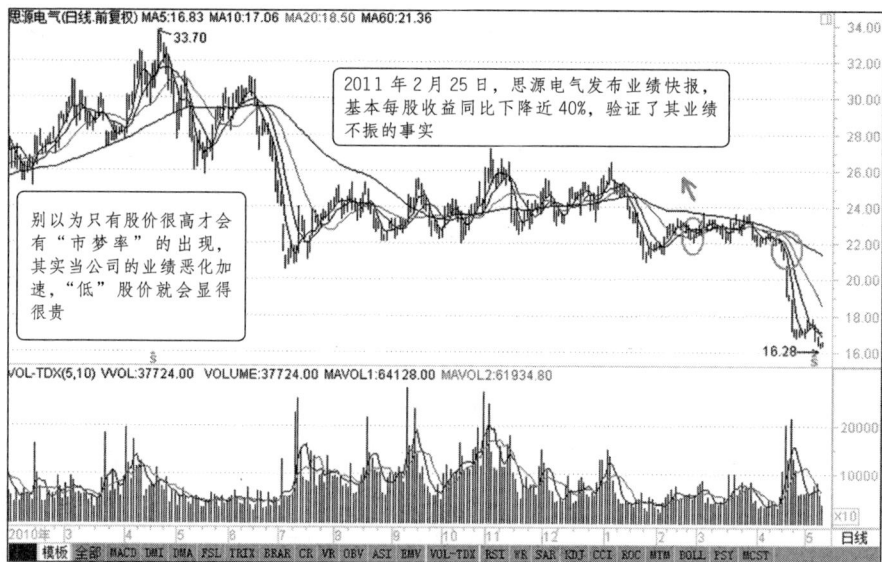

图4-17 思源电气2011年4月暴跌走势图

2011年4月19日，思源电气发布第一季度业绩预告，比2010年同期下降60% ~ 90%，伴随着大盘的阶段性调整，其股价迅速失去了支撑，5个交易日内暴跌近23%。

因此，别以为只有股价涨得很高时才会有"市梦率"的出现，其实当公司的业绩持续恶化，股价跌了还可以再跌，低了还可以更低，"市梦率"也一样会出现。随着国内资本市场的逐渐成熟，这类股票被边缘化的高概率事件是非常值得我们谨慎对待的。

操
盘
手
记

阴阳调和：一种人生态度

吃饭喝酒谈感情，这种在中国非常突出的朋友交流模式，说真的，我是比较厌烦的，不过，有时候要给一些朋友面子，这样的局还是要赴的。人都有身不由己的时候，我也不例外，每每那个时候，我会积极调整状态，好尽情地融入那种场合。事后一想，原来我也会演戏，看来特定环境下每个人都有变成演员的潜质。

直接奔这种饭局来谈感情的模式，我确实反感，但我挺喜欢在游玩过后好好吃饭喝酒谈感情的方式。说白了，我喜欢有"前奏"的饭局，而且这种"前奏"必须是让人放松，让人能够享受大自然的。这也从一个侧面说明，人哪，有时候厌恶的东西可能会转变为喜欢的东西，就看你怎么去安排了。

我不喜欢热闹，我喜欢宁静，喜欢自然。那种静静地感受淡淡的清香茶水，那种风吹过带着芳草的味道，那种海风吹来一身舒坦的感觉，都是我所钟情的。只是，身在城里，很少有这样的机会，因此每年我都要离开居住的城市一段时间，去一些能够感受这种境界的地方，那样，我才能进入一种无我的心境，那感觉实在是难以言喻，太棒了。

不过，我也并不是一点都不喜欢热闹。在宁静一段时间后，我又会怀念起亲友聚集在一起尽情玩耍嬉闹的情景，哪怕是饭局也开始喜欢了，这或许就是"阳极而思阴"吧。阴阳总是要调和才行，只是我更喜欢那种"阳"的感觉，更多的时间喜欢在"阳"的世界中。

人都是矛盾体，只是有些人比较会平衡，有些人具有比较大的倾向，也有人非常极端。我有比较大的倾向，但我懂得阴阳要调和好的道理。长静，但动则疯狂。说白了，我是属于"不动则已，一动惊人"的个性。所以，你会发现，我安静下来就好像人间蒸发了一样，但一旦动起来，却是非常有能量的。

厚积薄发，我就喜欢那种感觉，只有好好沉淀才能为更大的"动"积蓄能量，最终才能真正"动"起来，我是这样想，也是这样做的，因为我就是这样的个性。

性格决定命运。那么，你的性格又是怎样决定你的命运的呢？闲暇静思，你有没有仔细思考过呢？

简单之美

一大早起来，运动后出一身汗，再去洗个澡，回来坐在电脑前，擦着还没干的头发浏览下最新的新闻，一天就这样开始了。

吃早餐是在看完新闻之后的事情，吃完早餐往往就面临着两件事情，要不就是准备看下开盘的股市，要不就是准备写点什么，随心而动。

生活有时候就是这样简单。每天都精彩而丰富的生活，那是电影里才有的。现实就是现实，人们总是要面对"简单"。

"简单"其实不是坏事，就看自己以什么样的心态去面对，从简单的生活中发现惊喜也是一种乐趣。就如做股票，又何尝不是一种"简单"的重复呢？就看我们能否发现或找到乐趣而已。

每个人的生活都不尽相同，在还没有彻底解决生存问题的时候，面对简单，是很难从中发现惊喜的。每个人都可能在某些人生阶段面临着生存问题，解决生存问题的过程就是一种修炼的过程，过了这道坎，人生将揭开新的一页。

资本市场的博弈也是如此，当自己是一个散户的时候，其实就是处于一个修炼的过程中，过了这道坎，资本市场的世界就将翻开新的篇章。

人生如梦，人生如戏，资本市场如梦如戏更如幻，精彩过后，或许也仅仅是留下淡淡的一丝痕迹而已。

说　明

　　吴国平老师为将理论讲解和实战相结合，在本书中运用了大量的实际案例，对读者透过现象看本质、洞悉主力思维、构建属于自己的盈利系统具有积极的指导意义。

　　股票市场千变万化，虽然书中部分的案例信息已经变化或调整，但万变不离其宗。本系列书根植于吴国平老师对股票市场多年的研究，其中的方法与经验永远值得我们学习和参考。